Mein Theresienstädter Tagebuch 1943–1944

Helga Pollak-Kinsky

Mein Theresienstädter Tagebuch 1943–1944

und die Aufzeichnungen
meines Vaters Otto Pollak

Mit historischen Fakten und Gesprächen mit
Helga Kinsky ergänzt und herausgegeben von
Hannelore Brenner

Nachwort von Peter Gstettner

Edition Room 28

1. Auflage, Februar 2014

Copyright © 2014 Edition Room 28 / www.edition-room28.de
Berlin / Germany
Alle Rechte vorbehalten

Das Tagebuch von Helga Pollak-Kinsky,
die Aufzeichnungen von Otto Pollak
sowie alle in diesem Buch enthaltenen
Abbildungen und Texte sind urheberrechtlich geschützt.
Sie dürfen, auch in Teilen und in welcher Form auch immer,
nur mit schriftlicher Genehmigung von Edition Room 28
genutzt, vervielfältigt oder wiedergegeben werden.

Redaktion und Herausgeberschaft: Hannelore Brenner-Wonschick
Lektorat: Sara Kinsky
Umschlaggestaltung: Renate Schlicht / www.renateschlicht.de
Gestaltung des Innenteils: Walter Hagenow / www.walterhagenow.de
Druck und Bindung: CPI books GmbH
Printed in Germany
ISBN 978-3-00-043804-2

*Für Eva, Eric und Sara
und alle Kinder*

Ich danke für Ihr
Interesse, mit den
besten Wünschen
herzlichst
Helga Kinsky

Berlin, 19. Juni 2014

Inhalt

Vorwort der Herausgeberin		9
1	Meine Kindheit	15
2	Theresienstadt, Januar–März 1943	
	Aufzeichnungen meines Vaters	41
	Mein Tagebuch	44
3	Theresienstadt / Terezin	61
4	Theresienstadt, April–Juli 1943	
	Aufzeichnungen meines Vaters	71
	Mein Tagebuch	77
	Erinnerungen an Theresienstadt (1)	90
	Kinderzeichnungen	97
	Mein Tagebuch	113
5	Theresienstadt, August–September 1943	
	Aufzeichnungen meines Vaters	125
	Mein Tagebuch	128
6	Theresienstadt, Oktober–Dezember 1943	
	Aufzeichnungen meines Vaters	149
	Mein Tagebuch	154

7	Theresienstadt, Januar–Februar 1944	
	Aufzeichnungen meines Vaters	175
	Mein Tagebuch	181
8	Theresienstadt, März–April 1944	
	Aufzeichnungen meines Vaters	193
	Mein Tagebuch	197
	Erinnerungen an Theresienstadt (2)	208
9	Theresienstadt, Mai 1944–Januar 1945	
	Aufzeichnungen meines Vaters	215
10	Auschwitz–Oederan–Theresienstadt	243
11	Befreit und seelisch verwundet	261

„Eine furchtbar traurige Bilanz" 269
Aus dem Nachlass von Otto Pollak

Nachwort von Peter Gstettner 279

Dank 283
Bildnachweis 286

Vorwort der Herausgeberin

Es ist schon lange mein Wunsch, das Theresienstädter Tagebuch von Helga Pollak zu veröffentlichen. Dass ich es nun – anders als ursprünglich beabsichtigt – in der eigens hierfür gegründeten *Edition Room 28* verlegen darf, ist mir eine Ehre. Denn ich weiß, welch' wertvolles Vermächtnis mir Helga anvertraut hat. Gleichwohl bin ich mir der damit verbundenen Verantwortung bewusst. Daher möchte ich als Erstes Helga Pollak-Kinsky sehr herzlich Dank sagen für das mir entgegengebrachte Vertrauen und meiner Hoffnung Ausdruck geben, dass dieses Buch viele Leser finden möge.

Was ich Ihnen hiermit zur Lektüre ans Herz lege, sind die authentischen Tagebuchaufzeichnungen der 12–14-jährigen Helga Pollak aus Wien. Vom 27. Januar 1943 bis zu ihrer Deportation nach Auschwitz am 23. Oktober 1944 lebte sie im Zimmer 28 des Mädchenheims L 410 im Ghetto Theresienstadt. Dort, auf einem der Stockbetten, die etwa 30 Mädchen Platz zum Schlafen boten, zog sie sich immer wieder zurück, um ihre Erlebnisse, Eindrücke und Gedanken in ihrem Tagebuch festzuhalten. Diese Momente der Besinnung bilden gleichsam die einzige Privatsphäre, die Helga der Überfüllung und der gedrängten Enge des Raumes abtrotzte, das Refugium, in dem sie in ihre eigene Welt eintauchte. Helga war mit ihrem Vater Otto Pollak, ihren Verwandten und weiteren jüdischen Bürgern aus der tschechischen Stadt Kyjov / Gaya am 23. Januar 1943 in Theresienstadt angekommen. Wie seine Tochter begann Otto Pollak am Tag des Abschiednehmens von Kyjov am 17. Januar 1943 mit seinen Aufzeichnungen. Es sind Notizen, wie sie viele in ihre Kalender schreiben, um wichtige Augenblicke einzufangen und später das Erlebte rekonstruieren zu können. Und tatsächlich fügen sich die telegrammartigen Eintragungen zu einer bemerkenswerten Chronik des Geschehens in Theresienstadt zwischen 1943 und 1945 zusammen und bilden eine wertvolle Primärquelle zur Geschichte des Ghettos.

Aber dies ist nur ein Aspekt. Denn im Zusammenspiel mit Helgas Tagebuch, den Erinnerungen an ihre Kindheit in Wien, Kyjov, Theresienstadt und Auschwitz sowie mit weiteren Dokumenten aus dem Nachlass von Otto Pollak entsteht sehr viel mehr. Die Zeugnisse verdichten sich zu einem einzigartigen und zutiefst bewegenden Porträt einer assimilierten jüdischen Familie aus Wien, die am Ende des Zweiten Weltkrieges vor einer erschütternden Bilanz steht.

Doch auch dies ist noch nicht die ganze Geschichte.

Manche Leser verbinden mit dem Tagebuch von Helga Pollak das 2004 erschienene Buch *Die Mädchen von Zimmer 28*. Es wurzelt in dem Wunsch von Helga und ihrer Freundin Anna Hanusová, ein Gedenken zu schaffen an all jene, die im Holocaust ermordet wurden und die sie erinnernd im Herzen tragen. Wie eine Aufforderung etwas zu tun, damit das Schicksal dieser Menschen nicht vergessen werde, wirkten dabei zwei Dokumente: das Poesiealbum von Anna und Helgas Tagebuch. Denn beide enthalten letzte Spuren von Weggefährtinnen, die von einem der Transporte gen Osten aus ihrer Mitte gerissen wurden, Widmungen wie diese: „Vergiss mich nicht!" – „Ob du dich auch immer daran erinnern wirst, wer neben dir gelegen hat und deine gute Freundin war?"

Das Anliegen, das Schicksal der Mädchen von Zimmer 28 und damit auch das der Kinder von Theresienstadt dem Vergessen zu entreißen, wurde von weiteren Überlebenden von Zimmer 28 mitgetragen. 1998 verbündete ich mich mit diesem Freundeskreis, wurde Zeugin und Teilnehmerin einer außergewöhnlichen Erinnerungsarbeit und fasste den Entschluss, all den Biografien, Erlebnissen und Geschichten, die mir immer vertrauter wurden, eine bleibende, für junge und zukünftige Generationen vermittelbare Form zu geben. Ab 2004 erzählten das Buch, ein Hörfunkfeature, ein Theaterstück und eine Ausstellung die Geschichte der Mädchen von Zimmer 28. Vor allem die inzwischen internationale

Wanderausstellung trug das ihre dazu bei, das Anliegen der Überlebenden von Zimmer 28 in die Welt zu tragen.

Ohne Helgas Theresienstädter Tagebuch gäbe es all diese Werke nicht. Für die Freundinnen diente das Tagebuch als Katalysator der Erinnerung, für das Buch über die Mädchen von Zimmer 28 wurde es zum konstitutiven Element, zum Herz und roten Faden zugleich. Untrennbar wird Helgas Tagebuch mit der Geschichte der Mädchen von Zimmer 28 verbunden bleiben. Und doch birgt dieses kostbare Dokument noch eine ganz andere Geschichte – Helgas eigene, persönliche Geschichte. Davon handelt dieses Buch.

Ein paar Fakten und Aspekte mögen ein Licht auf die Editionspraxis werfen. Die Kalendereintragungen von Otto Pollak sind in Deutsch geschrieben, Helgas Tagebuch hingegen auf Tschechisch. Warum Helga, die am 28. Mai 1930 in Wien geboren und dort aufgewachsen ist, ihr Tagebuch in Tschechisch schreibt, geht aus dem ersten Kapitel hervor. Angemerkt sei hier nur, dass die zwei Bände des Tagebuchs professionell aus dem Tschechischen übersetzt und dann zusammen mit Helga übertragen wurden, denn es galt, Helgas individuellen, österreichisch geprägten Duktus zu bewahren. Nichts wurde an diesem Tagebuch geändert, beschönigt oder im Nachhinein hinzu geschrieben. Was wir mit diesem Buch einer breiten Leserschaft zugänglich machen, sind die unverfälschten Tagebuchaufzeichnungen von Helga Pollak, Zeugnisse des unmittelbaren Erlebens eines Mädchens im Ghetto Theresienstadt.

Auf einen bedauerlichen Umstand gilt es allerdings hinzuweisen. Der dritte Band von Helgas Tagebuch ist leider im Jahre 1956 verloren gegangen. Damals kehrte Helga, die 1951 den aus Rössl/Ostpreußen stammenden deutschen Emigranten Gerhard Kinsky geheiratet hatte und mit ihm nach Fernost gezogen war, wieder in ihre alte Heimat nach Wien zurück. Auf dem Schiff, das ihr Umzugsgut nach London bringen sollte, war ein Brand ausgebrochen und hatte den Großteil ihres in einem Container verfrachteten Eigentums, darunter auch den dritten Tagebuchband zerstört.

Im zweiten Band hatte Helga am 1. März 1944 notiert: „Ich habe Dir ein neues Kleid machen lassen, das ich Dir in wenigen Wochen anziehen

werde." Ganz genau sieht Helga diesen Band mit der schönen blauen Hülle vor sich. Leider werden wir nie erfahren, was sie bis zu ihrem Transport nach Auschwitz im Oktober 1944 ihrem Freund „Bruder Spinne" – wie sie im Laufe des Schreibens ihr Tagebuch taufte – anvertraute.
Dafür machen die Kalendernotizen ihres Vaters den Verlust auf wundersame Weise vergessen. Denn darin spiegelt sich das Leben seiner Tochter wieder und dort, wo Helgas Tagebuch endet und nur noch Otto Pollak den Verlauf des weiteren Geschehens vermittelt, ist kein Bruch zu spüren. Vielmehr machen diese Aufzeichnungen und weitere Zeugnisse die Zusammengehörigkeit der beiden Menschen fühlbar, die Verwobenheit ihrer Erlebnisse, Ängste und Hoffnungen. Am Ende wird der Leser eine Geschichte erfahren haben, die von Anfang an eine gemeinsame war: die Geschichte eines Vaters und seiner Tochter.

In Vorbereitung für dieses Buch war ich in den letzten Monaten immer wieder in Wien. Dort hatte Helga angefangen, all die Schachteln, Ordner und Alben aus dem Nachlass ihres Vaters hervorzuholen. Jahrelang hatte sie nicht gewagt, dieses Vermächtnis anzurühren. Nun sichteten wir die beredten Zeugnisse der Vergangenheit. Mit jedem Foto und jedem Schriftstück wurden Erinnerungen wach, erzählte Helga eine weitere Episode, ein weiteres Detail ihres Lebens.
Immer mehr drängte sich mir die Frage auf: Wie das Buch gestalten, wenn mit Helgas Tagebuch ein derart reich dokumentiertes Leben, ein wahrer Dokumentenschatz verbunden ist? Wie es gestalten, auf dass es Helgas Wunsch erfülle, ein Buch vor allem auch für junge Menschen zu sein? Dass Schicksale wie die ihrer Freundinnen von Zimmer 28 als Mahnung dienen mögen, als Aufforderung, die eigentlichen menschlichen Werte zu reflektieren und ihnen mehr Gewicht in der Gesellschaft zu geben, ist ja das entscheidende Motiv ihres Engagements. Seit 2003 hat Helga an über vierzig Lesungen mitgewirkt und aus ihrem Tagebuch gelesen. Sie hat im Rahmen von Ausstellungseröffnungen, Aufführungen von Hans Krásas Kinderoper *Brundibár*, Gedenkveranstaltungen und Schulprojekten mit Tausenden von Menschen, insbesondere mit jungen Menschen gesprochen. Sie macht all dies, weil sie damit die Hoffnung verbindet, dass mit

der Erinnerung an die Zeit im Ghetto Theresienstadt auch jene Werte weiterleben, die für sie wichtig wurden und es heute noch sind: Mitgefühl, Solidarität, Zivilcourage, Toleranz, Menschenrechte; weil sie fest davon überzeugt ist, dass Bildung, Kunst und Kultur die Grundlage unserer Humanität sind.

Wie der Fülle und Bedeutung des Stoffes und all den unterschiedlichen Aspekten und Erwartungen gerecht werden? Wie das Kaleidoskop der Erinnerungen einfangen, es mit den literarischen Zeugnissen verbinden und diese ergreifende Familienchronik dem Leser vermitteln?

Während ich mit Helga die Dokumente und Fotos sichtete, beantworteten sich diese Fragen wie von selbst. Ich bat Helga, sie möge einfach anhand der Fotos und Briefe von ihrer Kindheit erzählen. Denn das Kapitel ihrer Kindheit zu kennen heißt, die Theresienstädter Aufzeichnungen von Vater und Tochter anders lesen, sie besser verstehen.

Hannelore Brenner, Januar 2014

1
Meine Kindheit

Hier ist ein Foto meiner Eltern Frieda und Otto Pollak. Sie haben 1928 in Wien geheiratet, im Turnertempel, wie die Synagoge in der Turnergasse hieß. Meine Mutti war damals 20 Jahre alt. Sie wurde 1908 in einem kleinen Ort bei Lemberg – damals Teil der Habsburgermonarchie – geboren und kam schon als kleines Kind mit ihren Eltern nach Wien.

Mein Vater stammt aus der südmährischen Stadt Gaya/Kyjov.[1] Seine Eltern, Leopold und Sofie Pollak, wohnten direkt am Marktplatz, im Haus der Jüdischen Kultusgemeinde. Dort hatten sie auch einen kleinen Laden, der bis 1939 im Familienbesitz war.

In Gaya ging mein Vater aufs Deutsche Gymnasium, später besuchte er die Handelsschule in Proßnitz/Prostějov. Als 1914 der Erste Weltkrieg begann, wurde er bald darauf, 21-jährig, zum Militär eingezogen. Er diente in der *Salzburger Feldkanonenbatterie 6/5* und wurde im Januar 1916 so schwer verwundet, dass ihm ein Bein amputiert werden musste. Er erhielt die Silbernen Tapferkeitsmedaillen Erster und Zweiter Klasse, die höchste Auszeichnung, die ein Unteroffizier erhalten konnte.

---

1 Helga sprach in ihrer Kindheit immer von Gaya, so der deutsche Name der Stadt. Viele Städte der Tschechoslowakischen Republik (1918–1939) hatten zwei Varianten, wie Theresienstadt/Terezin – ein Erbe aus der Zeit der Habsburgermonarchie. Je nachdem, welchem Kulturkreis man angehörte, gebrauchte man den einen oder den anderen Namen.

1919 erfüllte sich mein Vater einen Traum: Gemeinsam mit seinem Bruder Karl übernahm er das Café Palmhof in der Mariahilferstraße in Wien. Sie ließen es von renommierten Innenarchitekten umgestalten und bald war es ein beliebter Treffpunkt und eines der bekanntesten Wiener Caféhäuser. Oft spielten Kapellen von Rang auf, und regelmäßig gab es Konzerte, die vom österreichischen Radio RAVAG live übertragen wurden. Ich weiß aus den Dokumenten, die mein Vater aufbewahrte, dass am 23. Oktober 1935 die 100. Übertragung einer zweistündigen Abendmusik aus dem Hause Palmhof stattfand.

Ich bin am 28. Mai 1930 in Wien geboren und herangewachsen im selben Haus, in dem sich das Caféhaus befand. Unsere Wohnung war im ersten Stock. Man kam über einen für alte Wiener Mietshäuser typischen Pawlatschengang in die Wohnung. Von diesem Gang konnte man hinunter schauen auf den Innenhof mit dem weißen Flieder, wo ich als Kind immer spielte, meist mit Leni Lahner, die auch in unserem Haus wohnte. Mein Vater hatte es inzwischen erworben.
Zwei Kusinen meines Vaters, Ida und Elsa Löwinger und Otto Löwinger, sein Vetter, arbeiteten mit im Caféhaus. Sie haben mich alle verwöhnt und gehören zu meiner Kindheit wie Johanna, unsere Haushälterin und unser Kindermädchen.
Die frühesten Reisen, an die ich mich erinnern kann, führten zur Familie meines Vaters nach Gaya – zu Oma Sofie, Tante Marta und Onkel Fritz. Marta war die Schwester meines Vaters, Fritz sein Schwager. Sie wohnten

Meine Mutti und ich   Otto und Elsa Löwinger

Gaya/Kyjov, Marktplatz

im selben Haus am Marktplatz, in dem mein Vater aufgewachsen war. Sie hatten zwei Kinder, Joši (Joška) und Trude (Gertrude). Joši war fünf Jahre älter als ich, Trude sieben Jahre älter. Mit Joši und den Nachbarskindern habe ich viel gespielt, auf dem Marktplatz oder im großen Hof hinter dem Haus, wo es Hühner, einen Kaninchenstall und einen alten Schuppen gab. Es hat mir auch immer Freude gemacht, zu Tante Marta zu gehen in den kleinen Laden am Marktplatz. Dort gab es lauter interessante Sachen – Wolle, Stricksachen, Kinderspielzeug, Kinderwagen. Ganz besonders liebte ich die vielen Puppen, eine hübscher als die andere. An Weihnachten wurden sie im Schaufenster ausgestellt, und weitere Puppen stapelten sich, in Schachteln verpackt, im rückwärtigen Lagerraum bis zur Decke hin. Manchmal durfte ich mir eine Puppe aussuchen – das machte mich glücklich. In Gaya war ich als Kind sehr gerne.

Als ich klein war, hielten mich meine Eltern vom Caféhaus fern und es war immer etwas Besonderes für mich, wenn sie mich mitnahmen. Ich sehe es noch vor mir: Es gab einen Orchesterraum mit einer großen Silberkuppel, ein Tanzparkett, Marmortische und separierte Logen mit gepolsterten Bänken, die mit rotem Leder überzogen waren. Das Café war immer belebt und mein Papa sehr beschäftigt.

Sonntags gab es den „5 Uhr Tee". Dann spielte die Musik zum Tanz auf. Der Kellner Alfred ging mit seinem Bauchladen durch das Café und bot Süßigkeiten an – Ildefonso und Pischingerschnitten. Ich habe sie heiß geliebt und mag sie heute noch.

Mein Papa liebte die Caféhaus-Atmosphäre, die Geselligkeit und die Gesellschaft von Musikern und Künstlern. Er war charmant, ein guter Gastgeber und kümmerte sich persönlich um seine Gäste, darunter prominente Künstler wie der Operetten-Komponist Franz Lehár, der Sänger Richard Tauber, die Schauspieler Hans Moser, Fritz Imhof oder Hans Thimig. Ich weiß all dies aus seinen Erzählungen, aber auch aus einem Gästebuch, das wir noch haben.

Einmal im Jahr unternahm mein Papa eine längere Reise, fuhr mit seinem Auto ins In- und Ausland und ging auf Talentsuche. Oft lud er unbekannte Musiker ein, die ihr Debüt in unserem Caféhaus gaben. Einige spielten später in berühmten klassischen Orchestern.

An zwei Ereignisse habe ich vage Erinnerungen. Es muss 1934 gewesen sein, als mit Bundeskanzler Engelbert Dollfuß der Austrofaschismus Regierungspolitik wurde und die NSDAP und die Kommunistische Partei verboten wurden. In ganz Österreich kam es zu Unruhen und Vandalismus, und zwei Anschläge richteten sich gegen unser Caféhaus. Einmal explodierte beim sonntäglichen Tanztee eine Rauchbombe in der Garderobe. Ein anderes Mal wurde mitten in der Nacht Sprengstoff am Kellerfenster gezündet. Den fürchterlichen Knall habe ich nicht vergessen. Gott sei Dank ist beide Male nichts Schlimmes passiert. Es gab lediglich beträchtlichen Sachschaden. Und für eine Weile hielten sich die Gäste vom Caféhaus fern.

Ab 1936 besuchte ich die Volksschule in der Friesgasse im 15. Bezirk. Unsere Klassenlehrerin war Dora Neuss, die ich sehr mochte. Ich fand neue Freundinnen, Edith, Gerlinde und Helga Weiss, Tochter eines jüdischen Wiener Architekten, mit der ich den gleichen Schulweg hatte und mit der ich mich oft traf.

1937 ließen sich meine Eltern scheiden. Ich erinnere mich an keine Streitigkeiten. Meine Mutter war um vierzehn Jahre jünger als mein Vater; sein Leben drehte sich um das Caféhaus – das mag ein Grund gewesen sein. Genau weiß ich es nicht. Nur eines weiß ich mit Bestimmtheit: Meine Eltern trennten sich als Freunde. Meine Mutti kümmerte sich nach wie vor um mich und holte mich immer von der Schule ab. Unsere Familie hielt zusammen. Und dazu gehörten ja auch die Löwingers – meine Tanten Elsa und Ida und Onkel Otto. Und vor allem – ich hatte Johanna. Sie war wie meine „zweite Mutti".

Johanna war auch an jenem unvergesslichen Abend des 11. März 1938 bei mir. Wir waren im Wohnzimmer, sie hatte das Radio aufgedreht

Mit Johanna, meiner „zweiten Mutti"

Einmarsch deutscher Truppen in Wien. März 1938

und folgte wie gebannt einer Rede. Es war die Abdankungsrede von Bundeskanzler Schuschnigg. An seine letzten Worte erinnere ich mich genau: „Gott schütze Österreich", sagte er beschwörend. Damals sah ich Johanna zum ersten Mal weinen.

Am frühen Morgen des nächsten Tages, am 12. März 1938, stand ich am Fenster und schaute hinunter auf die Mariahilferstraße. Deutsche Truppen zogen durch die Straßen, Tausende von Menschen jubelten ihnen zu, Hakenkreuzfahnen überall. Auch mir drückte jemand ein kleines Fähnchen in die Hand, mit dem ich herumwedelte. Ich wusste ja nicht, was es bedeutet. Ich spürte nur, dass da etwas Außergewöhnliches geschah.

Später kam ein deutscher Offizier zu meinem Vater und sagte, er solle die Soldaten bewirten. Und mein Vater sagte: „Aber das ist ein jüdischer Betrieb", worauf der Offizier erwiderte: „Das interessiert mich nicht, mich interessieren nur meine Leute." Auf einmal war unser Caféhaus voller Soldaten. Ein paar Tage später wurde der Palmhof geschlossen.

Das Leben änderte sich von einem Tag zum anderen. Ich spürte die Spannung meiner Eltern und Verwandten, die Angst, in der sie lebten. Heute weiß ich: Mit den Deutschen kam der Terror. Es passierte viel Schreckliches in jenen Tagen, vor allem den Juden. Aber doch blieb ich damals noch im Windschatten der Ereignisse, geschützt von meiner Familie und von Johanna. Ich war erst sieben Jahre alt.

Religion, Judentum, Zionismus – das waren für uns zuhause keine großen Themen gewesen und ich habe lange nicht gewusst, dass wir jüdisch sind. Meine Eltern waren assimiliert, nicht religiös. Sie waren nicht einmal sogenannte „Drei-Tage-Juden". Dass ich jüdisch bin, wurde mir erst in der Schule langsam klar, als ich, anders als die meisten, den mosaischen Religionsunterricht besuchte. Aber es spielte für mich keine Rolle. Es war eine

Mařenka

andere Religion, mehr nicht. Die Geschichten aus dem Alten Testament klangen in meinen Ohren wie Märchen.

Im April 1938, zu Pessach[1], ging ich mit meinen Eltern in den Turnertempel und nahm an einer Sederfeier teil. Ich glaube, es war überhaupt das erste Mal, dass ich in die Synagoge ging. Gewiss war es die Not, die meine Eltern und alle Wiener Juden zusammenrücken ließ. Allein schon im ersten Monat nach dem Einmarsch der Deutschen waren Hunderte von Juden deportiert worden, nach Dachau und Buchenwald. Tausende flüchteten oder emigrierten oder suchten nach Wegen, um außer Landes zu kommen.

Auch mein Onkel Karl, der Bruder meines Vaters, war gleich nach dem 12. März 1938 nach Gaya geflüchtet. Seine uneheliche Tochter, Mařenka, die seit 1936 bei ihm wohnte und von da an zum engsten Familienkreis gehörte, war mit ihm gegangen. Mařenka hatte ich sehr gern. Ich weiß nicht, was später in Theresienstadt aus uns geworden wäre ohne Mařenkas Päckchen. Ihre Mutter war nicht jüdisch und sie war die einzige aus der Familie, die nicht nach Theresienstadt deportiert wurde.

Es war Frühling 1938 und ich ging immer noch in Wien zur Schule. Dort merkte ich wenig von den Veränderungen. Meine Mitschülerinnen spielten weiterhin mit uns – wir waren etwa vier oder fünf jüdische Mädchen in der Klasse. Das lag an unserer wunderbaren Klassenlehrerin Dora Neuss. Sie nahm uns jüdische Kinder in Schutz.

Aber auf der Straße war es anders geworden. Einmal stellten sich mir fremde Jungen in den Weg und schrien: „Du Judensau!" Ich weiß noch, wie ich geweint habe und wie mich Herr Lahner, unser Hausmeister, der von Beruf Polizist war, an die Hand nahm, mich tröstete und nach Hause brachte. Von da an bin ich niemals mehr allein auf die Straße gegangen.

Am 20. Mai 1938 traten in Österreich die Nürnberger Rassengesetze

---

1 Jüdisches Fest, das an die Befreiung aus ägyptischer Sklaverei erinnert und am Vorabend mit der Sederfeier beginnt.

in Kraft. Das wusste ich damals natürlich nicht. Ich weiß nur: Am 28. Mai 1938 wurde ich acht Jahre alt. Die Sommerferien nahten, und ich sehnte mich nach ihnen. Ich sehnte mich nach Gaya! Zum Ende des Schuljahres schrieb mir meine Klassenlehrerin in mein Poesiealbum: *Wenn dich des Schicksals Wechsel trifft, gräme dich nicht. Denn abnehmen muss der Mond, um wieder zuzunehmen.* Deine Klassenlehrerin Dora Neuss, die ihre kleine Lachtaube sehr vermissen wird. Am 3. Juli 1938 fuhren wir von Wien nach Gaya. Ich weiß das heute so genau, weil ich später in Theresienstadt, am 5. Januar 1944, in mein Tagebuch schrieb – und dabei habe ich einige Worte genau wie hier unterstrichen: *Und auch wenn ich von Wien kilometer- und meilenweit entfernt sein werde, bleibe ich der Stadt immer treu und falls es nötig sein wird, dass jemand es verteidigt, werde ich es verteidigen. Wien bleibt für mich vom 28. Mai 1930, 23.40 Uhr bis 3. Juli 1938 stets in meinen Gedanken.*

In Gaya verbrachte ich, wie in den Jahren zuvor, einen schönen Sommer. Ich kannte schon viele Nachbarskinder, mit denen ich gerne spielte, vor allem mit den Kindern der Familie, die uns gegenüber am Marktplatz wohnten, Vera und Jiři Bader.

Die Ferien näherten sich ihrem Ende und meine Mutti kam nach Gaya. Sie erklärte mir, dass ich aufgrund der gefährlichen Lage nicht nach Wien zurückkehren könne und bei meinen Verwandten bleiben müsse. Das war nicht das Schlimmste. Aber sie sagte mir auch, sie und Papa hätten beschlossen, dass ich, da ich ja kein Tschechisch konnte, in die deutschsprachige Schule nach Brünn gehen müsse.

Brünn! Das war weit weg von Gaya, mehr als 50 Kilometer! Wo sollte ich da wohnen? Ich kannte doch niemanden dort.

„Du bist ein großes, tapferes Mädchen, du schaffst das", redete mir meine Mutter zu und versuchte, mir die Entscheidung verständlich zu machen. Man habe für mich in Brünn eine Unterkunft gefunden, ich würde tagsüber auf die Schule gehen und dort bestimmt neue Freundinnen finden.

Meine Mutti

Mein Vetter Joši und meine Verwandten würden nach mir schauen und ich die Ferien immer in Gaya verbringen. Und wann immer möglich, wollten sie und Papa mich besuchen kommen.

Ein paar Tage später fuhr ich mit meiner Mutti in die mährische Hauptstadt Brünn. Sie brachte mich in eine düstere Altbauwohnung. Es war eine Privatpension. Dort verabschiedeten wir uns – so jedenfalls habe ich das in Erinnerung. Denn dieses Bild hat sich für immer in mir eingeprägt: Wie meine Mutti von mir geht, wie ich ihr nachschaue, vom Balkon aus, wie sie sich immer weiter von mir entfernt und ich in ihre Richtung blicke, weinend, auch dann noch, als sie längst aus dem Blickfeld verschwunden war.

Dann sehe ich diesen düsteren Raum mit den Metallbetten vor mir und junge Frauen, die auch in der Pension wohnen und irgendwo arbeiten oder studieren gingen, ich weiß nicht was. Sie sprachen ja alle Tschechisch und ich sprach nur Deutsch. Der einzige Mensch, der am Vormittag da war und mit mir sprechen wollte, war ein tschechisches Dienstmädchen. Doch sie konnte mich nicht verstehen, und ich konnte sie nicht verstehen. Ich verstand die Welt sowieso nicht mehr.

Ein paar Tage später kam ich als Pflegekind in die Familie Wittmann. Mag sein, dass dies von Anfang an so geplant war und nur, weil die Familie noch in den Ferien war, hatte man mich zunächst in der Pension untergebracht. Aber ich glaube, auch wenn es so gewesen war, hätte das Wissen um diese Tatsache nichts ausrichten können gegen das Gefühl, das sich damals meiner bemächtigte und mich nie mehr ganz loslassen sollte: Ich fühlte mich total verlassen.

Bei den Wittmanns war ich in guten Händen. Sie lebten in einer schönen Wohnung und kümmerten sich sehr lieb um mich. Aber eines war doch sonderbar: Mit deren etwa 14-jährigen Tochter durfte ich nicht sprechen und ihr Zimmer nicht betreten; nicht einmal mit ihren Spielsachen spielen.

Endlich, nach zwei, drei Wochen kam mein Vetter Joši mich besuchen. Ich war so froh, ihn wiederzusehen! Er lud mich ins Kino ein, und

Mein Vetter Joši

als wir uns verabschiedeten, konnte ich meine Tränen nicht zurückhalten. Ich wollte ihn nicht gehen lassen, nicht ohne mich, ich wollte mit ihm nach Gaya zurück! Joši tröstete mich und versprach, mir zu helfen. Am nächsten Tag schickten seine Eltern ein Telegramm nach Wien, und ein paar Tage später kam mein Papa zu mir. Diesen Brief schrieb er meiner Mutti:

Brünn, 11. September 1938

Liebe Frieda,
... Frau Wittmann ging die Stiegen voraus, um Helga mein Kommen anzukündigen. Ein unbeschreiblicher Aufschrei des Jubels hallte durch das Stiegenhaus. Helga im neuen Sommerkleid, weißen Schuhen und Strümpfen, rannte mir treppab entgegen.
Die Freude des Wiedersehens lässt sich nicht schildern. Frau Wittmann ließ uns allein. Helga stellte sich vor mich hin und sagte mit kindlich ernster Miene: „Ich habe mir gedacht, dir Papa, in der ersten Minute, wo du vor mir stehst, zu sagen, dass ich nicht hier bleiben will. Ich will nur in Wien, bei meinen Eltern oder in Gaya bei der Tante Marta sein."
Es lässt sich nicht schildern, welche reifen, gesammelten Gedankengänge das achtjährige Fratzerl hat und welch' tiefes Gemüt ihr Seelchen offenbarte. Oft kamen ihr die Tränen, und sie sagte mir, als ich am Platz vor dem Wohnhaus saß: „Meinetwegen können sie in Wien alle Parks wegnehmen. Mir ist lieber, zuhause in einem Eckerl des Zimmers sich herumdrehen zu können als hier im Park herumzulaufen. Als die Mama wegfuhr, habe ich mich vor dem Weinen so zurückgehalten, damit sie sich im Zug nicht kränkt. Aber nachher habe ich geweint."
Als ich ihr erzählte, dass die Kalinhof Ilse nach Palästina gefahren ist, schrie sie, dass sie mit den Eltern lieber als Bettlerkind in der Welt herumfahren würde als ein reiches Kind unter fremden Leuten zu sein. Sie erkundigte sich, was die Helga Weiss macht und sagte: „Die hat es gut, dass sie bei ihren Eltern sein kann."
Dann erzählte sie mir, dass sie der Joši besucht hat und sie weinen musste, als er sich verabschiedete. Und als ich fragte, ob der Joši auch geweint hat, meinte sie, dass er traurig war, aber das noch nicht mitgemacht hat, dass er in der Fremde sein muss.

Und so ging es stundenlang weiter. Ich hatte alle Mühe, dem Drängen des Kindes nach einer Entscheidung standzuhalten.
Ich will einige Tage abwarten, um in Ruhe und unbeeinflusst von momentanen Stimmungen die endgültigen Maßnahmen wegen der Zukunft dieses einzigartigen Kindes treffen zu können. Mir war es so schwer ums Herz, dass ich noch in der Dunkelheit im Park vor dem Wohnhaus saß und lange zu dem hell erleuchteten Zimmer emporblickte, wo ich mein Alles vermutete.
Sei herzlichst gegrüßt von Deinem Otto

Nach zwei Tagen war der Beschluss gefasst. Wir sind den ganzen Weg von Brünn nach Gaya mit dem Taxi gefahren – ich war selig! Ich hätte vor Freude an die Decke springen können! Ich sehe noch heute die Landschaft vor mir, die an uns vorüber zog.

Ich hab dann in Gaya die zweite Klasse wiederholt. Aber das machte mir nichts. Ich war so glücklich! Schnell lernte ich Tschechisch und bekam bald wieder gute Noten.

Ende September 1938 kamen die Regierungsvertreter von Großbritannien, Frankreich, Italien und dem Deutschen Reich in München zusammen und unterzeichneten das sogenannte *Münchner Abkommen*. Das Sudetenland, die vorwiegend von Deutschen besiedelten Randgebiete der Tschechoslowakischen Republik, wurde auf dieser Konferenz dem Deutschen Reich zugesprochen. Das wusste ich damals natürlich nicht. Aber vom Sudetenland hatte ich schon oft gehört. Ich wusste, dass die dortige Bevölkerung vorwiegend deutschsprachig war, und dass viele mit Hitler sympathisierten und „zurück ins Reich" wollten. Und was so ein „Anschluss" an Deutschland bedeutete, das kannte ich ja aus eigenem Erleben. Dann hieß es auf einmal, die Deutschen seien ins Sudetenland einmarschiert, und alle Tschechen fürchteten, dass dies nur der Anfang war, dass die Deutschen bald auch den übrigen Teil der Tschechoslowakei annektieren würden. Ich erinnere mich, dass auf einmal viele Soldaten auf dem Marktplatz in Gaya waren, dass dort eine große Gulaschkanone stand und dass die Bestürzung groß war und sich alle fragten, was nun als Nächstes passieren würde.

Dann brannten in der Nacht vom 9./10. November 1938 die Synagogen im

ganzen „Großdeutschen Reich", auch in Wien und auch im Sudetenland. In Gaya blieb es noch ruhig.
Wie viel ich von den politischen Ereignissen damals mitbekam, kann ich heute nicht sagen. Aber eines spürte ich bestimmt: Die Gefahr, die mich aus Wien vertrieben hatte, rückte näher.
Damals schrieben mir meine Eltern, dass meine Mutti ein Visum für England erhalten habe und emigrieren würde, und dass sie sich darum bemühten, mich baldmöglichst mit einem Kindertransport nach England zu bringen, um bei Mutti und in Sicherheit zu sein.
Am 15. März 1939 drangen deutsche Truppen, über die Grenzen vom Sudetenland her, hinein in die Tschechoslowakei. Am nächsten Tag erklärte Hitler in Prag das besetzte Land zum „Protektorat Böhmen und Mähren" und zum Teil des Großdeutschen Reiches. Die Gefahr, vor der so viele, auch ich, in die Tschechoslowakei geflüchtet waren, war endgültig bei uns angekommen.
Meine Mutti hatte Glück. Ein paar Tage nach Hitlers Machtergreifung in Prag konnte sie nach England entkommen. Ende März 1939 erhielt ich diese Postkarte:

Ostende, 25.3.1939
Geliebtes Kleines!
In einer Stunde führt mich dieses schöne Schifferl hinüber nach England. Bald wirst auch du den gleichen Weg fahren, und dann wirst du dich genauso freuen wie ich jetzt. Tausend Bussis für mein Geliebtes und viele herzliche Grüße an die liebe Tante Marta, Großmutti, Onkel Fritz, Onkel Karl, Mařenka, Trudel und Joši.
Deine Mutti

Leider bin ich nicht den gleichen Weg gefahren; obgleich meine Eltern alles unternahmen, um mich mit einem der Kindertransporte nach England zu bringen. Und fast hätte es sogar geklappt.

Haslemere, 21. Mai 1939

Lieber Otto,
nun was sagst du zu meiner Tüchtigkeit? Vorige Woche hatte ich lauter Beileidsschreiben – so nenne ich die „Mit Bedauern" beginnenden Schreiben – erhalten und war ganz verzweifelt darüber. Dann packte mich ein wilder Zorn und in dieser Stimmung schrieb ich an das Tschechoslowakische Komitee einen Brief. Der wirkte besser als ich annahm. Zwei Tage später bekam ich ein Schreiben, worin sie mir mitteilten, dass die Gesetze das Home Office schafft, dass sie aber der besonderen Umstände Rechnung tragen und das Kind herbringen wollen. Was sagst du nun? Also danken wir Gott!
Sie verlangten gleichzeitig Passfotos, da aber nicht dabeistand ob von mir oder von der Kleinen, habe ich meines eingeschickt. Lass aber von der Helga Passbilder machen. Ich brauche auch ein amtsärztliches Gesundheitszeugnis des Kindes. Um alles andere brauchst du dir keine Sorgen machen. Ich hoffe, es geht alles Weitere gut. Ich werde mein Bestes tun. (...) Eine Freundin, Engländerin, fährt im Juli nach Wien. Sie könnte vielleicht ein paar Spielsachen für das Kind mitnehmen ...

Ein Passfoto wurde gemacht und das Gesundheitszeugnis eingeholt. Bald darauf kam eine Schneiderin ins Haus, ich erhielt neue Kleider – Röcke, Blusen, ein Kleid und einen Mantel, jedes einzelne Kleidungsstück mit meinem Namen versehen. Am 21. Juni 1939 wurden die in Deutschland seit 15. September 1935 herrschenden Nürnberger Rassengesetze auch im „Protektorat Böhmen und Mähren" eingeführt. Ich war so froh zu wissen, dass ich das Land bald verlassen würde!
Doch am 1. September 1939 brach der Krieg aus. Die Grenzen wurden geschlossen und die

Kindertransporte kamen ins Stocken. Dann waren sie nicht mehr möglich. Mein Traum, zu Mutti nach England zu kommen, zerplatzte.
Mit den Nürnberger Rassengesetzen war die ganze Flut antijüdischer Gesetze über uns eingebrochen. Ein Jahr später wurden jüdische Kinder aus den öffentlichen Schulen ausgeschlossen. Das war schlimm für mich, denn ich bin sehr gern in Gaya zur Schule gegangen. Ich erinnere mich, wie meine Lehrerin auf dem Marktplatz in Gaya auf mich zukam, mir die Hand reichte und sagte: „Es tut mir sehr leid, Helga, dass du nicht mehr zu mir in die Klasse gehen kannst."
Es blieb nur eine Schule für mich offen: die Jüdische Schule in Brünn. Ausgerechnet Brünn! Diesmal sollte ich im dortigen Jüdischen Waisenhaus wohnen. Mein Onkel Karl brachte mich hin. Das war im September 1941. Es war eine Katastrophe.
Das Waisenhaus war fast leer; niemand, der mich in Empfang nahm. Es waren noch Ferien und keine Kinder und keine Betreuer waren dort, nur Dienstmädchen, die sich aber nicht um mich kümmerten. Ich musste in einem großen, dunklen Saal schlafen, umringt von leer stehenden Betten. Nach ein, zwei Tagen kamen die Kinder und die Betreuer aus den Ferien zurück. Aber es wurde nur noch schlimmer. Es gab viel Geschrei, es gab wenig zu essen. In der Früh musste man schnell zur Küche gehen, wo zwei Dienstmädchen Brot verteilten. Wenn man nicht unter den ersten war, war die Marmelade schon weg und man erhielt nur trockenes Brot. Ich weiß nicht, warum es in diesem Waisenhaus so fürchterlich zuging, es wurde gestohlen und Kinder wurden geschlagen – ein Albtraum.
Mein Vetter Joši ging damals auch in Brünn zur Schule. Manchmal brachte er mir einen Dreieckskäse vorbei und tröstete mich. Doch es half nichts. Ich wollte weg.
Vermutlich weil Joši mir wieder geholfen hat, kam ich als Pflegekind zu einem Ehepaar namens Pächter. Sie wohnten in der Nähe der Jüdischen Schule. Bald fand ich in der Nachbarschaft eine neue Freundin, Ruth Steiner, Tochter eines Augenarztes. Es ging mir ein bisschen besser. Aber ich fühlte mich nach wie vor als Fremde. Und mit den Briefen meiner Mutti wuchs die Sehnsucht.

Haslemere, 8. August 1940
Mein geliebtes Helgalein,
nach sehr vielen Wochen bekam ich deinen lieben Brief von der Tante Anni. Ich war sehr glücklich und freute mich unendlich über deine lieben Zeilen nach so langer Zeit. Ich bin so froh, dass es dir gut geht und dass du alles hast, was du brauchst, denn du kannst dir denken, dass ich oft große Sorge habe. Was für ein großes Mädel musst du schon sein! Wie gerne ich dich sehen möchte. Es sind ja jetzt schon bald zwei Jahre, dass ich mein Liebes zum letzen Mal gesehen habe. Wie musst du dich inzwischen verändert haben, schon bald ein kleines Fräulein sein! (...)
Ich habe sehr viel Arbeit von 7 Uhr morgens bis halb 9 Uhr abends, oft ohne die kleinste Unterbrechung, aber ich habe mich daran gewöhnt. Manchmal bin ich sehr müde, dafür schlafe ich sehr fest und habe niemals Zeit zum Nachdenken.
Ich hatte im Juni acht Tage Urlaub, die habe ich hier in der Nähe in einem sehr vornehmen Hotel verbracht. Es war fein und ich habe mich sehr gut erholt. Nur habe ich immer daran gedacht, wie schön es wäre, wenn du dort im Garten herumlaufen würdest.
Nun mein kleines Geliebtes, bleib recht gesund und weiter mein braves gescheites Goldkind, ich umarme dich mit vielen tausend Bussis, deine dich liebende Mutti
Sendet Antwort an meine Adresse:
Frieda Pollak, Postfach 506,
Lissabon, Portugal

Meine Mutti in England, mein Papa in Wien, ich allein Brünn – wenn ich an diese Zeit zurück denke, kommt dieses bange Gefühl wieder zurück. Auch dieser Brief lässt es wieder aufleben:

Gaya, 28. Dezember 1940
Lieber Papa,
seit Samstag, den 21.12. bin ich schon zuhause. Ich bin so froh, dass ich bei meinen Lieben bin, dass ich gar nicht mehr zurück möchte nach Brünn. Wir hatten bei Mařenka einen schönen Weihnachtsbaum und darunter recht viele Geschenke. (...) Ich habe die ganze Nacht nicht ge-

schlafen, weil mir der Zahn weh tat, das tat er schon in Brünn, und gleich in der Früh ist Trude mit mir zum Zahnarzt.
Entschuldige Papa, aber ich möchte nicht in die Schule gehen in Brünn. Mir gefällt es dort gar nicht. Und wir lernen auch nichts. Hier lernen die Kinder privat und sind viel weiter als wir. Und dann ist mir dort bange, und kalt ist es auch. Hier bei der Tante ist mir wärmer. Tante und Onkel hätten nichts dagegen, wenn ich hier bleiben würde. Papa, du könntest ja das der Tante zahlen was du der Frau Pächter zahlst. Ich bin schon drei Monate in Brünn und ich habe noch kein einziges Bad genommen! Ich weiß nicht, wann ich nach Brünn fahre, wir haben bis 20. Jänner frei. Ich möchte nur bis zum Halbjahreszeugnis in Brünn bleiben, und das wird ungefähr im Februar sein. Bitte Papa antworte mir bald und erlaube mir, dass ich wieder hier wohnen darf. Hier haben mich alle gerne und in Brünn niemand. Allen war schon bange nach mir. Wenn ich schon dich nicht hier habe und die Mutti nicht, dann habe ich hier wenigstens liebe Verwandte, die mich an Eurer Stelle beschützen.
Hat die Frau Sander meine Karte bekommen?
Für heute schließe ich, ich küsse dich herzlich und grüße dich, deine treue Tochter Helga

Mimi Sander

Frau Sander war eine gute Freundin meines Papas, von der mich Papa immer grüßen ließ. Ich habe Mimi Sander, obgleich ich sie nicht kannte, schon damals ins Herz geschlossen, weil ich spürte, dass sie meinen Papa sehr mochte. Und mich auch.

Ich weiß nicht mehr genau, wie lange ich noch in Brünn zur Schule ging. Doch eines Tages hieß es, dass Juden bald nicht mehr reisen dürften. Da holte ich mir schnell eine Reisebewilligung, packte meinen Koffer, eilte zur Bahn, löste einen Fahrschein und fuhr nach Gaya. Gegen Abend, es war schon dämmrig, marschierte ich den langen Weg vom Bahnhof zum Marktplatz. Als ich zuhause ankam, fütterte Tante Marta gerade die Hühner im Hof. Sie war ganz erstaunt, als ich plötzlich vor ihr stand mit dem Koffer in der Hand und sagte: „Jetzt bin ich da." – Ich wollte mich nie mehr vertreiben lassen.

Im Juli 1941 wurde meine Oma Sofie von einem Tag zum anderen schwer krank und hatte starke Schmerzen. Ärztliche Hilfe kam zu spät. Sie starb am 7. Juli. Ich war sehr traurig; auch darüber, dass Papa nicht nach Gaya kommen konnte und nicht bei mir war, als wir hinter dem Totenwagen hergingen.

Die Zeiten wurden immer schwieriger. Ich durfte nicht mehr in den Park gehen, in dem ich oft am Sonntag mit meiner Tante spazieren ging und nicht in die Konditorei. Kinder, die nicht jüdisch waren, durften nicht mehr mit uns Kontakt haben, und ich verlor einige meiner Freundinnen. Wir durften nicht mehr Fahrrad fahren und nicht mehr auf dem Tennisplatz spielen. Die Welt, in der wir lebten, wurde immer kleiner. Wir jüdischen Kinder schlossen uns immer mehr zusammen.

Ab 19. September 1941 mussten wir den Gelben Stern tragen. Ich kann heute nicht sagen, wie ich das damals aufnahm. War ich schockiert? Ich glaube eher nicht. Es kam ja alles Schritt für Schritt, nicht auf einmal. Und außerdem: Ich war damals sehr glücklich. Glücklich, dass mein sehnlichster Wunsch erfüllt wurde.

Gaya, 2. September 1941

Liebstes Papilein,
ich freue mich so sehr, dass du für immer zu mir kommst, und alle deine Lieben freuen sich unendlich darüber - ich kann das gar nicht beschreiben. Ich kann den Tag kaum erwarten, an dem du kommst. Es wird noch eine ganze Woche dauern. Gleich am Morgen um 7 Uhr bin ich zum Onkel gegangen, um es ihm zu sagen. Onkel und Mařenka haben noch geschlafen, sie konnten es kaum glauben. Ich höre auf zu schreiben, weil ich vor lauter Freude gar nicht weiß, was ich dir, liebstes Papilein, schreiben soll. Nur eines glaube mir: Die Tage bis dahin werden für mich, auch für die anderen, länger sein als Monate. Sehnsüchtig werde ich deine Ankunft erwarten. Und ich verspreche dir schon jetzt, dass ich dir folgen werde.
Viele Grüße und Küsse deine Helga

Am 9. September 1941 kam mein Papa in Gaya an. Ich war überglücklich. Wir wohnten bereits in sehr beengten Verhältnissen. Denn inzwi-

Mein Papa, 1941

schen lebten hier mehr Juden als zuvor, weil die jüdische Bevölkerung aus den kleineren Ortschaften der Umgebung, aus Göding, Ungarisch-Brod oder Ungarisch-Hradisch nach Gaya umsiedeln musste. Auch viele unserer Verwandten, die in der Region wohnten – wir hatten ja eine weitverzweigte Verwandtschaft – wurden in Gaya zwangseinquartiert.

Überall wurde es eng, auch bei uns. Joši schlief in der Küche. Meine Kusine Trude und ihr Mann Hermann Stein – sie hatten Ende 1939 geheiratet – hatten ein Zimmer. Ein anderes wurde von einer Familie Taussig bewohnt. Im dritten Zimmer wohnten meine Tante Marta und Onkel Fritz und, von ihnen durch einen Paravent getrennt, hatten mein Papa und ich unsere Betten. Ich war so glücklich, dass er bei mir war!

Am 10. Dezember 1941 kam Lea zur Welt, die Tochter von Trude und Hermann Stein. Ich habe mich sehr gefreut. Lea war das Schwesterchen, das ich mir immer so sehr gewünscht habe.

Noch verlief mein Leben im Schutze meiner Familie. Ich spielte mit den Nachbarskindern und ging zum Unterricht. Ich habe noch ein Foto unserer „Schulklasse". Das war natürlich längst keine richtige Schulklasse mehr, der Unterricht war ja verboten und fand im Geheimen statt, mal hier und mal dort, in einer Wohnung oder in einem Garten. Wir waren altersmäßig bunt zusammengewürfelt; gelehrt wurde das, was gerade möglich war.

Hier, auf diesem Foto, sitze ich vorne links neben Jiři Bader. Mit ihm und Otto Buchsbaum, Karel Redlich und Daniel Teller habe ich oft gespielt, meist bei den Baders. Sie hatten einen riesigen herrlichen Garten hinter ihrem Haus, mit einem wunderbaren Maulbeerbaum. Jiři schaut so vergnügt auf dem Foto aus, nicht nur er. Wir waren jung. Wir erlebten Augenblicke kindlicher Unbekümmertheit, Augenblicke, in denen sich Angst und Traurigkeit für eine Weile verflüchtigten.

Mein Papa hingegen lebte in ständiger Sorge. Am 11. April 1942 schrieb er über das Rote Kreuz an meine Mutti – auf einem Rückantwortbogen, der nur 25 Worte enthalten durfte: *Erfreut über Februarpost. Dürften Sommerferien in Tante Grubers Nachbarschaft übersiedeln. Helga freut sich auf Feldarbeit. Mařenka bleibt hier. Bleibe gesund, frohen Mutes, herzlichste Grüße, Otto.*

Ich glaube, es war mir damals nicht bewusst, dass wir in Gefahr waren. Denn dies war die verschlüsselte Botschaft meines Papas: ‚Wir werden vielleicht bald nach Polen deportiert.' Tante Gruber war eine Verwandte meiner Mutti in Polen, und so verstand sie sofort. Am 3. Juni antwortete sie: *Hoffe übersiedelt nicht. Wünsche dem Kind, dir, allen, Gesundheit, Glück. Achte auf Helgalein, bis uns Wiedersehen vergönnt ist! Gott beschütze euch. Küsse Helga. Grüße alle.*

Es war für lange Zeit die letzte direkte Nachricht, die wir von meiner Mutti aus England erhielten. Erst drei Jahre später, nach Ende des Krieges, konnten wir wieder Kontakt miteinander aufnehmen.

Am 27. Mai 1942 verübten tschechische Widerstandskämpfer ein Attentat auf Reinhard Heydrich. Den meisten ist der Chef des Reichssicherheitshauptamtes, der Polizei und Geheimdienstzentrale des NS-Staates durch die Wannsee-Konferenz bekannt, zu der er und Adolf Eichmann am 20. Januar 1942 hohe Offiziere und leitende Beamte deutscher Behörden in die Villa am Großen Wannsee in Berlin einberufen hatte. Die Tschechen lernten ihn bereits im September 1941 kennen, als er als Stellvertretender Reichsprotektor von Böhmen und Mähren in die Prager Burg einzog und sofort daran ging, Oppositionelle und NS-feindliche Kräfte auszuschalten. Allein in den ersten zwei Monaten hatte er über 4 000 Tschechen verhaften und über 400 Tschechen hinrichten lassen.

Am 4. Juni 1942 erlag Heydrich seinen Verletzungen. Man befürchtete das Schlimmste. Wie ich heute weiß, hat Hitler nach dem Attentat die Hinrichtung von 10 000 Tschechen gefordert, eine Zahl, die er verdreifachte, als Heydrich starb. Die Deportationen, die im Oktober 1941 begonnen hatten, wurden mit noch größerem Tempo vorangetrieben. Und überall im Land wurde nach den Attentätern gefahndet, auch in Gaya. Ich glaube, es war in jener Zeit, als Doktor Dunderá und seine Frau – ein nicht-jüdisches Ehepaar – von der Gestapo abgeholt und erschossen wurden. Sie hatten verwundeten Partisanen geholfen. Sie hinterließen zwei Kinder. Ich erinnere mich an die Angst, die umging, und an jenen Abend, es war schon dunkel, als die SS auch zu uns kam. Alle Erwachsenen mussten im Hof antreten, die meisten waren bereits im Schlafanzug. Die Deutschen durchsuchten das ganze Haus. Weil Frieda Freund, die Tante meines Papas, sich nicht so schnell bewegen konnte wie die SS befahl, schlugen sie mit einer Zaunlatte auf sie ein und verletzten sie sehr. Später erfuhren wir, dass viel Schrecklicheres geschah in den tschechischen Dörfern Ležaky und Lidice.

Jeder kannte damals jemanden aus der Verwandtschaft, der bereits deportiert worden war – nach Polen, nach Theresienstadt oder nach Unbekannt. Wir wussten, dass man 50 kg Gepäck mitnehmen konnte und ich erinnere mich, wie die Erwachsenen darüber sprachen, was sie alles mitnehmen würden, wenn es so weit wäre. Man bereitete sich darauf vor und hoffte, dass man nicht nach Polen „umgesiedelt" würde, sondern „nur" ins Ghetto Theresienstadt.

Der Ort rückte immer mehr in den Bereich der realen Möglichkeiten. Wir malten uns das Leben in diesem Ghetto aus – immerhin eine tschechische Stadt in der Nähe von Prag, ein Ort, in dem nur Juden zusammenleben würden bis der Krieg zu Ende ist und mit ihm – das glaubten wir fest – auch Hitlers Gewaltherrschaft.

Im Januar 1943 erhielten wir den Befehl zur „Einreihung in den Transport". Nummern wurden ausgegeben. Mein Vater erhielt die Transportnummer Cn 175, ich die Nummer Cn 176. Später habe ich sie in mein Tagebuch geklebt. Dieses Tagebuch, ein Schulheft mit schwarzem Pappdeckel, schenkte mir mein Papa vor unserer Abreise. „Schreib hinein, was du erlebst, was dich bewegt. Ich tu es auch", sagte er und zeigte mir seinen kleinen schwarzen Taschenkalender für das Jahr 1943. Die Seiten waren noch unbeschrieben. Aber an jenem 17. Januar 1943 begannen wir beide mit unseren Aufzeichnungen.

Aus meinem Familienalbum
Kindheitsfotos, Wien

Oben: Zuhause in der Mariahilferstraße
Mitte: Auf Streifzug mit Mutti durch Wien
Unten: Mit meinen Eltern und Johanna
Rechts: Ich tanze Csárdás

Konzertcafé Palmhof, Wien

1919 eröffnete mein Vater Otto Pollak das Café Palmhof gemeinsam mit seinem Bruder Karl. Für meinen Papa war es die Verwirklichung eines Traums. Er liebte die Caféhaus-Atmosphäre und war in Wien eine bekannte und geschätzte Persönlichkeit.

V.l.n.r.: Mein Papa, 1919. Mein Papa nach seiner Verwundung 1916. Mein Onkel Karl mit mir, Juli 1933

Gaya/Kyjov, Geburtsstadt meines Vaters

Mein Vater wurde am 29.1.1894 in Gaya geboren. Die südmährische Kleinstadt gehörte damals noch zu Österreich-Ungarn, ab 1918 zur Tschechoslowakischen Republik. Die elterliche Wohnung befand sich im Haus der Jüdischen Kultusgemeinde am Marktplatz. Dort hatten seine Eltern ein kleines Geschäft, das später von seiner Schwester Marta und deren Mann Fritz Plaček – meine Tante Marta und mein Onkel Fritz – weitergeführt wurden.

Links oben: Der Marktplatz von Gaya mit dem Rathaus. Auf diesem Foto ist rechts das Hotel Slavia zu sehen und dahinter das Haus der Jüdischen Kultusgemeinde, in dem mein Papa aufwuchs und in dem sich auch der kleine Laden befand.
Links unten: Das Geschäft meines Großvaters Leopold Pollak in den 20er Jahren

Rechts oben: Meine Oma Sofie vor dem Laden. Unten: Meine Tante Marta und ich

Gaya/Kyjov, Besuche und Ferien bei meinen Verwandten

Die frühesten Reisen, an die ich mich erinnern kann, führten zur Familie meines Papas nach Gaya – zu Oma Sofie, Tante Marta und Onkel Fritz und deren Kinder Joši und Trude. In Gaya war ich als Kind sehr gerne.

Links oben: Mit Tante Marta im Garten
Rechts oben: Tante Marta und Onkel Fritz

Rechts: Vera und Jiři Bader

Unten: Das alte jüdische Viertel hinter dem Haus der Jüdischen Kultusgemeinde. Die einstige Synagoge – im linken Foto ist der Eingang zu sehen – wurde während der Nazizeit stark verwüstet und später abgerissen.

Gaya/Kyjov, mein zweites Zuhause im Exil

Immer mehr schloss sich die jüdische Bevölkerung Gayas zusammen. Wir Kinder und Jugendliche erlebten noch Augenblicke, in denen sich Angst und Traurigkeit für eine Weile verflüchtigten.

Links: Auf diesem Foto sind die Jugendlichen und der Lehrer zu sehen, mit denen ich damals oft zusammen war und Unterricht hatte. Der Mann in der hinteren Reihe, 4. von links, ist Prof. Heksch. In der unteren Reihe erkenne ich Otto Buchsbaum (2. v. l.), Harry Klinger (3. v. l.) und Jiři Bader (rechts). Ich glaube, der erste Junge links in der unteren Reihe ist Hanuš Roth. In der oberen Reihe ist Richard Müller (3. v. l.), Eva Spitz (5. v. l.) und daneben rechts Karel Redlich und Daniel Teller. Die beiden ersten (links oben) sind vermutlich Karel Eisinger und Eduard Fischer.

Rechts: Der große Junge rechts ist Hugo Schindler. Vorne sitzen Richard Müller (links) und Karel Redlich (rechts). An die Namen der anderen erinnere ich mich nicht. Ich bin die zweite von links.

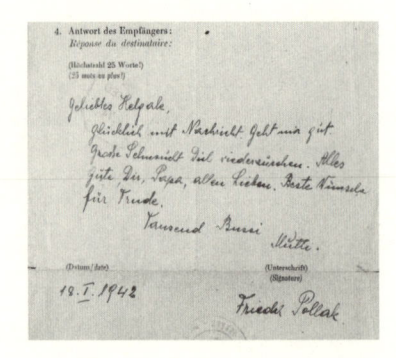

Trude, Hermann und Lea Stein

Ende Dezember 1939 heirateten meine Kusine Trude und Hermann Stein. Am 10. Dezember 1941 kam Lea zur Welt. Sie war für mich wie eine kleine Schwester.

2
Theresienstadt, Januar – März 1943

Aufzeichnungen meines Vaters

Sonntag, 17. Januar 1943
Gewicht vor der Abfahrt: 72 kg. Helga: 50 kg (angezogen).

Montag, 18. Januar 1943
Schlag 8 h Abfahrt von Gaya nach Ungarisch-Brod zur Registrierung (Kasernierung), F: „Šťastny navrat".[1]

Mittwoch, 20. Januar 1943
2 000 Protektorats-Angehörige nach dem Osten, unter 65 Jahre.

Freitag, 22. Januar 1943
4 h Nachmittag: Abfahrt von Ungarisch-Brod nach Theresienstadt.

Sonnabend, 23. Januar 1943
8 h früh Ankunft in Theresienstadt. Unterbringung am Dachboden der Hamburger Kaserne. Am gleichen Tage sind 2 000 Personen (Cn) nach dem Osten abgefertigt worden.

Dienstag, 26. Januar 1943
Abgang Karls nach dem Osten. (1 000 Personen, die meisten aus Gaya.) Cs 412.

---

1 Tschechisch, glückliche Rückkehr

Mittwoch, 27. Januar 1943
4 h nachmittags Übersiedlung Helgas ins Mädchenheim L 410.
Mein Umzug ins Invalidenheim L 231. Ankunft des Co Transportes aus Ungarisch-Brod – 1 000 Personen.

Freitag, 29. Januar 1943
Mein 49. Geburtstag. Helga kommt früh aus dem Heim, um mir zu gratulieren. Ein trauriger Geburtstag.
Ct Transport, 1 000 Personen unter 60 Jahren nach dem Osten.

Sonntag, 31. Januar 1943
Tagesbefehl Nr. 282 vom 31.1.43: Reorganisation der Jüdischen Selbstverwaltung. Der Judenälteste: Dr. Paul Eppstein. Seine Stellvertreter: Jakob Edelstein, Dr. Benjamin Murmelstein. Cp Transport, 837 Personen aus Ungarisch-Brod. Cn 1 000 Personen unter 60 nach dem Osten.

Mittwoch, 3. Februar 1943
Zum ersten Mal im Kaffeehaus, blendendes Duo Meyer-Sattler aus Prag-Karlsbad.

Anmerkung, Februar 1943
Im Februar neue Welle der Typhusepidemie.

Dienstag, 2. März 1943
½ 1 h nachts, kann nicht schlafen. Alpdruck wegen Lea. Wie ein böses Ahnen erfüllt mich mein Herz.

Mittwoch, 3. März 1943
½ 10 h Besuch bei Lea – der schlafende Engel. Abschiedskuss auf die wachsene Stirn.

Dienstag, 9. März 1943
½ 6 h abends. Besuch bei Lea, die vor Schwäche nicht mehr die Augenlider schließen kann.

Mittwoch, 10. März 1943
Lea heute 15 Monate alt. Es dünkt mich, dass eine subjektive Besserung beim Kinde eingetreten ist.

Dienstag, 30. März 1943
Der seligen Mutter 80. Geburtstag. 4 h nachmittags, Weg zum Säuglingsheim mit Hermann. Trude zeigt Lea, die tags zuvor vom Arzt aufgegeben wurde, durchs Fenster. Beim Anblick krampft sich mir das Herz zusammen. Ich sende Abschiedsküsse.

Mein Tagebuch

Sonntag, 17. Januar 1943
Ich verbringe den letzten Tag in Kyjov – er ist voller Hektik. Wir packen Esssachen in Taschen und Brotsäcke. Ich bezweifle, dass sich Tante Marta heute auch nur einen Moment hingesetzt hat (sie setzt sich auch sonst nicht hin.) Jetzt sitze ich am Schreibtisch, bin sehr müde. Macht nichts! Den letzten Tag zuhause muss ich doch festhalten. In zwölf Stunden wird die ganze Wohnung verlassen sein. (Den Kopf nicht hängen lassen, sondern erhobenen Hauptes von zuhause weggehen!)
Am Abend habe ich einen Spaziergang mit Herbert Ungar gemacht. Auf dem Rückweg sah ich, wie zwei Deutsche, Severa und Larisch, die jüdischen Häuser beobachteten. Bei unseren Nachbarn hatte ausgerechnet heute ein junges Mädchen Dienst und hat sich genommen, was sie nur konnte. Sie wollte schon nach Hause gehen, den Tragekorb auf dem Rücken, als Onkel Fritz sie auf Severa aufmerksam machte. Sie legte den Tragekorb schnell auf den Boden und die Tante versteckte ihn im Schrank. Dann verließ das Dienstmädchen das Haus. Die Deutschen nahmen sie auf der Stelle mit zur Wache. Als die beiden Deutschen weg waren, nahm sofort ein anderer Stellung ein. Jetzt gehe ich schlafen, ich muss doch recht früh aufstehen. Ich liege angezogen im Bett, denn ich habe nichts mehr zum Zudecken.

Dienstag, 19. Januar 1943
Die Fahrt war miserabel. Ich bin sehr früh aufgestanden und wurde gerade noch rechtzeitig mit allem fertig. Ich hatte so viele Sachen an, dass ich mich kaum bewegen konnte. Wir sind mit dem Schlitten zur Bahn gegangen. Papa, Trude und Lea saßen drauf, Onkel Karl und Mařenka haben den Schlitten gezogen, ich habe geschoben. Wir waren froh, dass wir überhaupt den Bahnhof erreichten, so viel Schnee war gefallen. Wir suchten unser Gepäck zusammen, wobei es erstaunlich wenig Aufregung gab – ich dachte, dass alle ganz kopflos sein würden.
Im Zug war nicht genug Platz zum Sitzen. Beim Einsteigen ist Papa hingefallen, Frau Doktor Schöntal hat ihm hoch geholfen, sie weinte sehr (sie ist Arierin). Als wir losfuhren, fingen alle Jugendliche im Zug zu singen

REKORD
Deník
Helga Pollaková
REKORD
DENIK POLLAK I
HELGA POLLAK

TEREZÍN.

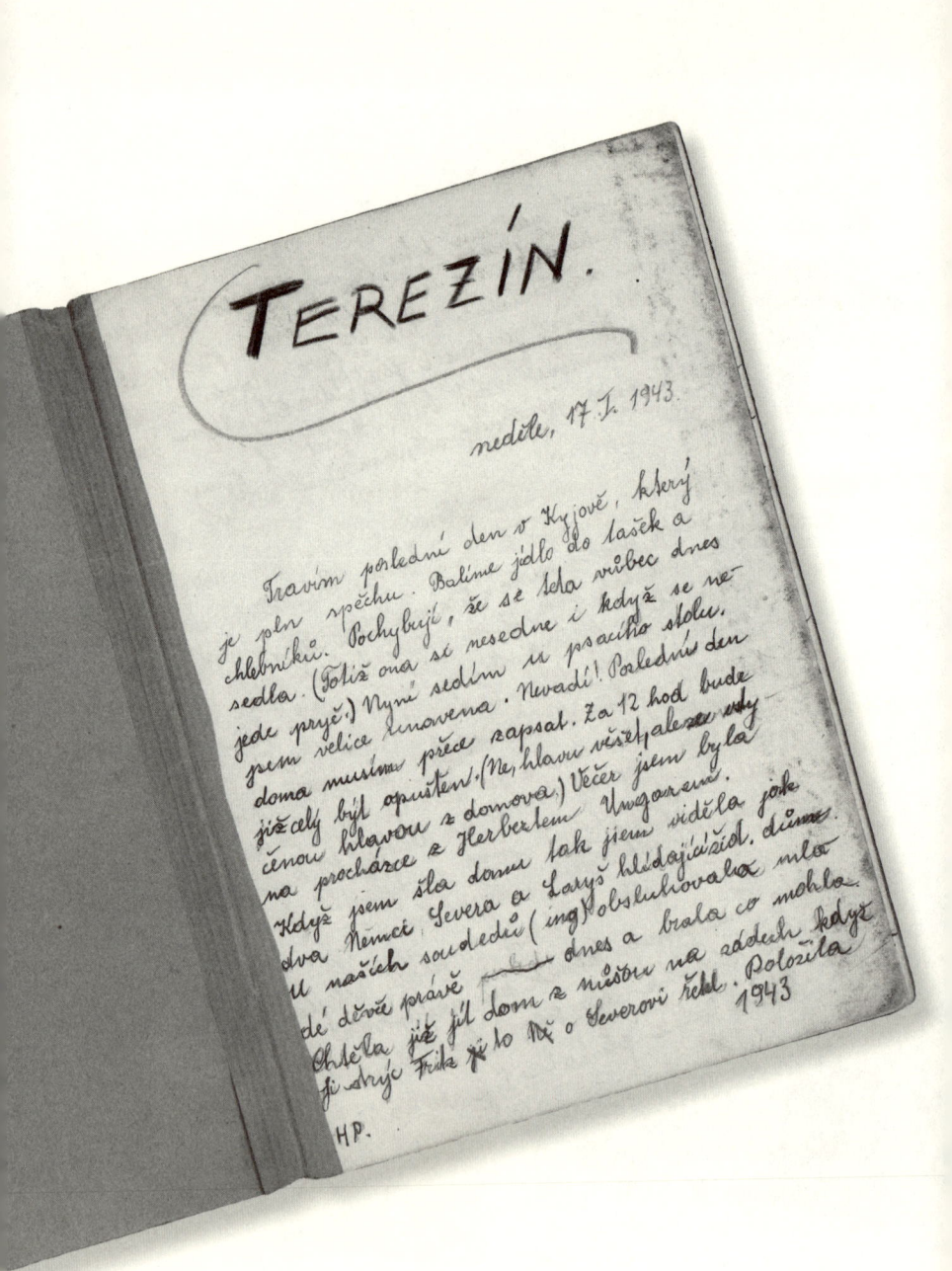

neděle, 17. I. 1943.

Trávím poslední den v Kyjově, který je pln spěchu. Balíme jídlo do lašek a chlebníků. Pochybuji, že se Ida vůbec dnes sedla. (Totiž ona si nesedne i když se nesedla.) Nyní sedím u psacího stolu. Jede pryč. Nyní sedím u psacího stolu, jsem velice znavena. Nevadí! Poslední den doma musím přece zapsat. Za 12 hod bude již celý byt opuštěn. (Ne, hlavu věším, ale vsly čenou hlavou z domova.) Večer jsem byla na procházce s Herbertem Ungarsem. Když jsem šla domů tak jsem viděla jak dva Němci Severa a Larys hlídají žid. dům u našich sousedů (ing.) obsluhovala mla dé děvče právě _____ dnes a brala co mohla. Chtěla již jít domů s něčím na zádech když ji zhlíd Fritz že to ří o Severovi řekl. Položila

HP.   1943.

an. Ein Gendarm war sehr bewegt, er ging den ganzen Zug entlang und wünschte allen, die er kannte, eine glückliche Rückkehr.
Nach eindreiviertel Stunden kamen wir in Ungarisch-Brod an. Ich brauchte meinen Rucksack nicht mehr tragen, wir luden ihn auf ein Lastauto. Papa, Trude und Lea konnten mitfahren. Ich nahm zwei Brotsäcke und zwei Taschen und marschierte los. Als ich in der Realschule ankam, wo wir kaserniert wurden, dachte ich, dass ich gleich zusammenbreche. Frau Vepřovská brachte mich zur Tante. Wir liegen auf einer Matratze.

Mittwoch, 20. Januar 1943
Es ist schrecklich hier, ich denke, schlimmer als in Theresienstadt, das Essen ist zum Erbrechen. Heute habe ich Halsschmerzen. Ich war in der Ambulanz. Der Doktor gab mir eine Tablette, damit ich schwitze.

Sonntag, 24. Januar 1943
In der Nacht von Donnerstag auf Freitag ging es mir sehr schlecht. Am Morgen hatte ich 39 Grad Fieber. Herr Dr. Fischer kam zu mir. Ich hatte Angina. Am Freitag traten wir die Weiterfahrt nach Theresienstadt an. Um 4 Uhr Nachmittag sind wir abgefahren und gestern um 8 Uhr früh sind wir in Bohušovice angekommen. Die Ghettowache hat uns empfangen. Von Bohušovice gingen wir eine Dreiviertelstunde zu Fuß. Hätte der Marsch noch eine Viertelstunde länger gedauert, ich glaube, ich wäre umgefallen. Jetzt sind wir auf dem Dachboden der Hamburger Kaserne in Quarantäne. Auf dem Dachboden war Tante Rosel, die mich in das Zimmer mitnahm, in dem sie wohnt. Dort spielte ich mit einem 7-jährigen Mädchen. Mittags holte mich Hermann ab, er sagte, auf dem Dachboden warte eine Überraschung auf mich. Ich komme dorthin, und wer steht da? Frau Sander! Was für ein Ort für so eine Begegnung! Ich kann es nicht glauben. Sie sieht genauso aus, wie ich sie mir vorgestellt habe. Ich schlafe bei ihr.

Von der Bahnstation in Bohusovice zu Fuß nach Theresienstadt

Freitag, 29. Januar 1943
Ich bin eingezogen ins Mädchenheim. Es ist ein sonniges Zimmer im Gebäude der ehemaligen Kommandantur. Das Haus liegt neben der Kirche, unsere Fenster gehen auf den Hauptplatz. Ich könnte immer aus dem Fenster schauen, weil ich schöne Berge sehe (Mittelböhmisches Gebirge, den Berg Milešovka). Wenn es klar ist, sieht man auf einem Berg ein Kreuz und auf einem anderen eine Burg.

Theresienstadt, Mädchenheim L 410

Die Mädchen haben keinen guten Eindruck auf mich gemacht. Als ich ihnen sagte, dass ich zu ihnen ziehe, baten sie die Betreuerin, mich anderswo unterzubringen. Die Betreuerin hat es versucht, doch es ging nicht. Ich schlafe auf einer Matratze im mittleren Teil der dreistöckigen Pritschen. Alles drückt mich. Ich bin sehr müde, deshalb höre ich auf zu schreiben.

Sonntag, 14. Februar 1943
Ich habe Durchfall, schon seit einer Woche. Ich weiß, die Mädchen mögen mich nicht, aber es ist mir egal. Frau Sander hab ich sehr gern, als wäre sie meine Tante.

Mittwoch, 3. März 1943
Wie lange ich schon nicht geschrieben habe, und wie viel inzwischen doch geschehen ist. Ich lag eine Woche im Bett, ich war erkältet, konnte nicht schreiben, weil ich eine Bindehautentzündung habe. Jetzt kann ich aber wieder schreiben, die Augen tun nicht mehr so sehr weh. Ich habe viel geweint – mir war bange. Ich sehne mich so nach meiner Mutti. Jetzt weine ich aber nicht mehr, weil ich es Papa dadurch noch schwerer mache. Die kleine Lea hat eine Lungenentzündung, doch es geht ihr inzwischen besser. Gestern habe ich sie gesehen, sie sah aus wie eine Wachspuppe. Ich habe bereits zwei Päckchen bekommen.

Freitag, 5. März 1943
Nachmittags. Ich habe die zweite Injektion gegen Typhus bekommen, deshalb bin ich im Bett. Papa war noch nicht bei mir.
Abends. Gerade war Mimi bei mir, sie brachte mir Kalbsgulasch mit Reibteignockerln und Kartoffeln. Papa kommt nicht mehr, er ist müde. Vor fünf Minuten hatte ich 38,3 Grad Fieber. Das alles kommt von der blöden Spritze. Jetzt werde ich lesen. Ich lese *Die Geächteten von Korsika*.

Sonntag, 7. März 1943
Den ganzen Tag hat sich nichts Besonderes ereignet. Leas Krankheit ist immer gleich. Doch Leas Aussehen hat sich gebessert, sie ist fröhlicher. Heute hat Väterchen Masaryk Geburtstag. Meine Lieblings-Betreuerin hat uns am Abend viel über Masaryk[1] erzählt.

Montag, 8. März 1943
In der Früh sind wir um ½ 7 Uhr aufgestanden, weil wir gründlich aufräumen mussten. Ich bin gar nicht müde, obwohl ich viel gemacht habe. Das Bettzeug haben wir vom zweiten Stock aus dem Fenster geworfen, auch die Matratzen. Im Garten habe ich meine Matratze ausgeklopft und danach 30 Hausschuhe und über 50 Paar Schuhe geputzt!
Lea geht es schlechter. Noch am Abend bekam sie eine zweite Bluttransfusion. Ich habe Traubenzucker für sie besorgt.
Gerade ist hier ein Zirkus zu Ende gegangen. Jemand hat das Kissen eines Mädchens versteckt, und nun weint sie schon seit einer Stunde. Bevor ich schlafen ging, war ich zufällig am Fenster. Den Eindruck, den ich in diesem Augenblick hatte, werde ich niemals vergessen. Ein Berg, darauf ein kleines Dorf. Roter Himmel über dem Berg im Farbton der untergehenden Sonne. Der weitere Himmel war ganz blau und etwa in der Mitte stand die Sichel des Mondes, daneben ein Stern. Auf der einen Seite ragte

---

1 Tomáš G. Masaryk (1850–1937). Als Gründungsvater der 1918, nach dem Zusammenbruch der Habsburger Monarchie gegründeten Tschechoslowakischen Republik, deren erster Präsident er war (1918–1935), wurde er von vielen „Väterchen" genannt. Er war Demokrat, Humanist und Weltbürger und galt vielen als Hoffnungsträger. Geschätzt war er vor allem auch von tschechischen Juden.

die Burg Hasenburg empor. Ich habe schnell verdunkelt, ich konnte den Anblick nicht länger ertragen. Mir war bange. Ich eingesperrt – und so nahe herrlicher Natur, Freiheit! Wie glücklich wäre ich, wenn ich im tiefen Walde leben könnte, in einer Hütte oder in einem Zelt, ganz alleine, und die Freiheit erleben könnte.

Montag, 9. März 1943
Am Nachmittag sah ich ein Puppentheater. Für Theresienstadt war es sehr schön und ganz bestimmt hat es viel Arbeit und Mühe gemacht, die vielen Puppen herzustellen. Das Stück heißt: *Die verzauberte Geige*. Gespielt wurde auf einer Geige (ein bisschen falsch) und auf einem Harmonium. Ich war auch bei Lea. Papa war auch da. Er sagte, sie sähe fürchterlich aus, sie könne vor lauter Schwäche die Augen nicht zumachen. Die Lungenentzündung verbreitet sich weiter. Ein Arzt sagte, dass ihr Herz es so lange ausgehalten habe und er deshalb glaube, dass sie auch dies überstehen würde. Dr. Fischer sagte, er habe Zweifel, ob sie es überlebt.

Mittwoch, 10. März 1943
Ich hatte heute den ganzen Tag Bereitschaft, bin sehr müde. Mittags war ich nicht einmal beim Papa. Am Abend trafen wir uns bei Frau Sander. Lea geht es ein bisschen besser. Sie hat 90 g Milch mit Traubenzucker ausgetrunken. Ich hoffe, dass sie wieder gesund wird.
Eine unserer Betreuerinnen, Eva, macht für uns Schildchen, die wir an unseren Stockbetten anbringen. Jeder wählt sich einen Sinnspruch aus und einen Gegenstand, der für ihn Bedeutung hat, und beides kommt dann auf das Schildchen. Mein Symbol ist der Leuchtturm und meine Losung lautet: „Sei bereit". Warum ich den Leuchtturm wählte? Der Leuchtturm könnte die Hoffnung sein, sagen die Mädchen. Aber ich stelle mir vor, dass wir hier alle einem Sturm ausgesetzt sind und um uns das tobende Meer – der Krieg.
Ich habe eine ganz große Sehnsucht nach Mutti, deshalb habe ich ihr Foto in mein Tagebuch geklebt und stelle mir vor, dass ich das, was ich in das Tagebuch schreibe, der Mutti erzähle.

Donnerstag, 11. März 1943
Wir hatten fast den ganzen Nachmittag frei. Ich war bei Frau Sander im Büro und bei Lea. Es geht ihr besser. Sie hat die ganze Nacht durchgeschlafen, hat viel Buttermilch getrunken, und als man ihr ein Bilderbuch zeigte, lächelte sie zum ersten Mal seit einem Monat. Als ich zu ihr kam, war sie gerade von einem Spaziergang zurückgekommen. Nachher ging ich zum Papa und wir überlegten, was wir zu Purim[1] schenken könnten. Wir wollen uns nämlich im Heim[2] kleine Geschenke machen. Von Frau Sanders Bruder habe ich einen Wattebehälter in Herzform bekommen. Jeder bewundert das kleine Herz. Man kann kaum glauben, dass es hier gemacht wurde.
Ah – das hätte ich fast vergessen! Ich will doch den Speiseplan aufschreiben, so ungefähr jedenfalls. Also: Als Suppe gibt es jeden Tag Linsentrockensuppe, schlechte Kartoffeln mit Sauce, die fast immer angebrannt ist. Zum Abendessen gibt es fast täglich Margarine und schwarzen Kaffee. Ungefähr zwei Mal die Woche gibt es zum Mittagessen Teigwaren. Jeden dritten Tag fassen wir einen ³/₄ Laib Brot, der für drei Tage reichen muss. Am Anfang kam mir das viel vor, ich gab fast die ganze Ration meinem Papa. Und jetzt ist es mir nicht mehr genug.
Morgen mache ich Toranut[3] (worüber ich mich nicht gerade freue).

Freitag, 12. März 1943
Ich bin schrecklich müde und froh, dass morgen Samstag ist und wir einen halben Tag frei haben. Wir nähen Geschenke für Purim aus Papier – so ein Quatsch. Am Nachmittag traf ich Trude, sie machte einen Spaziergang mit Lea; sie ist nur noch die Hälfte von dem was sie war. Aber es geht ihr ein bisschen besser. Gott soll sie gesund machen – ich hoffe es! Gestern waren wir zu einer Theateraufführung eingeladen, die für den

---

1 Purim, jüdisches Fest zur Erinnerung an die Rettung persischer Juden im 5. Jh. v. Chr. vor den Mordplänen des Königs Hamann durch Ester. Die Geschichte ist überliefert im Buch Esther.
2 Mit „Heim" ist hier das Zimmer 28 gemeint.
3 Toranut, hebräisch für Dienst oder Bereitschaft haben, d.h. eine der täglichen Arbeiten übernehmen.

Jahrgang 1931 um 20 Uhr stattfand. Das ist bei uns im Haus, im ersten Stock. Ich weiß nicht, wie das Märchen heißt, es hat fünf Akte, es wurde aber nur der erste Akt aufgeführt. Fortsetzung folgt demnächst. Alles wurde von Mädchen aus dem 31er Jahrgang gespielt. Es war sehr schön. Es spielte im Reich der Waldfeen und ihres Königs. Die Mädchen tanzten tschechische Volkstänze, dann folgte die Erzählung *Warum der Zwerg klein wurde*, gelesen von dem Mädchen, das den Zwerg spielte. Das alles machte einen so großen Eindruck auf mich, das kann ich gar nicht beschreiben, obwohl doch alles ganz einfach war. Aber ich erinnerte mich auf einmal, wie ich in Wien, als ich fünf Jahre alt war, mit Mutti in die Ballettschule ging. Ich erinnerte mich, wie ich, in ungarischer Tracht, einen Csárdás tanzte vor den Augen der Eltern und Verwandten und der Mädchen aus der Ballettschule. Wie schön es damals war, so ganz anders! Zusammen mit Mutti und Vati – mir ging es wie einer kleinen Prinzessin. Nun ist Mutti weit weg von mir, doch ich bin froh. Wenigstens geht es ihr besser, und sie muss nicht das erleben, was wir hier erleben.

Sonnabend, 13. März 1943
Heute lagen wir wie jeden Samstag bis 8 Uhr im Bett. Ich bin sehr früh aufgewacht und hatte ein wunderbares Gefühl. Alle Mädchen schliefen noch, das Fenster war auf und die Vögel zwitscherten. Schon zuhause habe ich das so gerne gehört.
Nach dem Mittagessen ging ich zum Papa und blieb bis um 4 Uhr. Auch Onkel Eugen aus Prag, der vor zehn Tagen hier eintraf, kam Papa besuchen. Er ist Papas Cousin, 52 Jahre alt, sieht aber viel jünger aus. Er ist ein prima Mensch. Ich habe von ihm zwei Rollen Bonbons und eine Rolle Kekse bekommen. Zum Abendbrot gingen wir zu Frau Sander. Es gab Graupensuppe und gekochte Reibteignockerln mit Zwiebeln.

Sonntag, 14. März 1943
Schon wieder hatten wir fast den ganzen Tag frei und ich war fast den ganzen Nachmittag beim Papa. Am Mittag bekam ich bei der Tante einen Pudding. Um 4 Uhr habe ich mit Papa etwas gegessen und danach ging ich zu einem Zauberabend. Es war sehr schön. Am besten hat mir eine glitzernde, mit Gas gefüllte Kugel gefallen, die durch die Luft flog nach

den Bewegungen der Hände des Zauberers, in denen er vermutlich einen Magneten hielt. In der Pause bin ich aber gegangen, denn ich kenne so etwas aus Wien, und mir war es lieber, beim Papa zu sein.
Der Zustand Leas ist immer der gleiche. Damit die Krankheit schneller vorübergeht, bekommt sie von Trude 20 cm³ Blut.

Montag, 15. März 1943
In der Nacht haben die Sirenen geheult, die mich geweckt haben. Ich konnte nicht schnell genug wach werden und dachte im ersten Augenblick, dass uns die Sirenen die Rückkehr nach Hause verkünden würden. Die Sirenen hatten einen eigenartigen Klang. Es war wie das Heulen von Schakalen oder Wölfen. Ich habe erfahren, dass, wenn die Sirenen aufheulen, Flugzeuge im Anflug sind.

Dienstag, 16. März 1943
Wir haben bis ½ 12 Uhr unser Zimmer geputzt und aufgeräumt. Am Nachmittag nahm ich mir frei und habe, zum ersten Mal in meinem Leben, Wäsche gewaschen. Dieses Theresienstadt ist eine Schule fürs Leben. Am Abend ging es bei uns hoch her. Helena (die immer weint) schnappte einem Mädchen die Brotkante weg, und diese rächte sich, indem sie Helenas Pyjamajacke versteckte, woraufhin Helena weinte, nein, sie bekam einen richtigen Wutanfall. Die Betreuerin wusste sich nicht zu helfen und rief die Leiterin des Mädchenheims, Frau Engländer. Sie konnte Helena beruhigen und alles war wieder in Ordnung. – Nicht einmal vor Frau Engländer konnte ich mir mein Lachen verkneifen.
Ich war heute auch beim Onkel in der Sudetenkaserne und habe dort gesehen, wie aus der Küche Kartoffelschalen weggeworfen wurden, und auf den kleinen Haufen stürzten sich zehn Leute, die miteinander rauften. Mir und Papa kam es vor, wie wenn man acht Hunden drei Knochen hinwirft, und sich die Hunde fauchend um die Knochen reißen.

Mittwoch, 17. März 1943
Ich hatte den ganzen Tag Bereitschaft zu meiner nicht gerade großen Freude. Mittags war ich nicht mal beim Papa. Ich spielte bis 3 Uhr Völkerball. Danach ging ich zu einer Kinderrevue. Dort tanzten und turnten

6-7-jährige Mädchen, auch welche in meinem Alter. Einige der Größeren haben es verpatzt. Die Kleinen waren alle reizend und geschickt. Ganz besonders hat mir ein Mädchen in meinem Alter gefallen, das gesteppt hat, und ein Junge, der einen Verrückten spielte. Gleich nach dem Theater ging ich zu Papa. Er ist allerdings meist nie in seinem Zimmer, ich musste ihn in der Sudetenkaserne suchen.

Das größte Ereignis des heutigen Tages: Ich hab fast einen hysterischen Anfall bekommen. Ich mache Ordnung in meinem Koffer, nehme Watte in die Hand - und eine Maus fällt heraus!!!! Ich stand für einen Augenblick wie erstarrt vor dem Koffer. Dann habe ich mich gefasst, sagte es der Betreuerin und lief davon. Nach einer Weile kam ich zurück und die Maus war weg. Die Betreuerin Laura hatte die Maus genommen und sie aus dem Fenster geworfen, hinunter in den Garten, wo ihr die Mädchen ein kleines Grab machten.

Freitag, 19. März 1943
Gestern hatte ich Toranut in einer Gruppe sehr fauler Mädchen, da musste ich fast alles alleine machen. Am Mittag war schlecht gekehrt, zur Strafe mussten wir nochmals Toranut machen. Lili (Betreuerin) hat selbst gesagt, dass ich die ganze Arbeit alleine machte. Jetzt liege ich aber im Bett und bin mit der ganzen Arbeit fertig, und morgen wartet ein freier Nachmittag auf mich. Ich habe mir bereits einen Plan gemacht: Um 1 Uhr werde ich zu Frau Sander gehen, bei der ich seit drei Tagen nicht mehr war (sie wird mir bestimmt böse sein), nehme mir den Sack mit meinen Kleidern (denn bei ihr ist nicht genug Platz), packe die Kleider in den Koffer und gehe dann zum Papa.
Ich freue mich auf Purim. Wir werden eine Žranice[1] veranstalten.

Sonntag, 21. März 1943
Es ist schon 1/2 12 Uhr nachts, ich schreibe noch, obwohl nur die Nachtlampe brennt. Heute ist der erste Frühlingstag und zugleich auch Purim. Ich bin um 6 Uhr aufgewacht. Überall war Ruhe, die Sonne schien und

---

1 Žranice (tschechisch) für Fresserei, worunter sich der Leser kein wirkliches Fressgelage vorstellen möge. Siehe hierzu Anmerkung von Helga auf Seite 58.

die Vögel haben gesungen und gezwitschert. Am Vormittag nach dem Saubermachen durften wir zu den Eltern gehen, während im Heim eine Generalprobe stattfand mit jenen, die bei der Theateraufführung mitmachen. Um 1 Uhr mussten wir wieder im Heim sein. Um 2 Uhr gingen wir in den Garten zu einem Maskenfest. Ich war als weiblicher Matrose verkleidet. Wir erhielten ein Päckchen mit Leckereien (Kekse, Süßigkeiten), eine Buchtel[1] und eine Tüte mit Toilettenbedarf (Seifenpulver, Seife, Zahnpulver, Servietten, Schreibpapier, Schuhlöffel und Schreibblock). Dann ging ich zu Papa, wo ich alles, was ich bekommen habe, vertilgte und dann noch mit ihm eine Kleinigkeit aß. Dann ging ich ins Heim, wo ich mein Brot und meine Wurst aufaß und danach spielten wir im Garten Völkerball. Um ³/₄ 7 Uhr fing unser Programm an. Wir spielten Theater, eine Kurzfassung der *Esther*.

Nach dem Theater veranstalteten wir eine Žranice (zwei belegte Brötchen mit Quark, eine halbe Scheibe mit Pastete, Graupenauflauf mit Kaffeecreme und süß-saure Milch mit Zucker). Danach wurden Geschenke verteilt. Ich bekam eine Geldbörse, eine Brosche und ein kleines Nadelkissen in der Form eines Herzens. Um ¹/₂ 12 Uhr bin ich schlafen gegangen.

Dienstag, 23. März 1943
Großputz gemacht. Um 11 Uhr war ich fertig. Um drei Uhr gingen wir ins Theater. Gespielt wurde ein Stück über Ahasver, aber nicht so, wie man es im jüdischen Religionsunterricht lehrt, sondern lustig, weil Purim ein lustiges und kein trauriges Fest ist. Alle haben gelacht, ich aber nicht. Ich weiß nicht, warum?! Ich bin hier irgendwie ernster geworden.
Gestern habe ich nachträglich zu Purim von Mimi eine Kette mit Anhänger bekommen mit der Zahl 7.
Lea hatte die letzten Tage kein Fieber mehr, es ging ihr schon besser. Doch

---

1 Buchtel, böhmisches Hefegebäck. Daraus machten die Kinder manchmal sogenannte „Torten". Die Buchteln wurden in Scheiben zerschnitten und diese aufeinandergelegt. Dazwischen kam irgendeine Füllung; meist eine Mischung aus Margarine, Zucker, Kaffee, was immer möglich war.

jetzt auf einmal geht es ihr wieder schlechter. Sie bekommt es[1] von Neuem auf der linken Seite. – Ich wurde heute gegen Diphtherie geimpft.
Als ich noch zuhause war, habe ich von der Natur nie besonders Notiz genommen. Hier in Theresienstadt ist das anders. Unsere Fenster gehen nach Westen, die aufgehende Sonne ist nicht zu sehen. Aber wenn ich morgens gegen 6 Uhr zur Toilette gehe, schaue ich immer im Gang aus dem Fenster, das nach Osten zeigt. So schöne Morgen! Ich beobachte es seit einigen Tagen. Die Bäume haben Knospen, blauer Himmel, die rote, aufgehende Sonne und die Vögel zwitschern. Ich habe ganz vergessen, dass wir schon zwei Monate hier sind.

Donnerstag, 25. März 1943
Jetzt vertrage ich mich schon mit den Mädchen. Wir machen jetzt Sitzungen ohne Betreuerin. Wir bemühen uns um eine Verbindung mit den „Neunern"[2]. Wir möchten, dass sich bei uns einiges ändert (es ist hier momentan schrecklich, nicht gerade freundschaftlich). Wir wollen auch eine einheitliche Kleidung haben (weiße Hemden mit Abzeichen, blaue Faltenröcke und blaue oder schwarze Pullmankappen). Wir gehen jetzt täglich auf die Bastei, spielen Völkerball und machen Wettbewerbe. Nach Hause gehen wir in einer Reihe, einer hinter dem anderen in einer Schlange, die Kleinen vorne. Dabei singen wir.
Um 8 Uhr kam Licka, die Betreuerin der Burschen. Sie sagte, dass wir es versuchen werden. Für die Mädchen ist der ersehnte Augenblick gekommen (mir ist es egal). Viele Mädchen waren enttäuscht, ich auch – enttäuscht von unseren Mädchen. Licka erzählte gerade, wie schön es bei ihnen sei, dass sie einen Clubraum einrichten, eine Zeitung schreiben und was für eine gute Gemeinschaft sie seien. In diesem Augenblick fingen einige von uns zu streiten an. Als Licka um ¼ vor 9 Uhr weg ging, dachte sie ganz bestimmt, dass die Mädchen einen schlechten Einfluss auf ihre Jungen haben würden.
Leas Zustand ist unverändert. Er ist sehr ernst.

---

1 Lungenentzündung
2 Die Jungen vom Jungenheim L 417, Zimmer 9

Als ich ins Heim kam, wog ich 51 ½ kg, jetzt wiege ich 46 kg. Papa hat 7 kg abgenommen.

Montag, 29. März 1943
Seit meiner letzten Eintragung sind schon wieder einige Tage vergangen. Es hat sich nichts Besonderes ereignet. Das Wetter ist sehr schlecht. Wir spielen „Stadt, Land, Fluss" und singen. Wir haben eine neue Englisch-Lehrerin, sie ist sehr sympathisch. Ich habe mir für unsere Einheitskleidung bereits ein weißes Hemd besorgt.

Dienstag, 30. März 1943
Es ist der erste Tag der Kinderküche. Sie war etwa einen Monat wegen Typhus geschlossen. Das Essen ist jetzt viel besser. Heute gab es zum Mittagessen Kartoffelsuppe mit Brot und Nudeln, zum Abendbrot eine Buchtel, 2 Deka Margarine und schwarzen Kaffee. Es war gut, aber viel zu wenig. Bei Papa gab es Linsensuppe, Kartoffeln und Steckrüben und zum Abendbrot wieder Suppe. Bin ich aber blöd!!! Dauernd schreibe ich übers Essen.
Vor einer Weile haben wir den Geburtstag von Maria Mühlstein gefeiert. Ihre Mutter kocht für kranke Kinder Brei und verteilt zusätzliches Essen (Äpfel, Zitronen, Lebkuchen, Haferflocken, Grieß usw.) an Kinder im Heim, die es brauchen. Sie erhält es von der Jugendfürsorge.
Jetzt beschreibe ich die Geburtstagsfeier. Für Theresienstadt war sie sehr schön. Maria bekam viele Geschenke, von mir Buntstifte. Auch ein kleines Festessen wurde veranstaltet. Jeder bekam ein großes Stück Torte (Haferflockentorte mit Kaffeeüberguss und Marmelade gefüllt, oben war eine Sauerkirsche). Dazu haben wir Kakao getrunken. Stell dir das vor – Kakao für 40 Leute!
Ich habe heute ein sehr schönes Paket bekommen (Schmalz, 3 Suppenwürfel, Honig, einen Apfel, Kekse).

Mittwoch, 31. März 1943
Es sind schon vier Jahre her, dass Mutti nach England gefahren ist und es sind 4 ½ Jahre her, dass ich meine Mutti nicht mehr gesehen habe. Es wird wahrscheinlich noch lange dauern, bis wir uns wiedersehen. Vor-

läufig haben wir nur die eine Hoffnung, dass wir uns mit jedem Tag dem Kriegsende nähern.

Das erste Treffen mit den Neunern hat mich sehr enttäuscht. Den Burschen war es peinlich. So wie Licka sie gelobt hat, kann eigentlich nur ein Drittel von dem wahr sein, was sie sagte.

Jetzt hat Lea zur Lungenentzündung auch noch eine Rippenfellentzündung bekommen. Sie wird jeden Tag punktiert. Die Ärzte haben kaum noch Hoffnung. Ich hoffe und ich vertraue auf Gott, dass er so ein kleines, unschuldiges Geschöpf nicht sterben lässt.

Anmerkung von Helga, 2013
Was wir „Žranice" nannten – das ist Tschechisch für „Fresserei" – war alles andere als eine Fresserei. Satt essen konnte sich da niemand. Doch versuchten wir aus dem Wenigen mehr und auch fürs Auge etwas zu machen. Ein Scheibchen Brot wurde zum Beispiel mit einem winzig kleinen Stückchen Paprika, Tomate, was immer möglich war, garniert. Unsere Betreuerinnen machten dies sehr liebevoll. Allein das anzusehen war ein Augenschmaus. Für solche Feste haben wir uns manchmal etwas angespart, und war es nur ein Stückchen von einer Buchtel, aus der wir dann „Torten" machten.

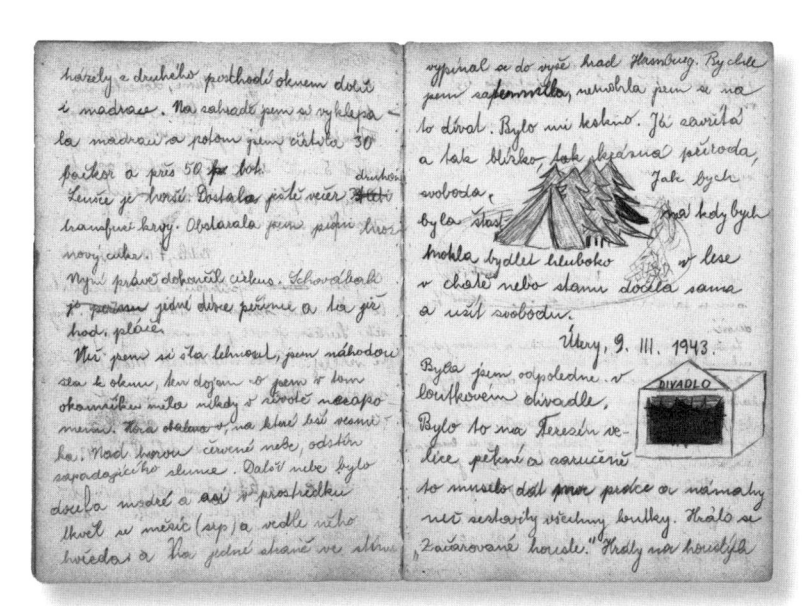

Dienstag, 9. März 1943
Am Nachmittag sah ich ein Puppentheater. Für Theresienstadt war es sehr schön.

Mittwoch, 10. März 1943
(...) Ich habe eine ganz große Sehnsucht nach Mutti, deshalb habe ich ihr Foto in mein Tagebuch geklebt.

59

Luftaufnahme von Theresienstadt/Terezin. Auf diesem Foto ist der Umriss der Stadt mit den Festungsanlagen zu erkennen. Vorne im Bild ist die Kleine Festung.

3
Theresienstadt / Terezin

Die Festungsstadt Theresienstadt wurde Ende des 18. Jahrhunderts auf Anordnung von Kaiser Josef II erbaut, unweit des Zusammenflusses von Elbe und Eger, etwa 60 km von Prag entfernt. Sie besteht aus einem ausgeklügelten Bollwerk von Schutzwällen, Gräben und Schanzen rund um den Kern der Stadt, die 11 Kasernen und weitere zivile Gebäude umfasst. Benannt wurde sie nach der Mutter von Kaiser Josef II, Maria Theresia. Außerhalb der „Großen Festung", womit die Stadt Theresienstadt gemeint ist, liegt auf der anderen Seite der Eger die „Kleine Festung".
Ursprünglich sollte Theresienstadt das Eindringen des preußischen Heeres Richtung Prag verhindern, hatte aber zu keiner Zeit eine besondere strategische Bedeutung. 1782 wurde Theresienstadt eine freie Stadt und erhielt 1846 ein eigenes Magistrat mit Stadtwappen. Ende des 19. Jahrhunderts war aus der Festungsstadt vor allem eine Garnisonsstadt geworden. Die Zivilbevölkerung nahm zu.
Bis zum Ende der Österreichisch-Ungarischen Doppelmonarchie war Deutsch die Amtssprache und Theresienstadt der offizielle Name. Mit der Gründung der Tschechoslowakischen Republik am 28. Oktober 1918 – noch heute tschechischer Nationalfeiertag – wurde Tschechisch die Amtsprache und Terezin der offizielle Name. In deutschsprachigen Kulturkreisen blieb die deutsche Namensvariante wie die anderer Städte erhalten.
Anfang der 1930er Jahren lebten rund 7 000 Menschen in der Stadt, etwa die Hälfte davon waren Militärs.
Nach der Okkupation des Sudetenlands im Oktober 1938 lag Terezin direkt an der Grenze zwischen der „Rest-Tschechoslowakei" und Deutsch-

land und wurde Zufluchtsort für viele Flüchtlinge aus dem Sudetenland. Doch mit dem Einmarsch der Deutschen in Prag am 15. März 1939 und der Errichtung des „Protektorats Böhmen und Mähren" am 16. März 1939 brach die ganze nationalsozialistische Verfolgungs- und Vernichtungspolitik über das Land ein. Aus dem Zufluchtsort wurde eine Falle. Deutsch wurde wieder Amtssprache, aus Terezin offiziell Theresienstadt. Ein verhängnisvolles Kapitel der Geschichte dieser Stadt begann.

Einfahrtstraße nach Terezin/Theresienstadt aus Richtung Bohušovice/Bauschowitz

Blick auf die Kasernen. Hannover Kaserne (hinten Mitte), daneben links die Magdeburger Kaserne und rechts außen die Hamburger Kaserne. Postkarte um 1920

Hauptplatz mit Garnisonskirche. Das Gebäude rechts neben der Kirche war ab Herbst 1942 das Mädchenheim L 410. Oben, im zweiten Stock, war das Zimmer 28. Postkarte um 1920

Noch in den 1930er Jahren wirkte der Hauptplatz wie das beschauliche Zentrum einer tschechischen Kleinstadt. Postkarte um 1930

Das Ghetto Theresienstadt

Am 10. und 17. Oktober 1941 wurde die Umwandlung von Terezin/Theresienstadt in ein Ghetto beschlossen. Dies geschah auf geheimen Sitzungen in der Prager Burg unter der Leitung von SS Obergruppenführer Reinhard Heydrich, Stellvertretender Reichsprotektor des „Protektorats Böhmen und Mähren"[1]. Diskutiert wurde die „Lösung der Judenfrage im Protektorat", also die Frage, wie man die Juden im okkupierten Land am schnellsten los werden kann. Die erhalten gebliebenen Protokolle geben Aufschluss über die Überlegungen und Planungen.

„In Böhmen käme in Frage...die Übernahme von Theresienstadt durch die Zentralstelle für jüdische Auswanderung. Nach Evakuierung aus diesem vorübergehenden Sammellager (wobei die Juden ja schon stark dezimiert würden) in die östlichen Gebiete könnte dann das gesamte Gelände zu einer vorbildlichen deutschen Siedlung ausgebaut werden. (...)
Der Transport ins Ghetto Theresienstadt würde keine lange Zeit in Anspruch nehmen, jeden Tag könnten zwei bis drei Züge gehen nach Theresienstadt mit je 1.000 Personen.(...) Nach bewährter Methode kann der Jude bis zu 50 Kilo nicht sperriges Gepäck mitnehmen und - im Interesse der Erleichterung für uns - Lebensmittel für vierzehn Tage bis zu vier Wochen. In den leeren Wohnungen wird Stroh verteilt, da durch das Aufstellen von Betten zu viel Platz weggenommen wird.
Die vorhandenen größeren Wohnungen in guten Häusern stehen lediglich der Außenstelle der Zentralstelle im Ghetto zur Verfügung, dem Ältestenrat, dem Lebensmittelbüro und nicht zuletzt den Bewachungsmannschaften.

---

1 Reichsprotektor war Konstantin von Neurath, dem Hitler im September 1941 die Vollmacht entzog und sie Heydrich übertrug.

Die Juden haben sich Wohnungen in die Erde hinab zu schaffen. (...)
In Theresienstadt werden bequem 50.000 bis 60.000 Juden untergebracht. Von dort kommen die Juden nach dem Osten. Die Zustimmung von Minsk und Riga für je 5.000 Juden ist bereits eingegangen. Theresienstadt wird dann nach vollständiger Evakuierung aller Juden in einer tadellosen Planung deutsch besiedelt und somit zu einem Kernpunkt deutschen Lebens. Es liegt äußerst günstig.
Über diese Planungen darf keinesfalls auch nur die geringste Kleinigkeit in die Öffentlichkeit dringen."[1]

Terezin / Theresienstadt

---

1 Zitiert aus: Deutsche Politik im „Protektorat Böhmen und Mähren" unter Reinhard Heydrich 1941–1942. Herausgegeben von Miroslav Kárný, Jaroslava Milotová, Margita Kárná. S. 140/150. Metropol Verlag 1997. Übrigens geht aus den Protokollen hervor, dass die Stadt Kyjov / Gaya als Ghetto- und Sammellager für die mährischen Juden im Gespräch war.

Am 24. November 1941 traf eine Gruppe von jüdischen Häftlingen, das sogenannte Aufbaukommando (AK 1) in Theresienstadt ein. Es hatte die Aufgabe, die Stadt für die Aufnahme von tausenden jüdischen Häftlingen vorzubereiten. Auch leitende Mitglieder der Jüdischen Kultusgemeinde aus Prag kamen am 4. Dezember 1941 in Theresienstadt an. Ihr Auftrag war es, eine „Jüdische Selbstverwaltung" für das geplante Ghetto zu organisieren.

Der Begriff „Jüdische Selbstverwaltung" ist so irreführend wie der Name „Protektorat Böhmen und Mähren" zynisch ist. Das NS-Regime war das Gegenteil eines Protektorats, also einer Schutzmacht. Und die Jüdische Selbstverwaltung, an deren Spitze der sogenannte „Ältestenrat" stand, hatte die Befehle der SS umzusetzen und nur wenig Spielraum für eigene Entscheidungen. Handelten die Repräsentanten des Ältestenrats gegen den Willen der SS oder missfielen ihnen aus willkürlichen Gründen, machte die SS kurzen Prozess.

Der erste SS-Kommandant war Siegfried Seidl, gefolgt von Anton Burger (ab 3. Juli 1943) und Karl Rahm (ab 8. Februar 1944). Alle drei gehörten zum engsten Mitarbeiterstab von Adolf Eichmann wie auch SS-Sturmbannführer Hans Günther, Stellvertreter Eichmanns in Prag und Leiter der dortigen „Zentralstelle für Jüdische Auswanderung". Diese Behörde, eine Abteilung von Himmlers „Reichszentrale für jüdische Auswanderung", hatte die Befehlsgewalt über das Ghetto Theresienstadt und unterstand damit direkt dem von Adolf Eichmann geleiteten „Judenreferat" IV B 4 des Reichssicherheitshauptamtes in Berlin, Kurfürstenstraße 116, von dem die Transporte der europäischen Juden in die Vernichtungslager organisiert wurden.

Der Name „Reichszentrale für jüdische Auswanderung" war wie so viele andere Nazibegriffe ein verlogener und irreführender Euphemismus. Für die meisten der über 140 000 Juden, die nach Theresienstadt deportiert wurden, endete die ‚Auswanderung' in den Gaskammern der Nazis.

Die ursprüngliche Bevölkerung Theresienstadts musste Mitte 1942 endgültig die Stadt räumen und Platz machen für die zu tausenden ankommenden jüdischen Häftlinge. Zunächst kamen sie aus dem „Protektorat", dann aus Deutschland, Österreich, Dänemark, aus den Niederlanden und weiteren europäischen Ländern. Ab 3. Juli 1942 war die ganze Stadt ein

Ghetto. Wo früher etwa 7 000 Menschen lebten, hausten nun 40 000 bis 50 000 Menschen. Im September 1942 war der Höchststand erreicht. Die „Jüdische Selbstverwaltung", die täglich über die Anzahl der Häftlinge akribisch Buch führen musste, registrierte über 58 000 Ghettoinsassen, von ihnen waren, wie aus Otto Pollaks Eintragungen hervorgeht, Ende September 3 941 tot. Er notierte im März 1943:

Judendurchlauf vom 24.11.1941 – 31.3.1943
Zugang: 117 111
Abgang: 73 419
31.3.1943 Stand: 43 692

82 Transporte aus dem Protektorat: 66 749
118 Transporte aus dem Reich: 50 299
Geburten: 105
Einweisungen: 21

Osttransporte:
34 Protektorat: 39 479
5 Reich: 11 402
2 gemischte Osttransporte
TOTE: † 22 495

Stand vom 31.3.1943
43 988 Personen: 23 200 Protektorat, 20 788 Reichsangehörige
17 800 Männer, 25 400 Frauen

Höchststand
September 1942: 54 300 + †3 941
Oktober 1942: 50 000 + †3 096

† TOTE: 22 495
hiervon Protektorat: 4 200, Reich: 18 200
Von 0–40 Jahren: 304
Von 41–50 Jahren: 296
Von 61–70 Jahren: 5 143
71–80 Jahren: 11 100, hiervon Protektorat 1 600, Reich 9 500

An der Spitze des Ältestenrats stand der Judenälteste. Der erste Judenälteste Jakob Edelstein wurde im November 1943 verhaftet und am 15. Dezember 1943 mit seiner Familie nach Auschwitz deportiert, wo er und seine Familie am 20. Juni 1944 ermordet wurden; der zweite Judenälteste, Dr. Paul Eppstein wurde am 27. September 1944 auf die Kleine Festung gebracht und dort noch am selben Tag erschossen. Nur der dritte Judenälteste, Benjamin Murmelstein überlebte. Er blieb bis zur Befreiung im Mai 1945 in seinem Amt.

Die Kleine Festung war nicht Teil des eigentlichen Ghetto. Sie ist Theresienstadt vorgelagert, war damals das Gefängnis der Gestapo und unterstand der Prager Gestapoleitstelle. Der Kommandant war der berüchtigte Heinrich Jöckel. Mit seinem Namen und mit der Kleinen Festung assoziierten die Ghettoinsassen Brutalität, Folter, Mord. Es bedeutete Unheil, wenn jemand auf die Kleine Festung kam.

Von all dem wusste Helga nichts, als sie am 23. Januar 1943 nach Theresienstadt kam. Sie war erst 12 Jahre alt. Doch mit jedem Tag sollte sich ihr die Realität ein wenig mehr erschließen.

Karel Fleischmann. Menschen im Ghetto

Ferdinand Bloch. Theresienstädter Kutsche mit alten Leuten

4
Theresienstadt, April – Juli 1943

Aufzeichnungen meines Vaters

Dienstag, 6. April 1943
7 h abends bei Lea. Dritte Punktion. Entfernung von 40 cm³ Eiter.
Der Arzt ist neuer Zuversicht.

Freitag, 9. April 1943
Tagesbefehl Nr. 310: Strafmaßnahmen wegen sechs abgängigen Ghettoinsassen, a) Ausgehsperre, b) Lichtsperre, c) Einstellung aller Freizeitveranstaltungen.

Mittwoch, 14. April 1943
Helga: den 1. Tag bettlägerig.

Dienstag, 20. April 1943
Helgas Maß und Gewicht, festgestellt vom Arzt im Mädchenheim:
152 cm, 44,10 kg, Gewichtsabnahme circa 4 kg.

Mittwoch, 21. April 1943
Die „3 Steine": Eppstein, Edelstein, Murmelstein = Ältestenrat

Donnerstag, 22. April 1943
Die vielen Holländer treffen ein. 2 195 Personen aus Amsterdam.
Helga: 39,6°C Fieber. Entzündung des linken Trommelfells.

Karfreitag, 23. April 1943
Helga: Mittelohrentzündung. Öffnung des Ohres. Übersiedlung in die Krankenstube. – O.P. Erkrankung der Stirnhöhlen, 39°C Fieber.

Sonntag, 2. Mai 1943
Antonia Michalova, 15-jähriger Mischling, Helgas Bettnachbarin in Krankenstube. Eltern in Brünn geblieben.

Montag, 3. Mai 1943
Blutprobe bei Helga wegen anhaltenden Fiebers. Helgas neue Bettnachbarin in der Krankenstube ist Trude Fischel aus Dornbach.

Montag, 10. Mai 1943
Tagesbefehl 319: Aufhebung der Ausgehsperre und der Verbote der Freizeitveranstaltungen.

Dienstag, 11. Mai 1943
Helga 38,5°C Fieber, Typhus und Gelbsucht-Verdacht.

Mittwoch, 12. Mai 1943
Wechsel in der Krankenstube. Helga: „Die Bettnachbarn wechseln, aber ich bin noch immer hier." Das Kind liest mit Fiebereifer „Die Elenden" von Victor Hugo.

Donnerstag, 13. Mai 1943
Helga abends 39,3°C Fieber. Ärzte können noch immer keine Diagnose stellen.

Sonnabend, 15. Mai 1943
Helga den ersten Tag fieberfrei!

Montag, 17. Mai 1943
Helga fieberfrei und alleine im Krankenzimmer.

Donnerstag, 20. Mai 1943
Helga verlässt gesund die Krankenstube.

Montag, 24. Mai 1943
Helga 1. Tag Gartenarbeit am Bauhof. Tagesbefehl Nr. 325:
Briefpost ab 1.6.43 1 x in 3 Monaten.

Mittwoch, 26. Mai 1943
Onkel Bertolds 69. Geburtstag. Helga, Joška, ich gratulieren ihm in der Krankenstube. Er weint vor Rührung.

Donnerstag, 27. Mai 1943
Helga: 13. Päckchen – zum 13. Geburtstag, Zufälle des Lebens. 1 Glas Marmelade, 1 Becher Fett, Biskuit, Lebkuchen, Bonbons. 5 h nachmittags Geburtstags-Vorfeier bei H. S. Übergabe der Geschenke.

Freitag, 28. Mai 1943
Helgas 13. Geburtstag, 10–12 h, 20–21 h

Dienstag, 1. Juni 1943
Helga wiederum 39,4°C Fieber (ohne Schmerzen). Abends trifft von Josefine eine Karte (27.5.) mit der Freudenbotschaft ein, dass Ida, welche totgesagt war, gesund und am Leben sei.

Sonntag, 6. Juni 1943
Helga äußert unter Tränen Sehnsucht nach der Mutter. Ich tröste sie mit der Hoffnung auf baldiges Wiedersehen.

Dienstag, 8. Juni 1943
Helga fragt zum ersten Mal, ob sich die Mutter um sie gekümmert habe, und warum wir geschieden sind. „Ich habe eine indiskrete Frage", so leitete Helga das Gespräch ein.

Freitag, 11. Juni 1943
Lea wiegt 8,1 kg (tiefstes Gewicht: 7,15. Zunahme 0,95 kg).

Sonnabend, 26. Juni 1943
Berufung Dr. Franz Weidmann, Prag, in den Ältestenrat. Berufung Desider Friedmann als Leiter der Bank der Jüdischen Selbstverwaltung. Tagesbefehl Nr. 336.

Dienstag, 29. Juni 1943
Hermanns 25. Geburtstag. Leas Geburtstagsgeschenk: 0,5 kg Gewichtszunahme in einer halben Woche.

Dienstag, 6. Juli 1943
Helgas Symbol: Als Schild im Heim wählte Helga einen Leuchtturm. Sie sagte, er sei ihr Lebenssymbol. Der Leuchtturm möge ihr den Weg auf den stürmenden Wogen des Lebens weisen und sie aus der Dunkelheit ins Licht in die Freiheit führen. Heute überraschte ich mein Kinderl mit einer Zeichnung des Invaliden-Kameraden Ingenieur Bauer darstellend die Silhouette eines Segelschiffes, das sich einem Leuchtturm nähert. Helgas Freude war riesengroß. Umarmend sagte sie mir, dass sie ich so gut verstehe. Das neue Wahrzeichen wird die Wand im Heim schmücken.

Sonntag, 11. Juli 1943
Das erste Mal auf der Bastei[1] mit Ornstein und L. Ruhemann, Berlin. Schöner Ausblick auf Leitmeritz.

Sonnabend, 17. Juli 1943
Helga sitzt im Garten des Invalidenheimes L 233 mit Dr. Weinberger, welcher mit ihr eine Intelligenz-Prüfung vornimmt. Nachher äußerte er sich mir gegenüber, es wäre verschüttetes Gold und eine Sünde am Kind, es nicht studieren zu lassen.

Montag, 19. Juli 1943
85. Geburtstag des seligen Vaters.

---

1 Bastei, die Wälle und Festungsschanzen (auch Bollwerk oder Bastion genannt), die eine Festungsstadt umgeben.

Dienstag, 20. Juli 1943
Helgas Gewicht: 45 kg. Zunahme von 4 kg seit ihrer Erkrankung, d.h. seit 20.4. (in zwei Monaten).

Mittwoch, 21. Juli 1943
Madame Butterfly, Schwester Eva Schrecker-Löw, Olmütz. ½ 7 h abends zur Beglückwünschung in die Hamburger. 7 h Ledeč-Konzert (Violine) auf Qu 301.

Donnerstag, 22. Juli 1943
Martas 46. Geburtstag! Am Vorabend, den 21.7., erscheinen alle einschließlich Lea, um zu gratulieren. Das Tischchen auf Zimmer 166 der Hamburger Kaserne wird mit Geschenken bedeckt. Helga überreicht eine Torte, ich einen Becher Einbrenn und eine große Dose konservierter Erbsen. Lea ruft mit lachendem Mund „Jiiih". Joškas Korb erweckt Bewunderung.

Sonnabend, 24. Juli 1943
1. Tag bis 9 h abends Ausgehbewilligung.

Sonntag, 25. Juli 1943
Ausgehzeit bis 21 h für die Sommermonate.

Donnerstag, 29. Juli 1943
Räumung der Sudetenkaserne. 4 500 Menschen siedeln um. Eine ganze Stadt ist im Aufbruch. In größter Unruhe wird gepackt und die Habe fortgeschafft. Zweirädrige Karren, Friedhofswagen, dienen als Transportmittel. Beispielloses Menschengewoge. Der Platz vor der Kaserne gleicht einem bunt bewegten Hafenviertel. Benitos 60. Geburtstag.

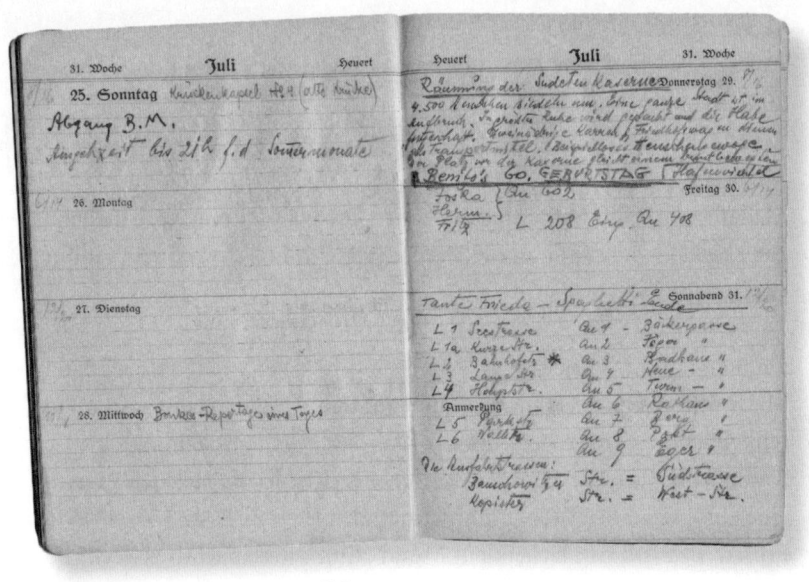

Aus dem Kalendarium von Otto Pollak

L1	Seestraße	Q2	Jägergasse
L1a	Kurze Straße	Q3	Badhausgasse
L2	Bahnhofstraße	Q4	Neue Gasse
L3	Lange Straße	Q5	Turmgasse
L4	Hauptstraße	Q6	Rathausgasse
L5	Parkstraße	Q7	Berggasse
L6	Wallstraße	Q8	Postgasse
Q1	Bäckergasse	Q9	Egergasse

Die Ausfahrtsstraßen:
Bauschowitzer Straße
Südstraße
Kopitzer Straße
Weststraße

Benennung der Plätze:
Marktplatz   früherer Ringplatz
Brunnenpark beim Gendarmenkasino
Stadtpark   FV / F VI
Kleiner Park B III

Mein Tagebuch

Donnerstag, 1. April 1943
Heute habe ich wieder ein Päckchen bekommen, ein sehr schönes, ich freue mich riesig darüber. Ohne Maŕenkas Päckchen würden wir wahrscheinlich oft hungern. Im Päckchen sind ein Blumenkohl, 3 Äpfel, 3 Stück Käse, 4 Suppenwürfel, Wurst, Kartoffelmehl, ¹/₈ Butter. Schon wieder schreibe ich übers Essen. Bin ich dumm!?! Aber ich freue mich doch so sehr darüber![1] Jetzt muss ich für eine Weile aufhören zu schreiben. Die Betreuerinnen Laura und Eva haben sich einen Spaß ausgedacht. – Jetzt ist die Blödelei vorbei. Wir mussten draußen im Gang stehen, dann wurden wir nacheinander hereingerufen und die Betreuerinnen haben über jeden einzelnen von uns einen Jux gemacht. Danach haben wir alle einen Happen Haferflockentorte bekommen.

Freitag, 2. April 1943
Dieser Tag ist voll von Freude. Die Deutschen erleiden lauter Verluste. Heute Nachmittag bin ich auf ein anderes Stockbett umgezogen neben Ela Stein. Ihr Onkel und ihre Mutti stammen aus Kyjov, ihr Onkel ist mit meinem Papa auf dem Zimmer. Ich bin so glücklich, denn ich hatte eine unangenehme Nachbarin, Marta Kende, die mich dauernd beschimpfte, wenn ich mich auch nur für einen Augenblick auf ihr Bett setzte.
Gestern haben wir das erste Mal unsere Sitzung in unserer Einheitskleidung abgehalten. Da es im Heim manchmal schrecklich ist, tun wir jetzt so, als wären wir eben erst angekommen und fangen von Neuem an. Wir werden eine Art Parlament haben. Die Betreuerinnen sind die Minister, dann kommen die Abgeordneten, bestehend aus zwei Klassen, der

Flagge der Mädchen von Zimmer 28 und ihrer Organisation Maagal

---
1 Siehe Anmerkung von Helga auf Seite 88

2. Klasse (Unterhaus) und der 1. Klasse (Oberhaus) – das ist der Maagal. Im Maagal sind die Mädchen vertreten, die zuvorkommend sind, fleißig, freundschaftlich; die, die ein Vorbild sein können. Die anderen sind das Volk. Wer 15 Punkte hat (oder wer gewählt wird), kommt in die 2. Klasse. Jeden Monat wird gewählt. Wer zweimal hintereinander gewählt wurde, kommt in die 1. Klasse, dem Maagal. Der Maagal trifft gemeinsam mit den Betreuerinnen alle Entscheidungen.

Wir haben auch unser eigenes Abzeichen mit den Initialien VVBN: Du glaubst mir – ich glaube dir. Du weißt, was ich weiß. Was immer kommen mag. Du verrätst mich nicht – ich verrate dich nicht.

Lea ist fröhlich, sie plaudert und lacht (das sagte mir die Tante, ich kann nicht zu ihr, die Krankenschwester würde mich nicht hineinlassen). Heute wird sich entscheiden, ob sie operiert wird.

Ich war mit Ela bei ihrer Mutter, wo wir Domino und Karten spielten (ihre Mutter und ihr Onkel haben ein kleines, schön eingerichtetes Zimmer in der Magdeburger Kaserne, ihr Onkel ist ein Prominenter). Onkel Fritz ist ein Halbprominenter.[1] Den ganzen Nachmittag war ich beim Papa, wo ich die ganze Zeit im Bett lag und ein schönes, spannendes Buch über den Wilden Westen las mit dem Titel *Goldrausch*.

Sonntag, 4. April 1943

Ich bin glücklich, Lea geht es besser. Sie wurde geröntgt, nur eine kleine Stelle ist noch vereitert, die linke Lunge ist bereits in Ordnung und die rechte ist am heilen. Von einer Operation ist nicht mehr die Rede. Nach dem Röntgen kam ein Arzt zu Hermann und sagte: „Vorher haben Sie keine Hoffnung gehabt, jetzt haben Sie eine kleine, seien Sie zufrieden." Lea ist fröhlich und hat heute einiges gegessen. Als Hermann zu uns kam (wir warten immer gegenüber den Fenstern des Säuglingsheims beim Park auf ihn), hat Lea gerade ihr Abendbrot aufgegessen und ist dann sofort eingeschlafen. – Papa hat zwei Päckchen erhalten (Schmalz, Einbrenn, Brot usw.). Eine Zitrone war drin, die ich gleich Lea gebracht habe.

---

1 Prominente waren Personen, die von der SS oder vom Ältestenrat als prominent klassifiziert wurden. Prominente (es gab Prominente 1. und 2. Klasse) dünkten sich privilegiert und vor Transport geschützt. Am Ende half den wenigsten ihr Prominentenstatus etwas.

Montag, 5. April 1943
Ich war bei Lea. Sie hat gerade gegessen. Wenn Trude nicht bei ihr gewesen wäre, hätte ich nicht geglaubt, dass sie es ist. Sie ist nicht einmal mehr die Hälfte von dem was sie war. Sie lachte mich an und dabei verzerrte sich ihr Gesicht, ich hab sie kaum mehr erkannt. Sie winkte mir zu und sagte baba[1]. Ich hab es nicht ausgehalten und bin aus dem Zimmer geflohen. Ich musste weinen.
Das Leben hier ist unerträglich. Wir sollen eine Einheit sein und am Anfang waren wir es auch. Jetzt aber haben einige Mädchen so einen Kreis mit den Jungen gebildet und haben sich von unserer Einheit gelöst. Ich kann mir das gar nicht vorstellen, dass es wegen ein paar Mädchen zur Katastrophe kommen soll. Licka konnte Tella auch nicht helfen.

Dienstag, 6. April 1943
Jeder Tag verläuft im Heim gleich und trotzdem schnell. Ich kann es kaum glauben, dass ich schon drei Monate hier bin. Ich habe mir Theresienstadt schlimmer vorgestellt. Wir bekommen Seife, Milch, Buchteln, Margarine und Zucker (es ist nur schrecklich wenig).
Morgen kommt der höchste SS-Mann Günther, kein Kind darf morgen auf die Straße. Papa weiß noch nichts davon und ich werde am Abend vor Hunger sterben. Zu Essen gibt es Buchweizenbrei – zum Erbrechen. Papa hat heute einen Benachrichtigungsschein erhalten, dass ein Paket für ihn angekommen sei und ich werde es nicht abholen können – aber ich muss das doch, Papa kann doch nichts tragen.

Mittwoch, 7. April 1943
Ich hatte Sehnsucht nach Papa, doch ich habe sie überwunden. Andere Kinder dürfen auch nicht zu ihren Eltern und werden sie die ganze Woche nicht sehen. Papa wird bestimmt zu mir kommen. Langweilig war mir aber nicht. Am Vormittag haben wir gesungen und dann wurde aus dem Buch *Die Mikrobenjäger* gelesen. Nach dem Mittagessen habe ich mich gewaschen und ein phantastisches Buch gelesen, *Goldrausch* von

---

1 Österreichisch für ade, tschüs

F. Lloyd-Owen. Es handelt von einem 12-jährigen Jungen, der von zuhause weglief, durch den Westen reiste, mit den Indianern kämpfte und mit 18 Jahren nach Gold grub. Er war dauernd auf Reisen, bis ins hohe Alter.

Sonnabend, 10. April 1943
Es ist Kasernensperre. Ohne Bewilligung darf niemand auf die Straße und Kinder bekommen keine Bewilligung. Es kann Tage, aber auch Monate dauern. Die Kasernensperre ist seit gestern Abend. Ich dachte, dass ich Papa lange nicht sehen werde, doch er war bereits zwei Mal bei mir, auch Frau Sander war bei mir. Sie brachte mir einen Palatschinken mit Kakaocreme.
Ich komme mir vor wie ein Vogel mit anderen Vögeln im Käfig, und noch schlimmer!!?! Nicht einmal aus dem Haus dürfen wir! Nicht einmal die Eltern dürfen wir sehen. Und das alles, weil ein Geschwisterpaar, eine Schwester mit ihrem Bruder, Mischlinge, aus dem Ghetto geflüchtet sind.
Ein neues Mädchen ist zu uns gekommen, Emma Taub, sie wird Muška genannt, kleine Fliege. Sie kam gestern aus dem Prager Waisenhaus, wo sie zwei Wochen lang war. Sie stammt aus Telč. Sie ist ein sehr sympathisches Mädchen und hat herrliche Zöpfe bis zur Taille.

Sonntag, 11. April 1943
Die liebste Betreuerin ist mir Tella. Fast alle haben sie am liebsten – warum, aus welchem Grund? Ich weiß es nicht. Gerade hat Tella die Punkte zu Ende vorgelesen. Ich soll am besten abgeschnitten haben. Wenn es stimmt, dann habe ich mich wirklich von Grund auf geändert. Schon einige Male ist mir aufgefallen, dass ich nicht mehr diejenige bin, die ich in Kyjov war (5 Punkte – die Beste). Punkte: Sauberkeit 5,5,4. Ordnung 5,4,4. Benehmen 4. Unterricht 5.
Mal denke ich, es sei besser, dass Mutti nicht da ist. Dann denke ich wieder, dass es mir doch lieber wäre, wenn Mutti bei mir wäre. Doch dann komme ich mir furchtbar egoistisch vor.
Jetzt ärgert es mich schon sehr, dauernd in einem Raum zu sein. Der Teufel soll die Kasernensperre holen! Ich muss schon so schimpfen, ich kann nichts dafür.

Wie kommt es, dass ich hier kein Interesse habe am Lernen? Wahrscheinlich deshalb, weil die Mädchen einen vom Lernen abhalten. Ich werde mir Mühe geben, weil ich will, dass etwas Ordentliches aus mir wird. Mein Traumberuf, für den ich schon seit drei Jahren schwärme, ist Ärztin. Wie wunderbar es ist, Menschen gesund zu machen! Seit wir *Mikrobenjäger* gelesen haben, will ich nichts anderes sein als Ärztin. Mein Vorbild ist Robert Koch. Und wenn ich dann Ärztin bin, werde ich mich immer nach seinem Beispiel richten – falls ich bis dahin kein anderes Ideal habe.

Montag, 12. April 1943
Wenn ich Ärztin werden sollte, möchte ich gern eine Ordination in einem belebten Städtchen haben und eine kleine Villa am Rande des Waldes mit einem Labor, in dem ich fast jede freie Minute mit Forschungen verbringen würde. Zum Ausruhen würde ich mich in einen stillen, kühlen Winkel im Walde zurückziehen – jetzt aber genug davon!!! Habe ich eine lebhafte Phantasie! Ich denke an die Zukunft so naiv. An die Zukunft kann ich erst denken, wenn der Krieg vorbei ist und ich nicht mehr in dem verhassten Theresienstadt bin.

Ich hoffe, dass Mutti bis dahin genug Geld erspart hat, damit ich studieren kann und meine lang gehegte Sehnsucht Wirklichkeit wird. Ich werde wegen der Medizin noch ganz verrückt, dauernd denke ich darüber nach, dauernd suche ich nach Büchern, die von Ärzten handeln. Doch für heute höre ich mit dem Blödsinn auf. Sonst lande ich noch in der Klapsmühle in der Hohenelbe[1]. – Heute habe ich von 6 bis $^1/_2$ 7 Uhr Torwache[2] gemacht.

Freitag, 16. April 1943
Ich liege schon den dritten Tag im Bett. Ich bin sehr erkältet. Gestern hatte ich den ganzen Tag Ohrenschmerzen. Ich war beim Ohrenarzt, er sagte, er sehe dort nichts, das Ohr sei vom Schnupfen verstopft. Jetzt tut das Ohr nicht mehr weh.

---

1 Die Hohenelbe Kaserne war das Krankenhaus (vormals Militärkrankenhaus). Es gab auch eine psychiatrische Abteilung.
2 Da Unterricht verboten war, passte immer jemand auf, ob die SS unerwartet ins Haus kommt.

Ich habe in den letzten drei Tagen zwei Päckchen bekommen, eins ist aus Wien. Es war ein Glas mit Tee-Essenz drin. Heute früh ist es mir heruntergefallen und es zerbrach. Papa wird schrecklich böse sein.

Sonntag, 18. April 1943
Es sind schon drei Monate her, dass wir in Ungarisch-Brod zur Kasernierung angetreten sind. Gestern habe ich ein Päckchen bekommen. Heute bin ich den ersten Tag aus dem Bett. Mimi besucht mich täglich. Gestern brachte sie mir ein Stück Bodenkohlrabi und zwei Palatschinken (es waren eigentlich vier, doch sie sahen aus wie zwei in Kyjov).
Hurrah! Ferien!!! Stell dir vor! Wir haben jetzt 14 Tage Ferien und dürfen 14 Tage spielen, tanzen und uns irgendwie vergnügen. Dumm ist nur, dass noch immer Kasernensperre ist und wir nicht auf die Bastei können.

Donnerstag, 22. April 1943
Die ganze Nacht hatte ich furchtbare Ohrenschmerzen und hab die ganze Nacht geweint. Am Vormittag war ich beim Ohrenarzt. Ich habe eine Trommelfellentzündung, ziemlich heftig. Ich kann auch eine Mittelohrentzündung bekommen. Ich muss aufhören zu schreiben, es strengt mich an. Ich kann nicht richtig abhusten, weil mir dabei das Ohr weh tut.

Freitag, 23. April 1943
Ich bin im Marodenzimmer[1], ich habe eine Mittelohrentzündung. Am Vormittag wurde mir das Trommelfell durchstochen. Es hat ganz schön wehgetan. Wir sind zu viert auf einem Zimmer. Ich habe ein Bett für mich und meine Ruhe. Papa ist erkältet und wird mich zwei bis drei Tage nicht besuchen können. Die Tante war hier und versprach, wenn es möglich ist, mich zweimal täglich zu besuchen. Am Abend waren Frau Sander und die Mädchen bei mir.

Sonnabend, 24. April 1943
Die Nacht war nicht sehr angenehm. Ich habe bis ¼ vor 4 Uhr geschlafen. Danach habe ich nur so vor mich hingedöst, weil mir das Ohr immer

---

1   Marodenzimmer, Marodka: Krankenzimmer.

noch sehr weh tut. Ich würde am liebsten weinen, wenn ich mich nicht schämen würde. Ich bin zur selben Zeit hierher gekommen wie Marta, meine frühere Nachbarin. Mir ist schrecklich bange hier. Die Tante war heute zweimal bei mir, Frau Sander auch, sie brachte mir einen Pudding. Aus dem Ohr fließt Eiter. Ich hatte der Tante einen Brief für Papa mitgegeben, und jetzt hat Papa mir geantwortet und er schreibt, dass er gestern 39 Grad Fieber hatte, dass es ihm aber heute besser ginge und dass er hofft, am Montag wieder aufstehen und mich besuchen kommen könne. In der Früh hatte ich 38,7 Grad, am Mittag 39,2 Grad und jetzt habe ich – ?

Donnerstag, 29. April 1943
Ich bin noch immer im Marodenzimmer, das Ohr fließt stark. Ich habe aber nicht mehr so hohes Fieber. Die Tante besucht mich oft. Ich lese Märchenbücher, die sie für mich ausgeliehen hat, und ich spiele mit einer Puppe, die mir Trude geborgt hat. Die meiste Zeit jedoch schlafe ich. Auch das andere Ohr tut ein bisschen weh. Ein Doktor sagte mir, dass daraus eine Mittelohrentzündung werden kann, aber nicht muss.

Sonntag, 2. Mai 1943
Heute fühle ich mich irgendwie komisch. Das zweite Ohr tut nicht mehr weh. Die Tante besucht mich nicht mehr, sie kann nicht. Trude hat Scharlach, gestern hat man es festgestellt, und sie musste sofort für 14 Tage in die Hohenelbe. Die Tante muss jetzt bei Lea bleiben, denn Lea nimmt von niemandem Essen an, nur von der Tante und von Trude. Papa ist nach wie vor krank. Als Folge des Schnupfens eitert etwas und es muss täglich punktiert werden.

Dienstag, 4. Mai 1943
Seit gestern geht es mir wieder ganz gut. Der Ohrenarzt ist schon zwei Tage nicht zu mir gekommen. Wahrscheinlich ist er krank.
Gestern wurde mir aus der Vene und aus dem Finger Blut abgenommen. Aus dem Finger haben es die Ärzte zwei Mal versucht. Beim ersten Mal kam kein Blut und beim zweiten Mal haben sie es vermasselt. Heute wurde mir wieder Blut abgenommen, aus dem Finger, und wieder haben sie es vermasselt. Sie haben mir die Schuld in die Schuhe geschoben.

Papa war gestern in der Ambulanz, um Dr. Stern zu fragen, was mir fehle und warum man mir Blut abgenommen habe. Dr. Stern ist hier Chefarzt. Er sagte: „Der Ohrenarzt sagte, dass die Temperatur vom Ohr sein kann, aber nicht muss." Doktor Stern hat bei mir etwas gefunden und er sagte Papa, es könnte Typhus sein, er werde es erst in einer Woche wissen. Aber auch wenn ich Typhus haben sollte, so sei er bereits zu zwei Dritteln abgeklungen, weil das Fieber inzwischen gesunken sei.
Frau Sander besucht mich zwei Mal täglich und Papa ein Mal. Ich schreibe am Nachmittag. Papa war bereits bei mir, er hat ein schönes Päckchen bekommen, schade nur, es war kein Obst drin. Papa kommt nochmals am Nachmittag. Ich habe so einen Appetit auf Zitronen oder Orangen. Orangen habe ich seit einem Jahr nicht mehr gegessen und Zitronen seit zwei Monaten nicht mehr.
Ich kann überhaupt nicht mehr schreiben. Ich liege im Bett und draußen ist es so schön, alles in Blüte. Die Mädchen haben noch Pessach-Ferien und Frau Prof. Brumlík hat ihnen bereits *Die Elenden* von Victor Hugo vorgelesen. Mir wird man am Nachmittag wieder Blut abnehmen und ich werde vor Zorn schreien.
Ich hoffe, dass der Krieg in einem Jahr zu Ende ist. Die Leute denken sich so optimistische politische Gerüchte aus, die alle erfreuen. Und wenn sie dann die Wahrheit erfahren, sind sie enttäuscht. Solche Gerüchte verbreiten sich in Theresienstadt wie ein Lauffeuer.
Gestern war kein einziges Mädchen bei mir. Doch Laura und Tella waren hier, und Lili kommt auch drei Mal täglich. Ich werde hier, auch wenn ich kein Fieber mehr habe, noch eine Woche bleiben müssen. Und muss auch deshalb bleiben, weil mein Blut nach Prag zur Untersuchung geschickt wurde, und das dauert eine Woche. Es ist schon $1/2$ 6 Uhr, und Papa war noch nicht da und Papa ist ja meist pünktlich. Ich befürchte, dass er sich hinlegen musste, er hat wahrscheinlich große Schmerzen.
Heute kann Papa nicht mehr kommen, denn um $1/4$ vor 6 Uhr wird bei ihm das Abendessen geholt, da muss Papa zuhause sein. Heute war Onkel Fritz eine Weile da.
Papilein war doch noch bei mir! Er brachte mir Kunsthonig und Marmelade und ein richtiges Hörnchen!

Donnerstag, 6. Mai 1943
Es ist hier in Theresienstadt schrecklich, ein ganzes Babylon: Deutsche, Österreicher, Tschechen, Holländer, einige Dänen, einige Franzosen; ich kenne sogar eine Finnin. Es gibt hier getaufte Juden und Mischlinge. Neben mir lag ein Mädchen, Antonia Michalova, zu der war das Schicksal sehr hart. Sie kam vor drei Wochen aus Brünn, ihr Vater ist arisch, die Mutter jüdisch. Sie ist 14 Jahre alt und erst im Jahr 1939 getauft worden, was nicht zählt. Sie ist hier ganz allein, ist schlecht ausgestattet und fühlt sich nicht wohl in der jüdischen Umgebung. Sie ist durch und durch katholisch. Sie weint fast den ganzen Tag, weil sie schreckliches Heimweh hat. Ihr Papa hat sie nach Prag begleitet, wo sie herzzerreißend voneinander Abschied genommen haben. So erzählte es mir ein anderes Mädchen, die mit Antonia hierher kam.

Jetzt liegt ein Mischling neben mir, die ihren Vater, ihre Mutter und Schwester hier hat. Die Mutter, eine Arierin, ist hier, weil sie strafversetzt wurde. Kinder wie Antonia gibt es hier viele, manche sind viel jünger.

Bei uns ist auch so ein Fall, ein 10-jähriges Mädchen, sie hat niemanden hier außer ihrem Bruder, der sie wegen der Kasernensperre aber nicht besuchen kann.[1]

Heute habe ich ein Päckchen aus Wien bekommen. Die Entzündung macht mich noch verrückt. Es ist keine angenehme Sache. Papa leidet aber viel mehr. Er wird jede Nacht punktiert, was schrecklich weh tut.

Montag, 10. Mai 1943
Heute freue ich mich riesig. Lea ist fast gesund. Sie versucht zu gehen und lacht über das ganze Gesicht. Meinen Papa ruft sie: Onkel Otto! Sie hat noch eine Mittelohrentzündung, aber nur in einem Ohr.

Ich wiege 41 kg. Im Marodenzimmer sind wir nur mehr zu zweit, aber meine Nachbarin kommt bald weg. Sie hat Typhus und muss ins Typhuskrankenhaus. Ich werde hier ganz allein sein. – Hoffentlich kann ich bald Lea sehen.

Man hat mir noch zweimal Blut abgenommen, es wurde nach Prag zur

---

1 Gemeint ist Ruth Schächter, genannt Zajíček (Häschen), die im Zimmer 28 lebte.

Untersuchung geschickt und jedes Mal ist etwas schief gegangen. Dann haben sie mir drei Mal aus dem Finger Blut genommen, um es selbst zu untersuchen. Erst beim dritten Mal hat es geklappt. Man musste mich aber drei Mal stechen. Jetzt habe ich geronnenes Blut.

Gestern habe ich ein schönes Päckchen bekommen. Die Tante hat in der Hohenelbe 2 kg zugenommen. Frau Prof. Brumlík hat mir *Die Elenden* aufs Marodenzimmer gebracht und zum Lesen geborgt, was sie selten tut. Sie kam mich auch zwei Mal besuchen, obwohl sie eine Entzündung am Fuß hat. – Solch' ein gutes Buch ist für Theresienstadt eine Kostbarkeit. Es ist das bekannteste Buch von Victor Hugo.

In ein paar Tagen werden unsere Mädchen zur Gartenarbeit antreten. Darauf freue ich mich sehr. Hoffentlich bin ich bald ganz gesund.

Donnerstag, 27. Mai 1943
Ich bin schon eine Woche aus dem Marodenzimmer, die Mittelohrentzündung ist vorbei. Seit fünf Tagen gehe ich in den Garten. Aber nicht mit unseren Mädchen. Die gehen nur halbtags dorthin. Ich arbeite den ganzen Tag mit noch einem Mädchen von uns im Garten von Joši. Es gefällt mir ganz gut, aber es ist mir etwas zu viel. Ich habe Nervenschmerzen im Gesicht, was ich schon früher einmal hatte.

Freitag, 28. Mai 1943
Ich habe meinen 13. Geburtstag in Theresienstadt. Wir haben bereits gestern Abend bei Mimi gefeiert. Ich musste weinen, weiß nicht, warum. Der Geburtstag war sehr schön, sie bereiteten mir sogar einen kleinen Tisch vor mit Geschenken. Vom Papa bekam ich einen Regenschirm und einen silbernen Anhänger (Stadtwappen von Theresienstadt mit dem Löwen), von Mimi eine Torte (Linzer), einen Strauß Feldblumen und einen Anhänger, von Hugo sehr schöne Patiencekarten. Tante Frieda hat mir auch einen Anhänger geschenkt, außerdem eine Schachtel aus Kautschuk und eine Brosche. Von Trude bekam ich eine Torte und von Mařenka ein schönes Päckchen mit einer Glückwunschkarte – es war das 13. Päckchen (Biskuit, Lebkuchen, Marmelade, Schmalz und Süßigkeiten). Zum Abendbrot hatte ich Butterbrot, Käse und Wurst und dazu Kakao.

Sonnabend, 29. Mai 1943
Ich liege schon wieder krank im Bett, was mir fehlt, weiß ich nicht.

Sonntag, 6. Juni 1943
Ich bin wieder aus dem Bett, zwei Tage lang hatte ich eine ganz gewöhnliche Grippe und 39,4 Grad Fieber. Meine Freude ist riesengroß – warum, würde niemand erraten. Weißt du was? Tante Ida (Löwinger) lebt. Hurrah!

Dienstag, 9. Juni 1943
Seit einigen Tagen quält mich der Gedanke, ob sich Mutti um mich gekümmert hat und warum sie und Papa sich scheiden ließen. Heute Abend nahm ich endlich meinen ganzen Mut zusammen und fragte Papa. Papa sagte, dass er mir den Grund, warum er sich scheiden ließ, jetzt noch nicht sagen könne, doch seien sie nicht im Bösen auseinander gegangen, was ich ja selbst sehen würde. Denn nach der Scheidung habe er Mutti eine hübsche Wohnung eingerichtet, eine Ausstattung für England gekauft und er stehe ja auch im brieflichen Kontakt mit ihr.

Er sagte mir auch, dass Mutti sich um mich gekümmert habe (aber nicht so, wie Papa, so wie er kümmert sich nämlich niemand), aber diejenigen, die nicht eingeweiht seien und nicht wüssten, warum Mutti nach England gefahren ist, denken, dass sie mich im Stich gelassen hätte. Ich weiß, dass Mutti wollte, dass ich zur Tante nach Gaya gehe, und Papa sah es ein, dass es so besser wäre (damals war Hitler noch nicht in der Tschechoslowakei). Mutti sollte als Erste nach England fahren und dort Fuß fassen (weil sie jung ist). Wir sollten nachkommen, aber dann ist der Krieg ausgebrochen. Ich habe auf einmal losgeheult, ohne es zu wollen, und als Papa mich weinen sah, musste auch er weinen. Warum?

Zum Schluss sagte Papa zu mir: „Nach dem Krieg fährst du zur Mutti, das wird besser für dich sein, sie wird dir beibringen, wie man sich in der Gesellschaft benimmt, denn deine Mutti ist gebildet".

Donnerstag, 1. April 1943
Heute habe ich wieder ein Päckchen bekommen, ein sehr schönes, ich freue mich riesig darüber.

Anmerkung von Helga, 2013
Für uns war es ein Glück, dass wir Mařenka hatten, die Päckchen schicken konnte. Da man nur auf eine Zulassungsmarke Päckchen erhalten konnte und dies nur in großen Abständen, adressierte Mařenka die Päckchen reihum an ein Familienmitglied. Der Inhalt wurde immer in der Familie geteilt, was natürlich bedeutete, dass jeder nur einen kleinen Teil der Sachen erhielt. Nur weil ich so viel von den Päckchen schreibe, darf man nicht denken, dass wir genug zu essen gehabt hätten! Das Gegenteil war der Fall! Gerade weil wir so wenig hatten, wurde das Essen so wichtig!

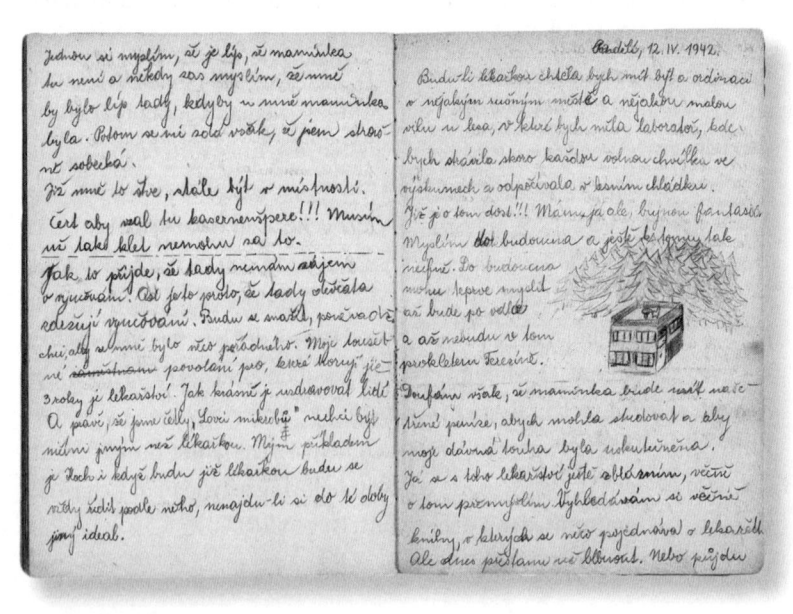

Montag, 12. April 1943
Wenn ich Ärztin werden sollte, möchte ich gerne eine Ordination in einem beliebten Städtchen haben und eine kleine Villa am Rande des Waldes.

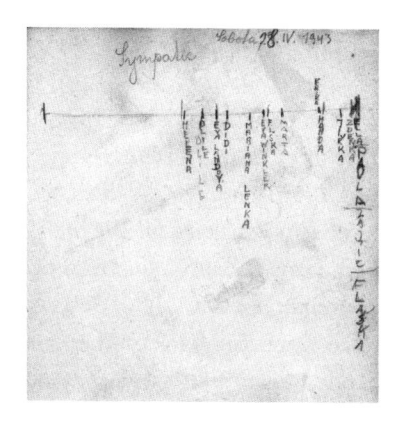

28. April 1943
Sympathien

Ela – Pavla – Zajiček – Flaška
Zdenka
Jirinka
Erika – Handa
Marta
Fiška
Eva Winkler
Mariana … Lenka
Didi
Eva Landa
Olile
Helena

Anmerkung von Helga, 2013
Die meisten Sympathien hatte ich damals zu den Erstgenannten.
Am meisten Vertrauen hatte ich zu Fiška, Lenka, Handa und Ruth (10 Punkte).

Mein Vertrauen zu den Mädchen

Eva Heller – Kočka/Katze 8
Pavla Seiner – Plápla 9
Hana Lissau – Hanka 9
Erika Stránská – Eriček 6
Maria Mühlstein - Maria 8
Irena Grünfeld – Iřka 6
Hana Epstein – Holubička 8
Zdenka Löwy – Zdenka 4
Mariana Deutsch – Mari 5
Eva Fischl – Fiška 10
Anna Flach – Flaška 9
Ruth Schächter – Zajícek 10
Eva Landa – Evalanda 9

1 Jiřina Steiner – Jiřka
6 Marta Kende – Martička
5 Olga Löwy – Olile
7 Alice Sittig – Didiček, Sitiček
6 Eva Stern – Eva
6 Emma Taub – Muška
9 Ruth Gutmann – Ruth, Lilian
10 Anna Lindt – Lenka
4 Helena Mendl – Helena
3 Ruth Popper – Popinka, Mimi
5 Eva Winkler – Eva im clo
10 Hana Pollak – Handa
6 Ela Stein – Elineso

Erinnerungen an Theresienstadt (1)

Mit dem Eintrag vom 9. Juni 1943 endet der erste Band deines Tagebuchs. Am 28. April 1943 hast du „Sympathie-Noten" verteilt und dein Vertrauen zu den Mädchen, die mit dir im Zimmer 28 lebten, bewertet und auf die letzte Seite des Tagebuchs geschrieben. Die meisten Sympathien hattest du damals für Ela, Pavla, Zajíček und Flaška, die wenigsten für Helena Mendl. War das immer so?

Heute tut es mir leid, was ich über Helena geschrieben habe. Aber wir waren Kinder, die einen waren gute Freunde, andere waren weniger gute Freunde. Freundschaften entstanden und gingen wieder auseinander. In dieser Beziehung waren wir doch ganz normale Kinder.

Natürlich schwankten meine Sympathien, und hätte ich meine „Noten" ein paar Monate später vergeben, wären sie bestimmt anders ausgefallen. Das war ein Hin und Her mit den Freundschaften, darüber schreibe ich ja im Tagebuch. Es gab eine Zeit, da war ich sehr eng mit Eva Fischl befreundet, dann mit Ruth Gutmann, Hana Lissau und Eva Heller; auch mit Erika Stránská. Das änderte sich immer wieder und hatte auch damit zu tun, wo man schlief. Lag man entfernt von einem Mädchen, war es nicht so leicht, miteinander in Kontakt zu kommen wie wenn man nah beieinander lag. Als ich mit Enzephalitis in die Sokolovna[1] kam, waren Hana Lissau und Ruth Gutmann tagelang meine Bettnachbarinnen, dann Eva Heller, und erst damals lernte ich diese Mädchen richtig kennen und befreundete mich mit ihnen.

Welche der Mädchen, die nicht überlebten, sind dir in besonderer Erinnerung?

Ich habe einige Mädchen in sehr guter Erinnerung – Ruth Gutmann, Hana Lissau, Eva Fischl – das waren ja meine guten Freundinnen. Ich erinnere mich an Lenka Lindt, Ruth Schächter, Zdenka Löwy, Maria Mühlstein, Emma Taub – mehr oder weniger an alle, die mit uns länger zusammenlebten. Das hängt aber auch damit zusammen, dass wir, einige

---

[1] Das Vereinshaus des Turnvereins Sokol (Falke). Es diente im Ghetto bis Frühjahr 1944 als Krankenhaus, dann als Gemeinschaftshaus.

der Überlebenden von Zimmer 28, viel in den letzten Jahren darüber gesprochen haben, weil wir ja ein Gedenken an diese Mädchen schaffen wollten. So sind viele Erinnerungen bei unseren Treffen geweckt worden – bei uns allen.

Es gab Mädchen, an die wir uns alle sehr genau erinnern können, wie an Lenka Lindt, die eine starke und eigenwillige Persönlichkeit war, oder Ruth Schächter, die wir Zajíček (Häschen) nannten und die wir alle ins Herz geschlossen haben. Es gab aber auch stille und zurückhaltende Mädchen wie Erika Stránská. Mit ihr habe ich mich erst später, vielleicht im Oktober 1943, angefreundet, ich glaube es war im Malunterricht bei Friedl Dicker-Brandeis.

Friedl Dicker-Brandeis war sehr oft im Zimmer 28 und es gibt wunderbare Kinderzeichnungen von dir und den Mädchen in deinem Zimmer – überhaupt von den Kindern von Theresienstadt. Was war das Besondere an ihrem Unterricht?

Man musste bei ihr nicht gut zeichnen können. Das war nicht das Wichtigste für sie. Es kam darauf an, sich zu entfalten, sehen zu lernen, Farben zu erkennen, mit Farben zu spielen, Bewegungen nach Musik zu machen oder nach einem bestimmten Takt. Sie hat zum Beispiel in einem bestimmten Takt auf den Tisch geklopft und wir sollten diese Bewegungen im entsprechenden Rhythmus zeichnen. Ihre Art zu unterrichten – darin lag etwas, was uns für Augenblicke ein Gefühl der Unbeschwertheit gab. Sie hat uns auch dazu ermuntert, das zu malen, was uns Freude macht, was uns Kraft gibt – unsere Hoffnungen, unsere Träume, unsere Zukunftsvisionen.

Friedl Dicker-Brandeis, 1943

Viele Kinderzeichnungen sind sich sehr ähnlich.
Wir malten ja nach vorgegebenen Themen. Friedl Brandeis brachte manchmal Kunstbücher oder Kunstpostkarten mit und wir suchten ein Motiv aus, das uns gefiel. Es ging gar nicht darum, es eins zu eins abzuzeichnen. Wir sollten uns einfach davon inspirieren lassen und ganz nach unserem Naturell malen. Manchmal brachte sie eine Vase mit, einen holländischen Holzschuh oder eine Teekanne – und so entstanden viele Bilder mit demselben Motiv. Ich habe zum Beispiel ein berühmtes Porträt einer Frau von Bartolomeo Veneto gemalt und dieses Porträt haben auch andere gemalt. Einmal gab sie uns die Aufgabe, einen Sonnenaufgang oder Sonnenuntergang zu malen und ein anderes Mal forderte sie uns auf zu malen, wo wir gerne sein würden. Ich hab ein Pfadfinderlager mit Zelten gemalt. Oder einfach eine schöne Landschaft. Das haben viele gemalt – ein Haus in einer schönen Landschaft.

Von Friedl Dicker-Brandeis ist ein Manuskript aus Theresienstadt mit dem Titel ‚Kinderzeichnen' erhalten. Darin sagt sie: „Wo eine Kraft sich auf sich besinnt und versucht, durch sich zu bestehen ohne Angst vor Lächerlichkeit, da springt auch eine neue Quelle des Schöpferischen auf, und dieses Ziel hat auch der Versuch unseres Zeichenunterrichts."
Sie war eine wunderbare Pädagogin! Sie gilt ja auch als Vorläuferin der Kunsttherapie. Heute verstehe ich diesen Satz. Aber damals hat uns der Unterricht bei ihr einfach Freude gemacht. Sie hat unsere kreative Kraft geweckt. Weil sie keinerlei Zwang ausübte, weil sie wollte, dass wir das zum Ausdruck bringen, was uns bewegt, was für uns wichtig ist. Sie konnte zum Beispiel sagen: „Male, was du dir wünschst. Male, an was du dich gerne erinnerst. Male, wo du sein möchtest. Schau aus dem Fenster und male was du siehst." Sie wollte in uns das Positive wecken. Und irgendwie fügte sich in ihrer Gegenwart alles zum Guten – fast wie von selbst.

Es erstaunt mich immer wieder, wie du und deine Freundinnen vom Zimmer 28 die Personen, die sich um euch kümmerten, in Erinnerung habt. Eines der Motive für das Buch ‚Die Mädchen von Zimmer 28'

war ja euer Wunsch, diesen Menschen ein würdigendes Gedenken zu schaffen. Dabei pflanzt sich in der Geschichtsschreibung das Urteil von H. G. Adler fort, der der Theresienstädter Jugendfürsorge kein gutes Zeugnis ausstellt und sogar von ‚Verwahrlosung der Jugend' schreibt.¹
Ja, ich weiß, dass Adler sehr negativ über die Leiter der Jugendfürsorge, Gonda Redlich und Fredy Hirsch, auch über die Judenältesten geschrieben hat. Die Jugendfürsorge sei gescheitert, heißt es bei ihm. Ich halte den Vorwurf für absolut falsch und unverständlich, da bin ich übrigens nicht allein. Aber leider ist es doch so: Hat erstmal jemand so ein Standardwerk wie Adler geschrieben, wird er als Autorität anerkannt und sein Urteil setzt sich in der offiziellen Geschichtsschreibung hartnäckig fort.
Ich habe gerade das neue Buch über Theresienstadt gelesen.² Friedl Dicker-Brandeis ist hier keine Erwähnung wert. Aber ausgerechnet die Kinderzeichnungen, die in ihrem Malunterricht entstanden sind, werden als Beispiel für die illusionäre Wahrnehmung des Ghettos Theresienstadt angeführt. Über das pädagogische Konzept dahinter kein Wort. Dabei sind gerade solche Persönlichkeiten wie Friedl Brandeis der Beweis dafür, wie stark die pädagogischen Fähigkeiten vieler Erwachsener waren, die sich in Theresienstadt um uns kümmerten.

Im Tagebuch erwähnst du immer wieder Frau Brumlik.
Ja, das war eine Persönlichkeit, die ich nie vergessen werde! Der Unterricht mit ihr, Geographie und Geschichte, war ganz hinreißend. Ich erinnere mich heute noch an manche ihrer Erzählungen. Auch unsere Betreuerinnen – Tella (Ella Pollak), Eva Weiss, Eva Eckstein, Rita Böhm, die Sozialarbeiterin Margit Mühlstein – sie alle habe ich nicht vergessen. Sie haben getan was sie konnten, um uns das Leben einigermaßen erträglich zu machen, uns gegen die schreckliche Wirklichkeit abzuschotten, unsere

---
1 H.G. Adler, Theresienstadt 1941-1945. Das Antlitz einer Zwangsgemeinschaft, Tübingen 1955. Alle Überlebenden von Theresienstadt, die die Herausgeberin gesprochen hat, widersprechen diesem Urteil Adlers und halten es für eine tendenziöse Geschichtsfälschung.
2 Theresienstadt. Eine Geschichte von Täuschung und Vernichtung. Wolfgang Benz, C.H. Beck 2013. Die kritische Bemerkung bezieht sich auf die Ausführungen auf S. 226

Angst zu lindern. Das war ja überhaupt nicht einfach – dreißig Mädchen in einem Zimmer von etwa 30 qm, Tag und Nacht zusammen, in einem Konzentrationslager! – Dank Tella haben wir viel gesungen. Sie war eine ausgezeichnete Gesangspädagogin und Pianistin und gründete mit uns einen Chor. Es war schön, wenn wir gesungen haben – tschechische, hebräische, deutsche Lieder, auch ein holländisches Lied. Und natürlich Lieder aus *Brundibár*. Und unsere Hymne!

Das war eine wunderbare Idee, den Maagal zu gründen.
Ja. Darin zeigt sich gerade die pädagogische Kraft dieser Menschen. Bei Friedl Dicker wird diese pädagogische Kraft besonders greifbar, weil sich all die Kinderzeichnungen erhalten haben, die in ihrem Zeichenunterricht entstanden sind; sehr viele im Zimmer 28.

Wie hast du Friedl Dicker in Erinnerung?
Sie war eine kleine, quirlige Person, sehr nett, aber wir hatten auch großen Respekt vor ihr. Sie hatte kurze, ich glaube hellbraune Haare, und ein eher blasses Gesicht und war klein von Statur. Manchmal fragte sie uns, wer ihr helfen möchte, die Malutensilien und all die Sachen, die sie zum Unterricht brachte, rauf oder runter zu tragen in ihr Zimmer – das war kein richtiges Zimmer, aber sie hatte ihr eigenes Kumbalek[1] bei uns im Mädchenheim. Da meldeten sich viele von uns. Und wenn sie mich gewählt hat, hab ich mich immer sehr gefreut. Das war etwas Besonderes.

Du hast eine Mappe voller Kinderzeichnungen, die du bei Friedl gemalt hast. Was denkst du, wenn du die Bilder betrachtest?
Ich denke, dass Friedl eine wunderbare Frau war. Dass sie sich in Theresienstadt ganz uns Kindern gewidmet hat. Dass sie in uns das Positive geweckt hat. Ich sagte ja schon: In ihrer Gegenwart fügte sich irgendwie alles zum Guten. Das sehe ich auch in den Bildern. Sie hat an unsere Vorstellungskraft appelliert, unsere Hoffnungen geweckt, uns zum Träumen angeregt. Und wir alle träumten ja von einer besseren Zukunft.

---

1 Kumbálek, Kumbál, tschechisch, kleine Kammer, Verschlag

Mädchen, die mit mir im Zimmer 28 lebten

Die Mädchen von Zimmer 28, Reihe 1–4, waagerecht:
Anna (Lenka) Lindt, Anna Flach (Flaška), Evelina (Eva) Landa, Handa Pollak
Ela Stein, Ruth Schächter (Zajíček), Erika Stránská, Judith Schwarzbart
Marta Fröhlich, Vera Nath, Hanka Wertheimer, Eva Stern
Marianne Rosenzweig, Eva Winkler, Marianne Deutsch, Eva Heller

Unsere Betreuerinnen

Ella Pollak, genannt Tella
geboren 13.6.1913 in Liberec
† 1973 in Israel

Eva Weiss
geb. am 14.6.1923 in Brünn
Sie lebt in England

Eva Eckstein
geb. am 7.11.1924 in Louny
† 2009 in Schweden

Anmerkung von Helga, 2013
Von Professor Brumlik, Rita Böhm und Margit Mühlstein habe ich leider keine Fotos. Sie sind in Auschwitz umgekommen.

Meine Kinderzeichnungen entstanden in den Malstunden mit Friedl Dicker-Brandeis 1943–1944

Sonnenaufgang

Erinnerungen an Wien und Gaya

Bauer mit Pflug. Blick aus dem Fenster des Mädchenheims in die Ferne
(Böhmisches Mittelgebirge)

H 28
Helga Pollak

Helga Pollak H 28
4. Mai 1944
121.870 10 2
Helga Pollak

Traumbilder: Pfadfinderlager

Meine Kinderzeichnungen und die anderer Mädchen von Zimmer 28 mit gleichen Motiven

Natur in Bewegung
Oben: Mein Bild. Unten das Bild
von Erika Stránská (1930–1944)

Oben: Mein Bild des berühmten Porträts *Flora. Idealbildnis einer Kurtisane* von Bartolomeo Veneto. Unten das Bild von Anna Brichta (1930–1944)

Oben: Mein Bild. Unten das Bild von Erika Stránská (1930–1944)

Collagen der Mädchen von Zimmer 28

Oben: von Ruth Schächter (1930–1944). Unten: von Lenka Lindt (1930–1944)

Oben: von Alice Sittig (1930–1944). Unten: von Erika Stránská (1930–1944)

Unsere Flagge und die Hymne von Zimmer 28

Wir wollen eine Einheit sein
Uns gerne haben und zueinander stehen
Wir kamen hierher und wir wollen
Und werden gewiss
Wieder nach Hause gehen.

Wir werden das Böse bekämpfen
Und uns den Weg zum Guten bahnen
Das Böse wehren wir von uns ab
Vorher kehren wir nicht nach Hause zurück
Und dann werden wir singen:

Maagal muss siegen
Uns auf den guten Weg bringen
Die Hände reichen wir uns
Und singen
die Hymne unseres Heimes

Flagge mit Maagal. Maagal ist Hebräisch, bedeutet Kreis und im metaphorischen Sinne Vollkommenheit.

Tschechisches Original

My chceme jeden celek být, chceme se vesměs rádi mít,
chceme a budem, přišli jsme a půjdem, chceme se domů navrátit.

My půjdem proti zlému, klestíme cestu dobrému,
my zlo zatratíme, dřív se nevrátíme, pak zazpíváme píseň svou:

Maagal musí zvítězit, nás k dobré cestě obrátit,
ruce si podáme, pak si zazpíváme: hymnu našeho domova.

Anmerkung von Helga, 2013
Unser Motto war, wie in meinem Tagebuch am 2. April 1943 überliefert, VVBN:
Věřím ti – věříš mi? Vím – jak víš, buď – jak buď, nezradíš – nezradím.

Stadtplan des Ghettos Theresienstadt

L1	Seestraße
L1a	Kurze Straße
L2	Bahnhofstraße
L3	Lange Straße
L4	Hauptstraße
L5	Parkstraße
L6	Wallstraße
Q1	Bäckergasse
Q2	Jägergasse
Q3	Badhausgasse
Q4	Neue Gasse
Q5	Turmgasse
Q6	Rathausgasse
Q7	Berggasse
Q8	Postgasse
Q9	Egergasse

Die Ausfahrtsstraßen:
Bauschowitzer Straße
Südstraße
Kopitzer Straße
Weststraße

Benennung der Plätze:
Marktplatz früherer Ringplatz
Brunnenpark beim Gendarmenkasino
Stadtpark FV / F VI
Kleiner Park B III

© Gedenkstätte Thersienstadt

Aus dem Kalendarium von Otto Pollak,
Abbildung siehe Seite 76

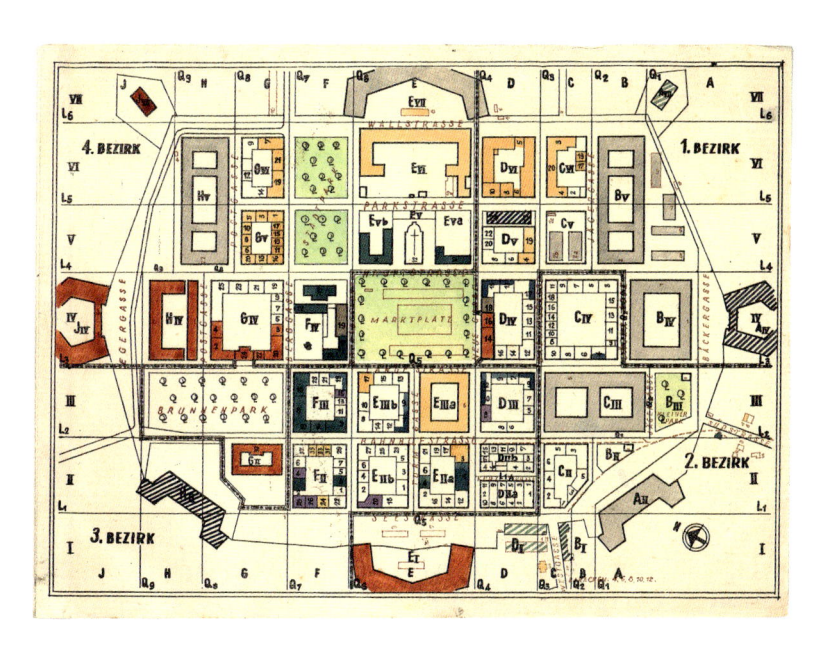

Zimmer 28, gezeichnet von Maria Mühlstein (1932–1944)

15 000 Kinder lebten zwischen 1941 und 1945 vorübergehend im Ghetto Theresienstadt. Die meisten von ihnen kamen mit einem der Transporte nach Auschwitz-Birkenau oder in andere Vernichtungslager. Nur etwa 1000 dieser Kinder erlebten das Ende des Krieges. Über 14 000 Kinder wurden ermordet, darunter einige der Mädchen von Zimmer 28. Ich denke oft an sie.

Anna Brichta 24.2.1930–1944 | Hana Epstein (Holubička) 13.5.1930–1944 | Eva Fischl (Fiška) 23.4.1930–1944 | Ruth Gutmann (Rutka) 13.4.1930–1944 | Irena Grünfeld 15.11.1930–1944 Marta Kende 27.7.1930–1944 | Anna Lindt (Lenka) 19.3.1930–1944 Hana Lissau 4.2.1930–1944 | Olga Löwy (Olile) 31.10.1930–1944 Zdenka Löwy 23.2.1930–1944 | Ruth Meisl 18.3.1929–1944 Helena Mendl 21.5.1930–1944 | Maria Mühlstein 31.3.1932–1944 Bohumila Polaček (Milka) 24.3.1930–1944 | Ruth Popper (Poppinka) 16.6.1930–1944 | Ruth Schächter (Zajíček) 24.8.1930–1944 Pavla Seiner 5.1.1930–1944 | Alice Sittig (Didi) 19.4.1930–1944 Erika Stránská 22.5.1930–1944 | Jiřinka Steiner 10.1.1930–1944 Emma Taub (Muška) 30.4.1930–1944

Tagebuch *Spinne*

Jak chceš, tak můžeš
své vůli tedy vel!

Buď připraven

Wenn du willst, dann kannst du.
Befiehl also deinem Willen!
           Sei bereit

Mein Tagebuch

Donnerstag, 17. Juni 1943
Es ist wie ein Feiertag, in ein neues Tagebuch zu schreiben. Ich muss einige Tage zurückgehen, weil ich längere Zeit nichts geschrieben habe. Wir haben den Geburtstag aller drei Betreuerinnen gefeiert, am Samstag, und es war wirklich schön. Die Betreuerinnen waren gerührt. Wir haben ein Theaterstück aufgeführt: *König Germona und die Fee der Slawen*. Es handelt von einem König, der den Tschechen die Krone der Freiheit stahl und von einem tschechischen Jungen, der sie aus der Gewalt des Königs Germona zurückeroberte.

Danach war eine 10-minütige Pause, in der wir uns in unsere Einheitskleidung warfen und die Größte von uns und auch die Beste – es ist Pavla Seiner – hat die Fahne gehalten, und wir haben unsere Hymne gesungen. Dann haben wir die Betreuerinnen hinauskomplimentiert und die Tische und die Bänke für unsere Fresserei hergerichtet. Wir hatten Milchreis und Schokoladencreme aus richtiger Schokolade und Schweizer Kondensmilch und belegte Brötchen (mit Quark und Pastete). Der Tag endete damit, dass wir im Garten rund um unsere Fahne herum Hora[1] tanzten. Um ½ 11 Uhr sind wir schlafen gegangen. Die Betreuerinnen haben viele Geschenke bekommen. Ich habe ihnen Lebkuchen geschenkt.

Sonnabend, 19. Juni 1943
Ich habe *Georgs große Entdeckung* gesehen im Deutschen Haus, wo früher, in Friedenszeiten, Theater gespielt wurde. Es gibt dort sogar drei Logen. Es ist ein kleines, aber sehr hübsches Theater. Es spielten Erwachsene, doch die Hauptrollen hatten Kinder. Für dieses Schauspiel müsste man sich nicht einmal in einem öffentlichen Theater in Prag schämen. Der Buchautor von *Georgs große Entdeckung* ist auch der Regisseur des Stücks. Es ist unser Physik- und Chemielehrer Dr. Emil Hoff. Pseudonym: Emil Holan.

---

1 Hora, jüdischer Tanz

Sonntag, 20. Juni 1943
Jeder Tag verläuft gleich. Das Leben hier ist nicht langweilig, aber etwas Interessantes, worüber es zu schreiben lohnt, passiert auch nicht. Ich stopfe alles Essbare in mich rein. Lea plaudert und hat schon Backenzähne bekommen. Heute werde ich ein bisschen beschreiben, wie es hier so aussieht und wie es hier organisiert ist.

Es gibt hier ungefähr 10 Kasernen. In der Sudetenkaserne sind nur Männer, in der Hamburger Kaserne nur Frauen untergebracht. (Geniekaserne, Hannover, Magdeburger, Dresdner, Hohenelbe, Kavalier, Aussig, Bodenbacher.) Anstatt Polizei gibt es hier die Ghettowache, die im ehemaligen Deutschen Haus untergebracht ist. Die arischen Straßen sind vom Ghetto mit Schranken getrennt. Die Straßen von der Bierbrauerei in Richtung Sudetenkaserne sind mit Q, die von der Hamburger bis zur Bodenbacher mit L gekennzeichnet. Papa wohnt auf L 231, ich auf L 410.

Es gibt hier ein Gesundheitswesen, dessen Vorstand ein ganz junger Arzt ist, Dr. Munk. In der Hohenelbe Kaserne befindet sich das Krankenhaus. In jedem Haus, in dem mehr als 400 Menschen wohnen, muss eigentlich ein Marodenzimmer sein, aber nur sehr wenige haben eins. Bei uns gibt es zwei Marodenzimmer und eine Ambulanz.

Bedrich Fritta, Herbst, Theresienstadt / Terezin 1943–1944

Für Kinder wird hier recht gut gesorgt. Jeden Monat gehen wir uns wiegen und messen. Manchmal gehen wir auf die Bastei. An drei Tagen sind die Geschäfte offen, wo man mit Geld und speziellen Bezugsscheinen einkaufen kann. Geschäfte: 2 Schuhgeschäfte, 2 Damenbekleidung, 2 Herrenbekleidung, 1 Kinderbekleidung, 1 Koffer, 1 Kurzwaren, 2 Wäsche, 1 Gemischtwaren, 1 Drogerie, 1 Glaser. Man bekommt Bewilligungsscheine, um sich Wäsche, Kleider und Schuhe reparieren zu lassen. In dem Gemischtwarengeschäft bekommt man Kräutertee, gemahlenen Pfeffer, Paprika und Kümmel, Aufstrich u.s.w.[1]

Freitag, 1. Juli 1943
Laura musste uns verlassen. Frau Engländer[2] hat gesagt, dass man sie unbedingt im Heim 24 braucht. Lilka sollte zu uns kommen, sie kam aber nicht, Gott sei Dank. Rita Böhm kam zu uns, sie ist die Frau eines Arztes, der ganz wunderbar über medizinische Sachen erzählen kann. Rita ist ruhig, fein und lieb, einfach wunderbar. Ich darf sie aber nicht voreilig beurteilen.
Heute muss ich mit Ela sprechen. Ich weiß nicht was los ist, aber unsere Freundschaft lässt nach.
Ich weiß, dass ich mich bessern muss. Bin ich schwach??? Ich fühle, dass ich zu den Schlechtesten zähle, ich lasse es mir nicht ausreden und darum muss ich besser werden. Die Mädchen sagen, dass ich wenig Interesse am Heim habe, das gebe ich zu. Seit ich in Theresienstadt bin, bin ich irgendwie eigenbrötlerisch geworden.
Ela ist jetzt beim Singen. Es ist gleich 10 Uhr. Ela kommt jeden Moment zurück und ich werde mit ihr reden. Ich werde ihr folgendes sagen: „Ich brauche eine Freundin. Ich glaube, dass du es sein könntest, möchtest du?" Nach dem weiteren werde ich mein Verhalten richten. Gute Nacht!
Jetzt werde ich dir öfters schreiben.

---

1 Siehe Anmerkung von Helga auf S. 123
2 Frau Engländer war die Leiterin des Mädchenheims L 410. Laura Šimkova war für eine kurze Zeit als Betreuerin im Zimmer 28. Später war sie mit Helga in Auschwitz und Oederan.

Morgen sollten wir eigentlich für einige Tage in die Schule umziehen, da unser Haus vergast werden soll.[1] Aber es ist um drei Wochen verschoben worden.

Sonnabend, 2. Juli 1943

Ela will nicht. Ich habe es gespürt. Sie ist mir ausgewichen. Wahrscheinlich bin ich selbst dran schuld. Wir lesen das Buch *Polyanna*, eine Übersetzung aus dem Englischen. Es handelt von einem Mädchen, deren Eltern gestorben sind. Sie lebt nun bei einer reichen Tante, wo es ihr anfangs gar nicht gut ging. Doch der Vater der Tante – er war ein christlicher Missionar mit nur einem sehr kleinen Gehalt – brachte ihr bei, stets mit allem zufrieden zu sein und auch bei unerfreulichen Dingen immer eine gute Seite zu suchen. Das muss ich auch versuchen. Eines weiß ich bereits: Ich habe Sehnsucht nach Mutti, doch ich bin andererseits froh, dass sie nicht da ist, wenigstens geht es ihr besser als uns hier.

Freitag, 9. Juli 1943

Gestern hatten wir eine Sitzung mit Tella. Sie sagte, es sei furchtbar hier, und wenn wir uns nicht alle „zusammenreißen" würden, käme es zur Katastrophe und die Betreuerinnen würden zu spürbaren Strafen greifen müssen. Eine schreckliche Undiszipliniertheit herrsche hier. Tella sagte auch, dass sich jede von uns um einige Punkte verschlechtert habe, dass wir unaufrichtig und unkameradschaftlich geworden seien, manche eigenbrötlerisch, und zu diesen würde auch ich gehören. Ich muss mit Tella darüber reden. Es war so: Ich war gerade dabei, mich an das Leben im Heim zu gewöhnen, da enttäuschte mich Ela. Ich wollte nicht von Neuem eine Freundschaft beginnen, aus Angst vor einer neuen Enttäuschung. Papa hat mir heute eine riesige Freude gemacht, er ließ für mich mein Wahrzeichen malen, den Leuchtturm. Leuchtturm – Freiheit – Hoffnung – Selbständigkeit.

– Sei bereit –

---

[1] Gegen die Wanzen setzte man Giftgas (Zyklon) ein. Mit der Schule ist das Jungenheim L 417 gemeint. Vor dem Krieg befand sich darin die Schule. Heute ist das Gebäude die Gedenkstätte Terezin / Theresienstadt.

Das habe ich vergessen. In diesem Punkt hat Tella recht. Ich denke schon seit einer Woche so. Sei streng zu dir selbst und betrachte die anderen milder und mit Nachsicht. Ich werde mich danach richten. Es hat mir heute sehr weh getan, als Rita sagte, ich würde unter den ersten sein, über die sie eine schlechte Meinung haben würde – und dies nur deshalb, weil ich wie unter Zwang lachte und mich fröhlich gab, obgleich ich wegen Mutti traurig war, als Rita anfing, über England zu sprechen. In Wirklichkeit war mir nach Weinen zumute, aber ich wollte nicht weinen, sonst hätte ich mich geschämt. Soll ich es ihr sagen? Ja, ich muss es ihr irgendwie erklären. Ich habe Rita doch so gern, und gerade deshalb hat es mich so gekränkt. Heute bin ich zuhause, ich darf nicht rausgehen, bin erkältet. Papa war nicht bei mir. Vermutlich kommt er heute nicht mehr. Abends, ¼ vor 11 Uhr: Rita ist nicht mehr böse, ich habe sie gefragt. Ist das nicht kriecherisch? – Übrigens: Ich bin von mir enttäuscht, weil ich keine Zionistin bin. Am Abend haben zwei Mädchen für uns den Freitagabend vorbereitet. Frau Mühlstein hat gebetet, die Kerzen brannten. Früher haben wir nach dem Beten gespielt. Diesmal wurde gelesen, fast alle gingen zu Bett, einige sind auch eingeschlafen. Am Tisch blieben 7 von 27. Das war ein unmöglicher Erev Sabbat[1]. Ruth, die alles vorbereitet hat, weinte vor Enttäuschung.

Freitag, 17. Juli 1943
Gestern Abend feierten wir den Geburtstag von Handas Vater Karl. Wir führten ein Theaterstück darüber auf, wie es in 25 Jahren sein wird. Dargestellt wurden Fiškas Probleme, Eva Stern als Ärztin mit ihrer ganzen Unordnung (ihr Skalpell steckte in einem Schuh und die Spritze war im Schmutzkübel usw.) Danach war eine Fresserei (belegte Brötchen, Salat, Graupenauflauf und Schokoladenpudding). Dann folgte eine Überraschung, die uns die Betreuerinnen an ihrem Geburtstag (als Gegenleistung) versprochen hatten. Gestern also haben sie diese Überraschung präsentiert. Es war ein einziger Spaß. Sie haben auf jede von uns einen lustigen Vers gemacht und ihn singend vorgetragen.

---

1 Vorabend (Freitagabend) des jüdischen geheiligten Ruhetages Sabbat (hebräisch Schabbat)

Sie waren alle verkleidet und nicht mehr wiederzuerkennen. Tella hatte Zöpfe mit roten Schleifchen. Sie trug einen kurzen, mit Spitzen besetzten Baumwollrock und aus dem gleichen Material ein Oberteil mit großen Ärmeln. Das Unterkleid ging ihr bis über die Knie. Anstatt eines Gürtels trug sie ein rotes Tuch und anstatt Strümpfe hatte sie rote Streifen auf den Beinen. Ihre Wangen waren ganz rot bemalt. Sie brachte alle Zeichnungen mit den Versen mit.
Bei mir war ein Mädchen gezeichnet, das aus dem Marodenzimmer läuft.
„Ein bescheidenes Mädchen namens Helga, sie war lange krank, jetzt ist sie wieder bei uns, Gott sei Dank."
Laura trug einen Frack, Zylinder und Stock und einen echten Schnurrbart, für den eine der Betreuerinnen eine Haarlocke geopfert hat. Eva Weiss hatte einen langen Rock an, wie man ihn im 19. Jahrhundert trug, dazu einen schwarzen Hut mit lauter Federn und eine Pelerine aus Samt, die so geschneidert war, dass es aussah, als wäre sie aus Fell. Ihre Augenbrauen waren rot nachgestrichen.
Der Vers auf Fiška und Muška lautet: „Ich erzähl euch was – habt alle Acht! / wie zwei Seelchen in ihrem Chaos / ihren Namen haben durcheinander gebracht / Es waren Fiška und Muška / Jetzt heißen sie Myška und Fuška.

Freitag, 23. Juli 1943
Seit einer Woche habe ich nichts ins Tagebuch geschrieben. Vor vier Tagen erlebte ich Traurigkeit und Freude zugleich. Ich habe mich mit einem Doktor der Wirtschaftswissenschaften unterhalten. In Wirklichkeit hat mich Papa unauffällig testen lassen, um herauszufinden, ob ich eine Begabung fürs Studium habe. Habe ich!!! Ich muss ab der Prima anfangen. Ich habe viel versäumt, und das tut mir schrecklich leid. Meist spreche ich vom Studium des Hotelwesens, der Geschichte, Geographie und der Medizin. Für jegliches Gewerbe bin ich ungeeignet. Ich will studieren und ich werde studieren. Wenn du willst, dann kannst du. Ich muss gebildet sein. Das werde ich mir erkämpfen.
Lissau ist ein intelligentes Mädchen. Sie sagt, ich sei belesen. Aber das bin ich nicht wirklich – ich mache nie mehr aus mir. Sie sagt es deshalb, weil ich ihre Konkurrentin bin. Sie ist eifersüchtig auf mich, und ich manch-

mal auf sie. Jeder will den anderen übertrumpfen und wir streiten um unsere Ansichten. Keine von uns will eine Niederlage hinnehmen. Ich will mich bessern! Ich muss aufhören zu schreiben. Erev Sabbat beginnt.
Die Sitzung ist vorbei. Tella hat vorgeschlagen – und wir und die Betreuerinnen haben uns darauf geeinigt – dass wir drei Maagal-Klassen bilden, dass heute niemand mehr neu gewählt wird und dass jene, die bereits im Maagal sind, in eine der drei Gruppen gewählt werden. Es ist so ausgefallen, wie ich es mir gewünscht habe. Keine ist in der ersten Gruppe, Muška und Handa sind in der zweiten, Irena, Pavla, Eva Landa, Eva Heller in der dritten.
Weißt du, erst jetzt wird mir bewusst, dass Tella und das Heim meine Ansichten so verändert haben, dass mir der Zionismus inzwischen gefällt. Mir sagen die zionistischen Ansichten zu, doch ich möchte nicht in Palästina leben.
Ich werde mich bemühen so zu sein, wie die Mädchen mich haben möchten. Ich will besser sein als ich bisher war. Ich will auf einer höheren Stufe sein. Das will ich und ich werde es schaffen. Ich muss in den Maagal kommen (Maagal – unser kleines Ideal).
Es ist ½ 12 Uhr, ich stehe am offenen Fenster und schreibe. Das ist eine Schönheit! Alles schläft. Die ganze Stadt ist eingehüllt in Dunkelheit und eine drückende Hitze brütet über der ganzen Gegend. Es ist eine so heilige Ruhe, nur hier und da piepst ein Vogel. Einige Lichter brennen im Zelt[1], aus dem regelmäßig der Schlag eines Hammers dringt. Es erinnert mich an etwas, ich weiß aber nicht, an was. – Jetzt hab ich mein Herz erleichtert, als hätte ich ein heißes Bad genommen. Gute Nacht, mein lieber Freund.

Liebe Rita![2]
Heute will ich dir etwas schreiben, worüber ich schon einige Zeit viel nachdenke. Als ich klein war, bin ich ziemlich viel für mein Alter herumgereist. Weil ich mit der Zeit vergessen habe, wie die Landschaften aussahen, wollte ich immer wieder von Neuem herumreisen. Als ich knapp

---
1 Bis zum 1. April 1944 stand auf dem Hauptplatz, der mit einem Zaun abgesperrt war, ein großes Zelt, in dem Kisten hergestellt wurden.
2 Fiktiver Brief an die Betreuerin Rita Böhm, den Helga natürlich für sich behielt.

acht Jahre alt war, stellte ich mir den Erdball als Quadrat vor, das in der Leere schwebt. Ich interessiere mich schon seit langem für Geographie und Geschichte.

Was mich in Theresienstadt sehr belastet ist, dass ich nicht studieren kann. Hier kann man ja gar nicht lernen. Das, was wir hier tun, ist ja kein richtiges Lernen! Bei mir muss Lernen in einem ganz anderen Tempo vor sich gehen, und dazu leihe ich mir solche Bücher aus, aus denen ich etwas lernen kann.

Zwei Berufe gefallen mir, weiß aber nicht, welcher besser ist. Noch habe ich aber Zeit genug, darüber nachzudenken. Zuerst möchte ich mich studieren sehen. Ich möchte eine Handelsschule oder eine Hochschule für Hotelwesen in der Schweiz besuchen und danach meinen Doktor machen. Ist es nicht schön, ein großes Hotel in Nizza zu haben oder in der Schweiz? Menschen unterschiedlicher Nationalität kennenzulernen, viele Sprachen hören und, wie es mein Onkel gemacht hat, für eine Zeit einen Stellvertreter einsetzen und auf Reisen gehen? Die maurischen Bauten, die Akropolis, Zeugnisse der vergangenen Kulturen der Römer und Griechen sehen? Oder verschneite Berge, Meere, Seen und dann wieder kleine entzückende Dörfer und schöne laute Großstädte. Ist es nicht schön!?! Das will ich werden – oder Ärztin. Es ist doch etwas Erhabenes, die Menschen gesund zu machen. Was rätst du mir? Vielleicht denkst du, dass ich kindisch bin, weil ich mich im Heim über solche ernsthaften Sachen, die nur mich betreffen, nie unterhalte. Aber ich glaube, die anderen würde das nicht interessieren. Über solche Sachen unterhalte ich mich nur mit Papa.

Sonntag, 25. Juli 1943
Heute haben wir in der Dresdner Kaserne ein Jubiläum von Theodor Herzl[1] gefeiert. Wir sangen, Gonda[2] hielt eine Ansprache, eine Frau hat sehr schöne Gedichte vorgetragen, und eine Ballettgruppe stellte ägyp-

---

1 Theodor Herzl (1860–1904) war Begründer des Zionismus (jüdische Nationalbewegung), der 1948 zur Gründung des Staates Israel führte. Zion / Zionismus steht symbolisch für die Sehnsucht nach Rückkehr in die alte Heimat.
2 Gonda (Egon) Redlich leitete gemeinsam mit Fredy Hirsch die Abteilung Jugendfürsorge.

tische Sklaven bei der Arbeit dar. Das Publikum hat geklatscht. Bei der Sklavenszene habe ich nicht mitgemacht – ich hab einfach vergessen zu singen. Ich lebte nicht mehr auf dieser Welt, ich träumte. Ich stand an einem kleinen Fenster des Dachbodens und schaute auf ein lebendiges Bild – eine Baumallee bei Litoměřice. Bis zur Turmuhr konnte ich sehen und dahinter kleine Dörfer im Tale und am Hügel und herrliche gelbe Felder, umrahmt von Wäldern und Bergen.

Mittwoch, 28. Juli 1943
Ich ließ mir von Rita meine Schrift deuten. Ich habe Liebe nötig (ich sei verhätschelt worden, und das fehle mir jetzt), ich sei intelligent und auch belesen. Ich sei temperamentvoll, nur sei ich in letzter Zeit ernsthafter geworden. Oft wisse ich nicht, was ich will, ich sei unschlüssig. Dann fand ich etwas, das Papa geschrieben hat, und Rita hat daraus gelesen: Er sei ein guter Geschäftsmann, er habe viel Erfahrung, er sei verschlossen, auch etwas unschlüssig und er sei mir ähnlich. Noch etwas habe ich fast vergessen: Rita hat mir außerdem vorgeworfen, dass ich an mir nur Schlimmes sähe und mich schlechter machen würde als ich sei.
Und jetzt etwas ganz Neues. Mussolini ist zurückgetreten, gestern, und ich bin seither wie verrückt! Ich habe so ein eigenartiges Gefühl, genauso wie damals, als Papa für immer nach Kyjov kam. Noch vor drei Tagen habe ich gesagt: „Das Ende des Krieges wird kommen". Doch dabei habe ich nichts gefühlt. Mir kam es unwirklich vor, weit weg, aber jetzt fühle ich es so nah. Ich möchte tanzen (wenn ich nur könnte) und singen. Ich werde noch ganz verrückt.
Und jetzt die zweite erfreuliche Nachricht, mein lieber kleiner Freund, die ich dir mitteilen muss: Ich habe eine Freundin gefunden, die ich früher verachtet habe – Jiřinka Steiner. Und nun, warum ich sie verachtet habe: Bin ich aber dumm, wegen so einem Blödsinn! Sie hat sich aus meiner Dose bedient, nahm ein Stück Lebkuchen, und ich war so blöd und sagte es den Mädchen. Niemand vertraute ihr seither, sie fühlte sich ausgestoßen. Ich will ihre Freundin sein und zwar möglichst die beste. Und weißt du, für wen sie gestohlen hat? Für ihre kranke Mutter. Es sind schon drei Monate her, und ich habe es schon fast vergessen. Es war eigentlich eine gute Tat. Sie hat es für ihre Mutter getan.

Ela schenkte mir zum Andenken einen kleinen silbernen Pantoffel als Anhänger.

Sonnabend, 31. Juli 1943
Wegen der Wanzen schlafe ich bereits den zweiten Tag auf dem Flur. Wir sind sieben Mädchen, die draußen schlafen – wir sind alle gebissen worden. Jetzt aber nicht mehr!
Ich weiß nicht, was die Deutschen vorhaben, sie haben die Sudetenkaserne und das Zeughaus räumen lassen. Die gesamte Sudetenkaserne musste innerhalb von 48 Stunden geräumt werden und das wurde sie auch. Ich habe die Leute beim Übersiedeln gesehen. So stelle ich mir einen Rückzug im Krieg vor. Und Papa gab mir Recht.
Ela und ich vertragen uns wieder. Papa hat mir einen schönen Rahmen für Muttis Foto besorgt. – Bin ich froh, dass wir die stinkenden blauen Kartoffeln nicht mehr haben! – Es ist schrecklich hier, wie in einem Irrenhaus. Eva schreit die ganze Zeit herum und wegen Rita weint dauernd jemand. Fast jeden Tag verdirbt mir jemand im Heim die Laune und am meisten die Betreuerinnen.
Jetzt wurde neben der Sudetenkaserne auch die Bodenbacher Kaserne und das Säuglingsheim geräumt. Jede Straße bekam einen Namen. Einige sind Gassen, andere Straßen.
Wir haben die Erlaubnis bekommen, im Garten zu schlafen, denn im Gang – da kann man überhaupt nicht schlafen! In einigen Zimmern wird bereits um 5 Uhr aufgestanden, dann wird es schrecklich laut im Gang. Ausspritzen hat überhaupt nichts genützt. Heute habe ich 6 Flöhe und 3 Wanzen erwischt. War dies nicht eine erfolgreiche Jagd? Nicht einmal ein Schießgewehr brauchte ich dazu und habe gleich ein Abendessen.
Eine Maus schlief in meinem Schuh. Walter, unser Hausältester, hat sie getötet. Jetzt ziehe ich los, um mit Ela und Jiřinka ein Zelt für die Nacht aufzubauen.

9. Juli 1943
Papa hat mir heute eine riesige Freude gemacht, er ließ für mich mein Wahrzeichen malen, den Leuchtturm. Leuchtturm – Freiheit – Hoffnung – Selbständigkeit.
– Sei bereit –

Anmerkung von Helga, 2013
In meiner Aufzählung vom 20. Juni 1943 fehlt die Jägerkaserne, es sind elf Kasernen. Eine der „arischen Straßen" war die Landstraße, die aus Prag über Leitmeritz nach Theresienstadt führte. Sie war von den Ghettoinsassen abgetrennt und durfte von uns nicht betreten werden. Die Geschäfte, von denen ich schreibe, waren keine richtigen Geschäfte. Man konnte nur einkaufen, wenn man einen Bezugsschein hatte, und so einen Schein erhielt man sehr selten, vielleicht einmal im halben Jahr. Als ich endlich einen Bezugsschein erhielt, wollte ich unbedingt Ketchup kaufen, ich habe mich sehr darauf gefreut. Aber als ich an der Reihe war, war fast nichts mehr da und alles, was ich kaufen konnte, war Paprikapulver. Ich war sehr enttäuscht.

Die Geschäfte waren, wie die Bank der Jüdischen Selbstverwaltung, die Ghetto-Kronen, das Kaffeehaus oder der Pavillon auf dem Hauptplatz, Teil des geplanten Betrugsmanövers der Deutschen, Kulissen des Potemkinschen Dorfes, Augenwischerei.

Nachttransport ins Ghetto Theresienstadt. Zeichnung von Bedrich Fritta
© Thomas Fritta-Haas / Jüdisches Museum Berlin

5
Theresienstadt, August – September 1943

Aufzeichnungen meines Vaters

Dienstag, 17. August 1943
„Zauberei". Helgas große Freude mit der Knabenhose.[1]

Freitag, 27. August 1943
Ankunft von 1 200 Kindern aus dem Osten. Um ½ 6 h gehe ich über die ausgefegte Q 3, Badhausgasse und sehe eine traurige Prozession Kinder, etwa 25–30 an der Zahl aus dem Brauhaus von der Entwesung[2] kommen. Unter Führung einiger Betreuerinnen marschieren sie langsamen Schrittes gegen die Bauschowitzer Straße / Südstraße.

Sonntag, 29. August 1943
Mädchenheim L 410. Ein leichter Fall von spinaler Kinderlähmung, 10 h vormittags Blutübertragung bei Helga in der Ambulanz als Prophylaxe. Helga: „Wenn ich jetzt einmal wütend bin, weiß ich, von wem ich es habe, da dein Blut jetzt in meinem Körper fließt."

Mittwoch, 1. September 1943
Leas Gewicht: 10,10 kg, endlich über 10kg. Zunahme seit dem Tiefstand.

---

1 Damals wollten viele Mädchen kurze Hosen wie die Jungs haben. Das war, wie Helga berichtet, geradezu eine Mode. Auch Lumberjacks standen hoch im Kurs. Manche Erwachsene machten den Kindern die Freude und schneiderten aus alter Kleidung das Erwünschte.
2 Gemeint ist die Desinfektionsanstalt.

Stand vom 1. September 1943
18 926 Männer
26 709 Frauen
Gesamt: 45 635
5 188 Kranke
6 Tote

Donnerstag, 2. September 1943
Mit Marta bei *Spiel im Schloss* von Franz Molnar in der Dresdner Kaserne am Dachboden. Es war eine gut gespielte Anekdote in drei Akten.

Freitag, 3. September 1943
Ing. Oskar Bauer: 4 h Nachmittag: „Ich fühle, es geht zu Ende. Man nennt es sonst Verhungern. Hier ist es schon alles wurscht. Wenn es nur rasch ginge. Es ist ein sicherer Auflösungsprozess, in dem ich stecke. Leben sie wohl, Kamerad Pollak!"

Sonntag, 5. September 1943
Ein dunkler Tag trotz Sonnenschein. Kasernierung von 5 000 Transportteilnehmern. 29 Personen aus dem Invalidenheim erhalten die Einberufung zum Transport. Einrückung 9 h in die Hamburger. Aus meinem Zimmer sind vier dabei. Nur Altenstein und ich bleiben zurück. Es ist ein schöner Tag, so dass im Freien gepackt werden kann. Auf den beiden Höfen sieht es aus wie auf einem orientalischen Bazar. Überall vollgeladene Tische. Ich arbeite fleißig in der Kanzlei.
Helga ist innerlich ganz aufgewühlt, weil sechs ihrer besten Freundinnen abgehen. Für jede hat sie ein kleines Abschiedsgeschenk. Abends will sich Helga nicht am Hofe des Heimes mit mir aufhalten, weil er sie zu sehr an die Kameradinnen erinnert, die hier Aufstellung genommen haben, etwa 70 an der Zahl. Der Abend ist furchtbar, da das Abschiednehmen, vielleicht auf Nimmerwiedersehen, sehr nahe geht.

Sonntag, 12. September 1943
Letzter Tag bis 9 h abends. Herrlicher Spätsommerabend, mildes, windstilles Wetter. Vollmond. Abendlicher Spaziergang entlang der Allee bei der Sudetenkaserne. Friedenssehnsucht. Freiheitssehnsucht.

Montag, 20. September 1943
Mit Helga bei der *Bettlerballade* in der Magdeburger. Eine Dichtung von François Villon. Helga war begeistert.

Dienstag, 21. September 1943
Karte von Mařenka erhalten, von Karl keine Spur.

Montag, 27. September 1943
Tagesbefehl Nr. 364 vom 24.9. Walter Deutsch, Do 129, Sohn Gustavs?[1]

Donnerstag, 30. September 1943
Im Tagesbefehl Nr. 365, 29.9.43 sprechen Leitung und Ältestenrat der jüdischen Gemeinschaft in Theresienstadt zum Neuen Jahr die besten Wünsche aus. Die Juden in Theresienstadt haben sich in der Erfüllung ihrer Pflichten bewährt. Sie haben Disziplin und Gemeinschaftsgefühl bewiesen. Der Ältestenrat dankt anlässlich des Jahreswechsels Allen für die von ihnen im vergangenen Jahr geleistete Arbeit und erwartet, dass auch künftig jeder sich seiner Verantwortung für die Gemeinschaft bewusst bleibt.

---

1 Im Tagesbefehl Nr. 364 ist die Rede von jüdischen Häftlingen, die aus dem Ghetto geflüchtet waren, unter anderem Walter Deutsch mit der Transportnummer Do 129. Otto Pollak befürchtet, dass es der Sohn seines Cousins Gustav Deutsch sein könnte, was auch so war.

Mein Tagebuch

Donnerstag, 5. August 1943
Gestern hatte Mařenka Geburtstag. Morgen hat Mimi Geburtstag. Ich schenke ihr einen Becher Schmalz und Krokant, Papa schenkt ihr ein Wappen von Theresienstadt. Zwei Nächte haben wir im Zelt geschlafen. Es war ganz nett. Doch mir sind dabei zwei Scheren verloren gegangen und eine Decke ist zerrissen. Es ist wie in einem Irrenhaus hier. Die eine weint, die andere lacht, die einen raufen sich, die anderen streiten miteinander. Und Tella sucht die ganze Zeit nach etwas, wofür sie uns bestrafen kann.

Heute Nacht kam das erste richtige Gewitter. Ich schlief mit Ela direkt unterm Fenster, die Köpfe zusammen und gemeinsam schauten wir zu, wie es blitzt. War das schön!

Wir haben jetzt eine Kommune. Das ist eine gute Sache, aber ich muss austreten. Hier in Theresienstadt ist so etwas unmöglich. Die Mädchen können nicht wirtschaften. Mit Jiřinka habe ich es versucht, aber es hat nicht geklappt, sie ist starrköpfig. Es macht mich traurig, wie sie sich im Vergleich zu früher ihrer Mutter gegenüber benimmt. Ihre Mutter ist inzwischen wieder gesund. Jiřinka kommt zu ihr, fragt, ob sie etwas gekocht hat, wenn nicht, läuft die liebe Jiřinka zornig wieder weg. Hat ihre Mutti etwas gekocht, isst sie es auf und geht schnell wieder weg Richtung Schule[1], läuft hin und her und beobachtet die Jungs.

Zdenka ist ein armes Mädchen. Sie hat mir anvertraut, dass sie in Theresienstadt vor Hunger schon in Ohnmacht gefallen ist. Sie liebt ihre Mutti, jede freie Minute verbringt sie bei ihr. Sie kam am selben Tag wie ich hierher und vom ersten Tag an fand sie mich sympathisch und ich sie auch. Ihre Mutti hat ihr gesagt, dass ich ein nettes Mädchen sei, still, aber auch fröhlich, dann wieder ernst. Ich will mich mit ihr anfreunden.

---

1 Die ehemalige Schule, das Gebäude L 417, war damals das Jungenheim.

Dienstag, 10. August 1943
Ein „Grünes Monster" ist bei uns aufgetaucht. Immer wieder finden wir irgendwo ein Schreiben von ihm. Einen Brief habe ich. Auch ein „Rotes Monster" ist bei uns aufgetaucht. Doch dieses wurde gefasst. Es waren Handa und Eva Stern. Wir haben Eva Stern erwischt, als sie einen Brief an einen Morgenmantel heftete. Doch es kam noch dicker. Eine „Blaue Pfote" stellte sich vor! Danach kamen wir schon problemlos dahinter, dass die gleichen Mädchen auch das „Rote Monster" waren. Ich verdächtigte auch Tella, Handa und Jiřinka. – Am Donnerstag wird vergast[1]. Vermutlich werde ich nicht mehr im Garten arbeiten, ich werde mich abmelden.

Mittwoch, 11. August 1943
Jetzt nehme ich Abschied von dir – bis Samstag! Ab heute Nachmittag darf hier niemand mehr rein. Ich muss dir aber noch etwas sagen. Gestern hat mich Rita sehr verletzt. Sie sagte mir, dass ich egoistisch sei. Es kam so: Rita sah, dass ich eine Schere habe und wollte, dass ich sie ihr borge. Ich sagte: „Ich leihe meine Schere nicht aus und, wie du siehst, ich schneide mir gerade die Nägel. Eine Schere ist mir hier schon verloren gegangen, deshalb leihe ich sie nicht aus." Ich werde mit ihr nur das Notwendigste sprechen. Sie hat mich sehr enttäuscht.
Adieu, mein treuer Freund und auf Wiedersehen am Samstag. Nicht wahr, wir sind Geschwister? Für dich bin ich offen. Ab heute heißt du „Mein kleiner Bruder Spinne".

Sonnabend, 14. August 1943
Liebes Brüderchen Spinne!
Ich bin schon wieder zuhause. Die Zeit, in der Gas gesprayt wurde, verlief sehr schnell. Stell dir vor, Spinnchen, ich habe mich mit Rita wieder versöhnt und ich habe ihr verziehen. Ich bin sehr müde, du wirst mir doch verzeihen, dass ich aufhöre zu schreiben, ja? Ich habe auch nichts mehr zu berichten.
Dein Schwesterchen Marienkäferchen Nina

---

1 Siehe Fußnote 116

Jetzt werde ich dir erzählen, wie ich auf den Gedanken kam mit dem Brief und auf den Namen. Schon lange wollte ich mein Tagebuch schreiben wie einen Brief an jemanden in der Ferne, doch ich wusste nicht, an wen. Ich wollte mir einen Namen ausdenken, doch mir fiel keiner ein. Ich wollte dir etwas über das Gehirn erzählen, und wie ich das Gehirn zeichnete, fiel mir auf, dass es wie eine Spinne aussieht – da hatte ich den Namen. Ich möchte, dass derjenige, dem ich den Brief schreibe, wie ein Bruder für mich ist – Bruder Spinne. Und jetzt musste ich auch mir einen Namen geben. Das hübsche rote Käferchen mit fünf schwarzen Punkten heißt Marienkäfer und hinzu kommt mein Lieblingsname Nina – Marienkäferchen Nina. Ab heute schreibe ich, bis auf Ausnahmen, nur noch Briefe. Bruder Spinne ist also mein Tagebuch, nur mit einem Namen versehen – so wie Frau Sander manchmal zu meinem Papa „mein goldiger Vagabund" sagt.

Sonntag, 15. August 1943
Liebes Brüderchen Spinne!
Heute will ich dir schreiben, wie ich mir das Gehirn vorstelle. Ich weiß, so sieht es nicht aus, es ist meine Phantasie. Das Gehirn: Das sind lauter kleine Schränke und in der Mitte ist eine Zentrale, aus der in alle Schränkchen Bahnen führen, und die gibt es auch am ganzen Körper. Das sind die Nerven. Zum Beispiel: Der Mensch hört etwas über seine Vergangenheit. Das Ohr hört es, und schon geht es über das Rohr, d.h. über die Bahn weiter bis in die Zentrale. Dort wird alles, was der Mensch empfindet, hört usw., analysiert und weitergeleitet in die zuständige Kammer, wo sofort ein Licht aufleuchtet und Wichtiges aufgezeichnet wird. Wenn es etwas ist, das zur Vergangenheit gehört, kommt es sofort in die dafür vorgesehene Kammer. Das Licht leuchtet auf und die ganze Vergangenheit beginnt sich zu projizieren.
Gute Nacht, Brüderchen und auf Wiedersehen morgen!
Dein Marienkäferchen

To Mrs. Frieda Pollak
Little Scottland – Park Road
Haslemere Surrey

Lieber Bruder Spinne! Ich möchte so gern meiner Mutti über all das schreiben, was hier in Theresienstadt passiert. Aber was habe ich davon, dass ich jetzt Muttis Adresse habe, wenn ich ihr nicht schreiben kann? Doch der Krieg ist bald vorbei und dann werde ich ihr alles erzählen. Ich freue mich so sehr darauf – die Mutti wiedersehen, die Freiheit haben, Freiheit! Studieren können! Ich freue mich jetzt schon darauf.
Heute konnte ich wieder einmal richtig ausschlafen. Wir proben das Stück *Germona* für Ritas Geburtstag. Ich ließ ein Bild für sie malen (eine Vase mit Rosen). Gemalt hat es, Brüderchen – Ingenieur Bauer! Er ist ein armer Mensch, so gebildet, und wartet bewusst auf den rasch nahenden Tod. Er hat offene Tuberkulose.
Seit drei Tagen ist Papa nicht mehr so nervös, er schmust mehr mit mir. Er hat jetzt große Sorgen, wir haben kein Geld mehr und so werden wir nicht genug Brot haben. Mit Gruß und Kuss, Deine Nina

Donnerstag, 19. August 1943
Liebes Spinnchen!
Heute werden wir Ritas Geburtstag feiern. Gerade haben wir alles vorbereitet. Wir haben einen Vorhang gemacht, wir werden *Germona* spielen. Sie kennt es noch nicht.
½ 11 Uhr in der Nacht. Ich musste aufhören zu schreiben, weil die Feier begann. Es war schön. Rita bekam viele Geschenke. Ich schenkte ihr ein Paar neue Seidenstrümpfe und ein kleines gemaltes Rosenbild. Die Fresserei war super für meinen Magen (ein belegtes Brötchen mit Pastete, garniert mit Petersilie und Möhre, eins mit Quark, garniert mit Gurke und Käse, Kartoffelsalat, Auflauf und Schokocreme und Getränk aus Brausepulver).
Ich fange jetzt an, fleißig Englisch zu lernen, damit ich gleich, wenn der Krieg vorbei ist, mich mit meiner Mutti auf Englisch unterhalten kann. Ich lerne privat mit Rita aus dem Buch *English for Everyday Life*.

Sonnabend, 21. August 1943
Lieber Bruder Spinne!
Wie konnte ich mich in Jiřinka so täuschen. Seit gestern Abend sind wir die besten Freundinnen – Zdenka, Jiřinka und ich. Ich weiß, dass ich jetzt in vieler Hinsicht schlechter bin. Ich bin meistens unausstehlich. Am Anfang haben mich die Betreuerinnen oft als Beispiel angeführt, jetzt tauge ich nur noch als Vorbild für Bissigkeit. Aber ich werde mich bessern! Ich muss. Zdenka hat mir von sich aus ein Weißbrot geschenkt, sie ist das personifizierte Gute.

Donnerstag, 26. August 1943
Lieber Bruder Spinne!
Es ist jetzt schrecklich hier. Es herrscht eine große Spannung unter den großen und vernünftigen Kindern. Es werden Transporte vorbereitet in ein neues Ghetto – ins Unbekannte. Der erste Transport besteht aus Häftlingen[1]. Sechzig Personen wurden aus dem AK-Transport ausgesucht (darunter auch der Schwager von Eva Landa mit Frau, die ein Kind erwartet) und weitere 60 aus dem AK-Transport, die sich nicht registriert haben. Die Tante steht auf der Liste, Joška auch. Pavla muss wahrscheinlich auch mit, ihr Vater war drei Monate im Ghetto-Gefängnis.
Und noch etwas. 1 500 Kinder kommen heute in der Nacht an, polnische Kinder. Wir basteln Spielzeug und kleine Sackerl für sie. Einen Monat werden sie in Quarantäne sein, damit sie keine Krankheiten einschleppen. Ich habe Durchfall (infektiös). Von 27 sind 16 krank und weitere 3 haben auch Durchfall.

Freitag, 27. August 1943
Die Kinder kamen nachts um 3 Uhr. Es sind polnische Juden. Sie sollen in keiner guten Verfassung sein. Sie sind verlaust, deshalb mussten sie gleich in der Nacht zur Entwesung. Sie haben nur das, was sie am Körper tragen. Es wird Geschirr für sie gesammelt.

---

1   Vom Ghetto-Gericht verurteilte jüdische Ghettoinsassen

Donnerstag, 3. September 1943
Ich vergieße Tränen wegen einem Blödsinn. Wir machen Tests, damit wir wissen (eigentlich die Lehrer), welche Kenntnisse wir haben, wonach sie uns in die einzelnen Gruppen einteilen sollen – Tertia, 2. Klasse Realschule.
Ich muss auch gestehen, dass Ela mir immer lieber wird, mehr als vorher. Wir wollen Freundschaftsringe tauschen.
Ich dachte mir, dass ich alle Tests vermasselt habe. In Geographie und Geschichte gehöre ich unbedingt in die Gruppe der Tertia, sagte Frau Professor Brumlik. Sie sagte mir auch, dass ich mit Verstand denke und nicht darauflosplappere wie manch andere.

Freitag, 4. September 1943
Morgen treten sie zum Transport an. Von uns ist bislang nur Zdenka dabei. Die Einberufung wird nämlich in mehreren Schüben ausgetragen. Zdenka hält sich tapfer.
Es ist hier ein schrecklicher Rummel. Lilkas Eltern und ihre Schwester fahren mit, deshalb hat Lilka sich freiwillig gemeldet. Es fahren 5000 Menschen, lauter Juden aus dem Protektorat, Häftlinge und diejenigen, die bereits entlassen wurden, auch Juden ohne Verwandte. Frau Stein fährt und ihr Mann, Onkel Max und Tante Paula. Jeder tritt in dem Haus an, wo er wohnt, und erst dann geht man zur Sammelstelle, wo man mit der Familie zusammentrifft. Es gibt viele Sammelstellen. Die von Zdenka ist in der Hamburger Kaserne beim ersten Tor, wo sie mit 500 Leuten in Quarantäne bleiben muss.

Sonntag, 5. September 1943
Das war heute ein Tag! Doch es ist schon alles vorbei. Sie sind schon alle in der Schleuse.[1] Von uns fahren Pavla, Helena, Zdenka, Olile und Popinka. Popinka und Helena sind Reserve und es kann sein, dass sie noch rauskommen. Jeder von uns hat Zdenka etwas gegeben, die Arme. Ich gab ihr

---

1 Schleuse, gemeint ist hier der Kontrollpunkt, der hinein ins Ghetto und heraus aus dem Ghetto führte. Es gab verschiedene Kontrollpunkte. Die Hauptschleuse war damals die Hamburger Kaserne, denn davor waren die Gleise und von dort fuhren die Züge nach Auschwitz.

Charlotta Burešová, Transport

ein halbes Brot, eine Konserve mit Pastete, Lindenblütentee und Zucker. Ihr Vater kam, um ihr beim Packen zu helfen und Zdenka gab ihm Brot, Zucker und eine Tomate. Er wollte nichts davon nehmen, doch wir Mädchen haben darauf bestanden und versprochen, dass wir Zdenka noch etwas anderes bringen würden. Und nun kam es. Er weinte und dankte den Kindern und den Betreuerinnen für die Fürsorge, die sie Zdenka haben zukommen lassen. Bis auf einige wenige weinten wir alle vor Rührung, auch Rutka und Lissau und Jiřinka, die ich noch nie weinen sah. Vom Onkel[1] bekam Zdenkas Vater einen ganzen Laib Brot, denn weder der Vater noch die Mutter und ihr Bruder hatten auch nur ein Stückchen. Wir haben sie so ausgestattet, dass sie in kürzester Zeit aus dem Nichts einen kleinen Koffer und eine Brottasche voller Essen hatten.
Heute hat sich Helena ausgezeichnet. Olile hat nur zwei Baumwollhem-

---

1 Gemeint ist Karel Pollak, der Vater von Handa Pollak, den die Mädchen von Zimmer 28 „Onkel" nannten.

den und Helena hat so viele Kleider und Kramuri[1]. Helena ist furchtbar egoistisch und ihre Eltern auch. Ihre Mutter ist aber doch ein bisschen vernünftiger (wenigstens ein bisschen) und hat eingesehen, dass sie so viel gar nicht mitnehmen können. Und deshalb hat sie Helena, für die Tella packte, gesagt, sie solle Zdenka und Olile die Kleider geben, die ihr zu klein sind.

Helena nahm nur schwer Abschied von ihren Sachen. Sie wollte 20 Hefte (leere) mitnehmen. Tella gab acht in den Koffer und weitere wollte sie nicht einpacken, doch Liebling Helena wollte niemandem ein Heft schenken. Da packte Tella die Wut, sie packte fünf Hefte, tat, als würde sie diese in den Koffer tun, warf sie aber hinter den Schrank und gab sie dann Erika. Tella sagte: „All die Hefte, die im Koffer sind, kann sie nicht einmal in einem Jahr verbrauchen und doch will sie weitere mitnehmen, während andere nicht einmal ein Stück Papier haben." Solche Szenen, klitzekleine und unwichtige auf der einen Seite, aber doch bedeutsame auf der anderen Seite, erlauben uns, den Charakter eines Menschen zu erkennen.

Um 6 Uhr abends sind sie angetreten. Jede in einer anderen Sammelstelle. Der Abschied war schwer. Doch wir waren alle sehr tapfer, bis auf Helena, die ich heute zum ersten Mal richtig weinen sah. Um acht Uhr abends ging ich auf die Suche nach Zdenka. Sie saß mit der ganzen Familie auf dem Gepäck und aus Freude, noch jemanden vor der Abfahrt zu sehen, weinte und lachte sie zugleich.

Obwohl ich die ganze Nacht geschlafen habe, hatte ich schreckliche Träume und in der Früh hatte ich Ringe unter den Augen, so erschöpft war ich.

Montag, 6. September 1943

Um 6 Uhr bin ich aufgestanden, um noch einmal Zdenka zu sehen. Als ich zur Hamburger Kaserne kam, kamen gerade beim rückwärtigen Tor die letzten Menschen heraus, um in die Züge einzusteigen. Alles war mit Holz versperrt, damit man nicht zu ihnen konnte und sie nicht flüchten konnten. Ich kletterte über die Sperre und lief den letzten Menschen nach,

---

1 Österreichisch für Krimskram

die gerade das Tor passierten. Als ich aus dem Tor heraustrat, sah ich einen Güterzug, der sich gerade in Bewegung setzte, und in einem der Waggons war Zdenka, die wegfuhr. Ich schickte Küsse nach.

Mittags las uns Lenka einen Brief von Zdenka vor, in dem sie schreibt, sie habe Durchfall und sie werde vermutlich im Waggon alleine sein, weil sie eine niedrigere Nummer (1222) hat als ihre Eltern.

Eine Szene mit Helena. Helena wurde herausreklamiert. Sie kam heute Morgen mit ihren Eltern zurück von der Schleuse, mit fröhlicher Miene. Herr Popper bat sie, im Heim auszurichten, ob man Popinka nicht ein Stück Brot bringen könne. Helena hat alles wortwörtlich ausgerichtet. Tella und wir fragten, warum sie Popinka nicht ihr Brot gegeben habe, denn sie hatte doch einen ganzen Laib dabei. Helena machte Ausflüchte: „Ich weiß nicht, wo ich es habe." – „Aber du hast es doch im Koffer." Helena sprang vom Stockbett herunter, wühlte so lange im Koffer, bis sie das Brot unauffällig in die Wäsche gewickelt und auf dem Gestell versteckt hat. Für uns war das alles aber allzu auffällig. – „Na, wahrscheinlich habe ich es bei der Mutti." – „Aber ich habe es doch im Koffer gesehen."

Wir gaben Popinka fast unser ganzes Brot, das wir hatten (einige hatten keins mehr und die anderen nur eine kleine Brotkante). Den anderen Mädchen, die wir kennen und die im Transport sind, haben wir zum Frühstück Marmeladebrote in die Schleuse gebracht. Unsere Mädchen hatten nichts zum Frühstück, nur noch ein paar Brotkanten. Und Helena hatte so viel Brot und es ist ihr nicht eingefallen, Popinka ein Stückchen davon abzugeben. Hauptsache Helena, das egoistische Biest, hat genug. Von unseren Mädchen, die im Transport sind, habe ich keines mehr gesehen. Erst am Nachmittag sah ich Popinka, wie sie an unserem Haus vorbei zum Zug ging. Wir gingen noch einmal uns von ihr verabschieden und brachten ihr vier Buchteln von unserem Abendbrot mit. Frau Popper war so gerührt, dass sie weinte. Eva Weiss brachte ihr ein paar Äpfel und Frau Mühlstein zwei Tüten mit Lebkuchen und Keksen, eine für ihren 7-jährigen Bruder und die andere für sie. Popinka weinte, ihr Mut war zu Ende. Zajíček an der einen Seite, Flaška an der anderen haben sie geführt, denn sie konnte durch die Tränen nichts mehr sehen. Jetzt liege ich im Bett und vielleicht sind alle schon irgendwo angekommen.

Helena musste ihr Mittagessen selbst abholen, damit sie ja nicht einen Teelöffel weniger erhält als wir. Dass sie nicht in die Erde versinkt vor Scham. Sie ist immer die erste, wenn es um Nachschub geht. Und guckt mit ihren gierigen Augen zu, wer was isst. Sie spart an sich selber. Die Margarine schmiert sie ganz dünn und, damit wir sie nicht auslachen, sagte sie uns heute, sie spare Zucker und Margarine für den Geburtstag ihrer Mutti. Wenn jemand über sie lacht, sagt sie immer: „Ich bin schon seit 22 Monaten hier und habe nichts, was ich Mutti (Papa, Oma, Uroma usw.) schenken könnte." Doch an Blicken spart sie nicht, jeden durchbohrt sie mit ihren Augen. Wenn jemand sie ärgert, heult sie wie eine Hyäne und sagt: „Wie würdest du dich an meiner Stelle fühlen?"

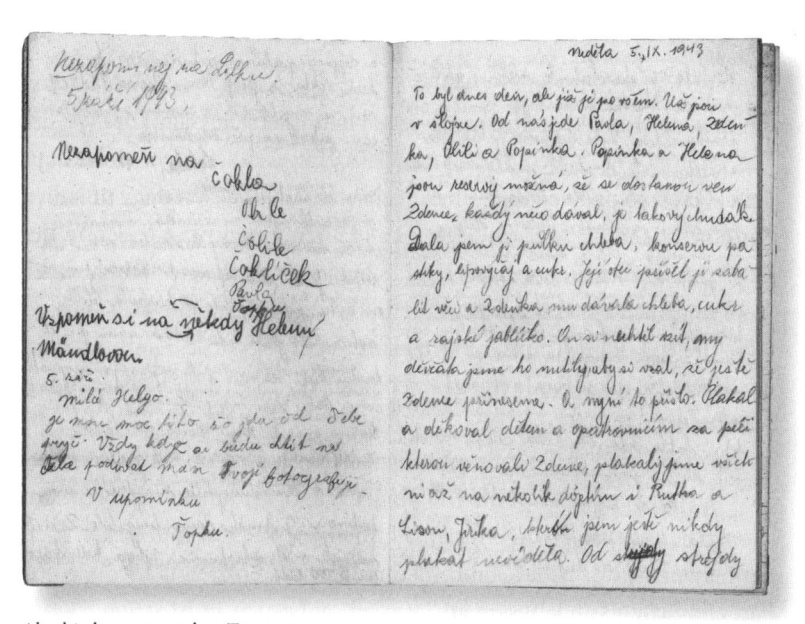

Abschiedsworte vor dem Transport

Vergiss Lilka nicht
5. September 1943
Vergiss Čokl, Olile, Čolile, Čoklíček, Pavla, Poppi nicht.
Erinnere Dich manchmal an Helena Mendl
5. September

Liebe Helga,
es tut mir sehr leid, dass ich Dich verlassen muss. Immer wenn ich will kann ich dein Foto anschauen.
In Erinnerung Topka

Dienstag, 7. September 1943
Milka ist bei uns eingezogen. Sie liegt auf Elas Platz, Jiřinka auf meinem, ich bin auf Zdenkas Platz gezogen und Ela liegt nun neben mir an der Wand, wo vorher Jiřinka geschlafen hat. Wir haben es uns wirklich hübsch gemacht. Hinten haben wir eine Stellage für Kleider und Wäsche, davor einen Vorhang, darüber ein dekoriertes Brett. An der Wand hängen meine zwei Bilder. Wir müssen alle Sachen in Ordnung bringen, denn es könnte ja wieder irgendwohin ein Transport gehen. Es kann sein, dass eine von uns gehen muss oder alle oder niemand, man weiß nie, was die Mokins[1] im Schilde führen. Ich habe bereits meine sämtlichen Sachen durchgesehen, alle sind in Ordnung.

Donnerstag, 9. September 1943
Ich möchte einmal beschreiben, wie es bei uns jetzt aussieht und wie der Tag verläuft. Wir haben drei Blöcke 3-stöckiger Holzbetten, einen doppelten, einen einzelnen und einen Sechserblock. Vis-à-vis der Tür haben wir einen Schrank für Mäntel, neben der Tür einen für Kleider, in der Ecke sind Haken für unsere Handtücher und für unsere Waschbeutel. Dort sind auch ein Geschirrschrank und zwei Stellagen für unser großes Geschirr, mit dem wir unser Essen holen. In der Mitte des Zimmers steht ein Tisch mit zwei Bänken und zwei Stühlen. Unter dem Fenster ist ein Schuhregal.
Kaum stehen wir auf, geht es mit dem Bettenlüften los. „Aufstehen!" – „Ich bin am Fenster", ruft die eine und: "Wieso, ihr lüftet doch heute am Tisch" die andere. „Dann bin ich halt im zweiten Schub am Fenster, nach der Lissau." – „Das habe ich mir schon reserviert"[2].
Fast alle ziehen sich langsam an. „Zajíček, aufstehen, es ist schon 7 Uhr." – „Fiška, zieh dich doch an, die anderen sind schon gewaschen." – Einige kommen aus dem Waschraum zurück und machen ihre Betten. „Erster Schub, alles hereinbringen." – „Wer macht heute Toranut? Didi, du warst lange nicht mehr dran." – „Ich darf nichts tragen."

---

1 Mokin war Helgas Tarnname für die Deutschen. Wie sie auf diesen Namen kam, weiß sie heute nicht mehr.
2 Das morgendliche Bettenlüften ging nach einer strengen Ordnung.

Es dauert ziemlich lange, bis jemand bestimmt ist, das Essen für alle zu holen. Die Putzkolonne räumt das Zimmer auf, während der Rest auf den Betten sitzt, sich unterhält oder Ordnung in seinen Sachen macht. Manche stecken sich, auf den Stockbetten sitzend, schnell etwas Essbares in den Mund, obwohl dies nicht erlaubt ist. Wenn uns eine Betreuerin sehen würde, bekämen wir Hausarrest.

Um 9 Uhr sitzen wir am Tisch und frühstücken. Diese Woche gibt es keinen Unterricht, wir dürfen eine halbe Stunde frühstücken. Tella: „Den Tisch abräumen! Geht für eine Weile nach draußen, solange hier gekehrt wird. Ich sage euch später, was wir tun werden." Es dauert eine ganze Weile, bis wenigstens einige sich bequemen hinauszugehen, die meisten jedoch bleiben im Zimmer.

Wir sollen uns eine Arbeit mitnehmen in den Garten. Die Mädchen: „Ich gehe nirgendwohin, mir ist kalt." – „Ich werde nicht das ganze Zeug hinunterschleppen." – „Ich habe nichts zum Anziehen." Eine nach der anderen findet einen Grund, um nicht in den Garten gehen zu müssen. Aber der Hauptgrund, den niemand ausspricht, ist der, dass wir alle stinkfaul sind und nur auf den Betten herumhängen wollen. Wenn es aber um Burschen ginge, dann würden sie alle wie aufgescheuchte Hühner lospurten, bis auf ein paar Ausnahmen, zu denen auch ich gehöre.

Von den 22 Mädchen gehen ungefähr zehn hinunter in den Garten. Wir sitzen auf Schulbänken, die keine Pulte mehr haben. In jeder Ecke des Gartens stehen Bänke, wir stellen sie zu einem kleinen Viereck zusammen, sitzen eng aneinander, damit uns nicht kalt ist, plaudern, flicken unsere Strümpfe und Wäsche, stricken, spielen Karten oder tun sonst etwas.

Es vergehen zwei Stunden, uns erscheint es wie eine halbe Stunde. Da sehen wir eine der Betreuerinnen am Fenster: „Mittagessen fassen gehen! Wer hat heute Toranut?" – „Wo ist Eva Stern nun schon wieder? Jemand muss sofort das Essen holen gehen, sonst habt ihr kein Mittagessen! Komm, Eva Winkler!" – „Ich darf nichts tragen." Und Rutka: „Aber einen Handstand kannst du machen auf der Bastei." Erneut ertönt die Stimme der Betreuerin. Sie ruft nun jeden einzeln auf, doch alle drücken sich. Dann kommt Helena an die Reihe. Sie tut, als würde sie nichts hören. Die Mädchen rufen zuckersüß: „Lasst Helena in Ruhe, sie macht gerade ihre Hausaufgaben in Geschichte. Es würde ihr das Herz brechen, wenn sie sich losreißen müsste." (Bei uns herrscht nämlich zwischen den Mädchen und Helena ein angespanntes Verhältnis.) Die Stimmung ist gereizt. Ich muss mich beherrschen. Es gefällt mir, wenn Helena wütend wird und sie anfängt zu heulen und es schließlich so klingt, als ob ein ganzes Rudel von Hyänen heulen würde. Es folgen noch ein paar bissige Bemerkungen und schon ertönt die angenehme Stimme der schönen Helena: „Wie würdet ihr euch an meiner Stelle fühlen?" Heulend und mit finsterer Miene geht Helena aber doch mit, um das Mittagessen zu holen.

Eine Viertelstunde später kommen sie mit dem Mittagessen zurück und rufen uns nach oben. Nach dem Mittagessen räumt der Toranut auf, während die anderen ihre Eltern besuchen gehen. Um $^1/_2$ 3 Uhr müssen wir zuhause sein. Wenn das Wetter schön ist, gehen wir auf die Bastei, natürlich wieder widerwillig, anders geht es gar nicht. „Ich darf nicht laufen." – „Mir macht es keinen Spaß." - „Mich drücken die Schuhe" - Ausreden wie sie den ganzen Tag zu hören sind. Doch wenn wir erst auf der Bastei sind, will niemand nach Hause gehen. Abends gehen wir wieder zu den Eltern, um $^1/_4$ vor 9 Uhr müssen wir gewaschen im Zimmer sein, ungewaschen $^1/_4$ nach 8 Uhr.

Wenn abends ein Programm ist, dann müssen wir um 8 Uhr im Heim sein. Wir gehen dann sofort ins Bett, was sonst nicht passiert.

Es passiert oft, dass jemand Helena auf die Palme bringen will, dann verschwindet ihre „kleine Schwalbe", ihr a-tem-be-rau-ben-des Kissen, und sobald Helena es bemerkt, fängt das Theater an: „Du hast es mir weggenommen! Gib es her! Sie soll es mir zurückgeben! Huuuh, huuuh." Und die Tochter von Herrn Mendl vergießt Krokodilstränen. „Was ist geschehen, oh Schreck! Ein Kissen ist auf einmal weg. Ja, ja, so ist das bei uns. Da geht es immer rund." [1]

Gibt es kein Programm, beeilen wir uns nicht, wir trödeln herum und unterhalten uns und niemandem fällt es ein sich auszuziehen. Um das müssen sich schon die Betreuerinnen kümmern: „Ins Bett, in 5 Minuten wird das Licht ausgemacht, ohne Rücksicht auf diejenigen, die noch nicht ausgezogen sind." Und jetzt beginnt die Hektik und nach einer Viertel-

---

[1] Einer der Verse, wie sie die Betreuerinnen zum Spaß auf die Mädchen machten

stunde ist es schon dunkel. Nur da und dort ist ein unterdrücktes Lachen oder ein geflüstertes Wort zu vernehmen. Ein paar Minuten später hört man kein Wörtchen mehr, nur das regelmäßige Atmen der Schlafenden. Italien hat kapituliert und Hitler verlassen, tralalala. Im heißen Brei ist er jetzt allein. Mussolini hat sich mit dem König gestritten und die Regierung einem anderen überlassen.

Dienstag, 13. September 1943
Mussolini ist eingesperrt.
Der Unterricht ist herrlich, ich bin in der Gruppe A. Es ist die beste Gruppe (Tertia). Vermutlich werden wir auch Latein lernen. Von den 57 Kindern hatte ich den drittbesten Test im Rechnen, 70 %.

Montag, 20. September 1943
Das war heute wunderbar! Ich kann gar nicht daraus erwachen. Ich war mit Papa in einer Vorstellung über François Villon – ein französischer Dichter des 15. Jahrhunderts, ein Bettler. Man hielt ihn für einen schlechten Menschen. Er hasste die Reichen, weil sie wie Götter angesehen wurden. Die Handlung wurde aus seinen Balladen zusammengestellt. Am besten an dem Schauspiel hat mir der Tod gefallen. Die Kulissen waren großartig gemalt. Das alles spielte sich im Kerker ab. Villon wurde pantomimisch dargestellt. Ich kann es aber nicht beschreiben. Ich weiß, dass ich das Stück überhaupt nicht verstehe. Es ist ein lyrisch-episches Stück, auch ein politisches. Es heißt *Die Bettlerballade*.

Mittwoch, 22. September 1943
Ela und ich sind jetzt wie zwei Schwestern. Wir teilen uns alles, nur unser Essen nicht. Aber Quark, Milch und Gewürze teilen wir auch.
Es kränkt mich sehr, dass Mařenka in Kyjov meinem Papa sagte, dass ich nur dann zu ihr käme, wenn ich etwas bräuchte. Vielleicht stimmt es, das gebe ich zu, trotzdem – seitdem ich sie kenne, war sie mir die Liebste von allen, mit Ausnahme meiner Eltern. Und das, was Mařenka für uns seit der Zeit der Mokins getan hat, können wir ihr nie zurückzahlen.
Von Mařenka habe ich gestern eine Korrespondenzkarte bekommen, in

der sie schreibt, dass sie von Onkel Karl keine Nachricht habe, sie habe jedoch von Peggy[1] (aus Birkenau, aber ich weiß es nicht ganz sicher) einen Brief bekommen, in dem er schreibt, dass sie ihm Briefe schreiben und auch Päckchen schicken könne. Auf der Karte, die der Onkel von Mařenka bekommen hat, stand, dass sie 14 Tage krank war. Sie hatte eine Brustfellentzündung.
Papa hatte die Möglichkeit nach Kyjov zu schreiben und hat es auch gemacht.[2] Er hat geschrieben, Mařenka möge mir Wasserfarben, einen Pinsel, Hefte, Lehrbücher für die Tertia und das Buch *Apis und Este* schicken. Mein Gott, wenn sie mir nur eine Sache davon schicken würde, wäre ich glücklich. Am liebsten möchte ich *Apis und Este*. Ich will Russisch lernen, aber allein. Ich habe mir das komplette Azbuka[3] aufgeschrieben, doch gelernt habe ich es noch nicht, ich habe keine Zeit. Es ist auch ziemlich schwierig, aber etwas kann ich schon schreiben. Die Sprache selbst ist dem Tschechischen unwahrscheinlich ähnlich. Na stole sidel kot / auf dem Tisch saß ein Kater.

Bonkes = die neuesten Tagesnachrichten: Der Mokin ist schwer krank. Hat seinen Gemischtwarenladen abgegeben. Und jeden Tag wird Ähnliches erzählt. Ein Idiot glaubt es, ich aber nicht.[4]

Ich wünschte mir, dass mir jemand, ein Gelehrter, die Frage beantwortet: Was ist Nichts? Aber Nichts existiert doch gar nicht! Und eine totale Leere gibt es ja auch nicht, alles enthält etwas. Rita hat mir darauf eine ganz dämliche Antwort gegeben. Angeblich sei es ein Atom. Doch das Atom enthält doch auch noch etwas! Und dann möchte ich wissen: Wie kann sich ein Mensch die Unendlichkeit vorstellen – zum Beispiel eine unendliche Linie oder das unendliche Universum?

Warum gibt es gerade auf der Erde Lebewesen? Hat das die Natur gemacht oder gibt es doch etwas Höheres? Wer beantwortet mir dies und

---

1 Rufname von Karl Adler aus Kyjov
2 Dieser Satz ist aus Angst, das Tagebuch könnte in falsche Hände geraten, in Spiegelschrift geschrieben. Der Briefverkehr war streng geregelt und zensiert und erfolgte über die sogenannten Korrespondenzkarten. Etwas aus dem Ghetto zu schmuggeln war höchst gefährlich.
3 Russisches Alphabet
4 Bonke, Bonkes, jiddisch für Gerüchte, Unfug. So wurden in Theresienstadt unbestätigte Nachrichten genannt, die im Ghetto die Runde machten.

wem kann ich glauben? Keiner weiß es wirklich sicher. Ich glaube nicht, dass unsere Erde der einzige Planet ist, auf dem es Lebewesen gibt. In diesem unendlichen Raum sind wir nur eine winzige Insel. Und sie soll die einzige sein, auf der es Leben gibt??? In 5 Minuten wird das Licht ausgemacht, ich muss Schluss machen. Morgen mehr davon. – Das Licht wird doch noch nicht ausgemacht. Eva hat uns versprochen, dass, wenn es ruhig zugeht, sie das Licht noch eine Weile anlässt. Das ist nett, da kann ich wenigstens noch etwas schreiben und muss morgen nicht noch einmal damit anfangen.

Ich wünsche mir, dass ein Traum der Menschheit in Erfüllung geht – in Frieden zu leben. Wenn auf einer kleinen Insel nur zwei Menschen leben, kommen sie sich näher und mögen sich. Wir sind doch auch nur eine kleine Insel in diesem unendlichen Raum. Und wir führen dauernd Krieg um mehr Lebensraum und wenn wir könnten, auch gegen andere Planeten. Vielleicht werden wir einmal weiser sein. Vielleicht werden wir einmal erkennen, dass wir unnütz Blut vergießen, wenn wir dauernd Kriege gegeneinander führen.

Heute hat mir Eva gesagt, dass aus mir eine Forscherin werden würde. Ich glaube das nicht. Nach dem Krieg werden wir bestimmt nicht genug Geld haben. Doch wann immer ich die Gelegenheit habe, werde ich diese Dinge studieren.

Dienstag, 28. September 1943
Lissau kommt mir immer näher. Sie ist nicht mehr so ekelhaft zu mir – auch ich schon lange nicht mehr zu ihr. Ich kenne sie jetzt besser, ich habe mich geirrt. Sie ist ein richtig selbstbewusstes Mädchen. Dem Alter nach ist sie wie ich, ein Mädchen, aber dem Benehmen nach ist sie wie eine erwachsene Dame.

Ela geht mit Gelbec (ein ehemaliger Freund von Lenka aus der 9)[1]. Jeden Abend erzählt sie mir von ihrem Treffen. Das letzte, woran ich hier in Theresienstadt denken würde, sind Jungs. Zuhause war das umgekehrt, und zwar aus folgendem Grund: Zuhause hatte ich außer Eva Spitz keine

---

1 Zimmer 9 im Jungenheim L 417

einzige Freundin (seit 1941), deshalb habe ich mich auch mit Buben angefreundet. Ich hatte viel Freizeit und langweilte mich. Hier ist es aber anders. Mittags und abends gehe ich für eine Weile zum Papa und die restliche Zeit müssen wir im Zimmer sein, auch wenn kein Unterricht ist; und wenn welcher ist, sowieso. An freien Nachmittagen widme ich mich dem Zeichnen usw. Wann sollte ich da mit Jungs ausgehen? Den Mittag und den Abend nehme ich dem Papa nicht weg, den Samstag und den Sonntagnachmittag der Wissenschaft nicht, die mir lieber ist, als die gesamte Theresienstädter Männergesellschaft.

Bald kommen die Feiertage, Rosch ha-Schana[1]. Wir werden vielleicht eine Feier vorbereiten. Helena ist jetzt süß wie Honig. Doch ich kann es ihr nicht vergessen. Eva Weiss sagte mir, dass damals, als das mit Popinka passierte, Tella wegen Helena weinte und dass es das erste Mal gewesen sei, dass Eva sie weinen sah. Wir haben sie noch nie weinen sehen.

Donnerstag, 30. September 1943
Das war gestern Abend wunderschön! Ich werde es nie in meinem Leben vergessen. Wir hatten das am schönsten geschmückte Heim. Da wir keine richtige Lampe haben, haben wir um die Glühbirne einen herrlichen Kranz aus grünen Blättern und roten Beeren geschlungen, der an bunten Bändern befestigt war. Unsere Fahne, die über dem Schrank hing, war mit Feldblumen geschmückt. Der große Tisch war mit einem Tischtuch bedeckt und darauf waren wunderschön vorbereitete Speisen. Wir hatten drei belegte Brötchen, jedes war anders, und danach bekamen wir eine Attraktion (Limonade aus Brausepulver) und einen entzückend dekorierten Pudding. In der Mitte des Tisches stand ein Kerzenleuchter. Wir hatten alle weiße Blusen und dunkelblaue Röcke an. Zuerst haben wir gesungen. Danach sprach Tella über das vergangene Jahr – über das Gute, das wir erlebt haben und auch über das Schreckliche, und dass aber die freudigen Momente die traurigen überwogen hätten. Und wie ein Versprechen, dass wir das alles nicht vergessen wollen und auch unsere Ideale nicht, sangen wir unsere Hymne. Frau Mühlstein zündete die Kerzen an

---

1   Jüdisches Neujahrsfest

und sagte die Bracha.[1] Danach ging die Fresserei los. Ich dachte, dass ich Tella aus Liebe umarmen müsste, so schön war sie. Sie strahlte viel mehr Sympathie aus als sonst. (Wenn ich über sie mit dem Papa rede, muss ich immer „die Sympathische" sagen, denn Papa kann sich hier in Theresienstadt keine Namen merken.) Aber über Tella wundere ich mich überhaupt nicht. Sie freute sich darüber, was sie aus uns gemacht hat. Na, kurz und gut, über alles hat sie sich gefreut. Früher hat Helena ihr immer die Freude verdorben. Jetzt aber nicht mehr. Ich saß zufällig neben Onkel[2] und habe gesehen, wie Tella ihm zugezwinkert hat. Sie ist goldig. Rita war auch bei uns. Gefeiert aber hat sie den Abend bei ihrem Mann.

Gerade an den Feiertagen mussten wir es erfahren. Walter Deutsch ist vor 14 Tagen aus Theresienstadt geflüchtet und wurde geschnappt und einem Konzentrationslager übergeben. Was ist dem verrückten Jungen nur eingefallen, so schlimm ist es hier doch nicht. Seine Eltern sind in Polen. (Er ist ungefähr 23 Jahre alt.)

Die zweite, viel schlimmere Sache haben wir durch eine Postkarte von Frau Korszil[3] erfahren. Walter Pollak und seine Frau sind am 27. 1. 1943 gestorben. Unsere ganze Familie ist folgender Meinung: Walter ist gemeinsam mit Onkel Karl am 26. 1. 43 aus Theresienstadt abgefahren. Am 27. 1. waren sie entweder gerade am Zielort angelangt oder sie waren noch unterwegs. Ein Selbstmord ist es bestimmt nicht gewesen, sie waren eigentlich guten Mutes. So glauben wir, dass sie vielleicht zu alt waren, um schwere Arbeit zu leisten und daher ermordet wurden.

Vom Onkel haben wir überhaupt keine Nachricht und befürchten daher, dass ihn dasselbe Schicksal getroffen hat wie das der Pollaks.

Wir sprechen gerade über das Gehirn und das Herz. Mit den Ohren höre ich und mit den Augen sehe ich. Wie ist es möglich, dass ich alles wahrnehme? Tella stellt sich das Gehirn auf die gleiche Weise vor wie ich. Heute haben wir einen Artikel über das Herz gelesen. Das ist wirklich interessant. Was ist das Herz unserer Welt? Ist das eine Art Gesetz,

---

1 Segensspruch
2 Gemeint ist Karel Pollak, der im Ghetto die Betreuerin Ella Pollak (Tella) heiratete-.
3 Entfernte, halb-jüdische Verwandte von Otto Pollak

auf dem unsere Welt gründet, nach dem sich alles ausrichtet? Ich glaube, es umfasst alles: Liebe, Lüge, Wahrheit, Kunst, na, eben alles. Doch eine einzelne Sache ist es nicht, zum Beispiel das Gehirn allein ist es nicht. Der Verstand sagt dir, dass du dem Bettler kein Almosen geben sollst. Das Herz befiehlt dir, dass du ihm etwas geben sollst und du gibst ihm etwas. Du kannst ohne das eine oder das andere nicht existieren.

Wenn ich hier nur einen Atlas hätte! Den ganzen Tag würde ich über ihm sitzen. Schon oft habe ich darüber nachgedacht, warum ich auf der Straße gehe ohne daran zu denken, dass ich gehe. Ich glaube, das kommt aus dem Unterbewusstsein. Wenn der Mensch etwas tut, dann befiehlt es ihm der Wille. Zum Beispiel wenn ich ein Bild zeichne, konzentriere ich meine Gedanken auf die Zeichnung, damit sie hübsch wird. Es ist also mein Wille, der mir sagt, dass das Bild gut ausfallen soll. Und beim Gehen ist es auch der Wille, nur denke ich nicht darüber nach, so wenig wie bei all den Dingen, die man tagtäglich macht wie Gehen oder Waschen. Das machen wir schon ganz automatisch.

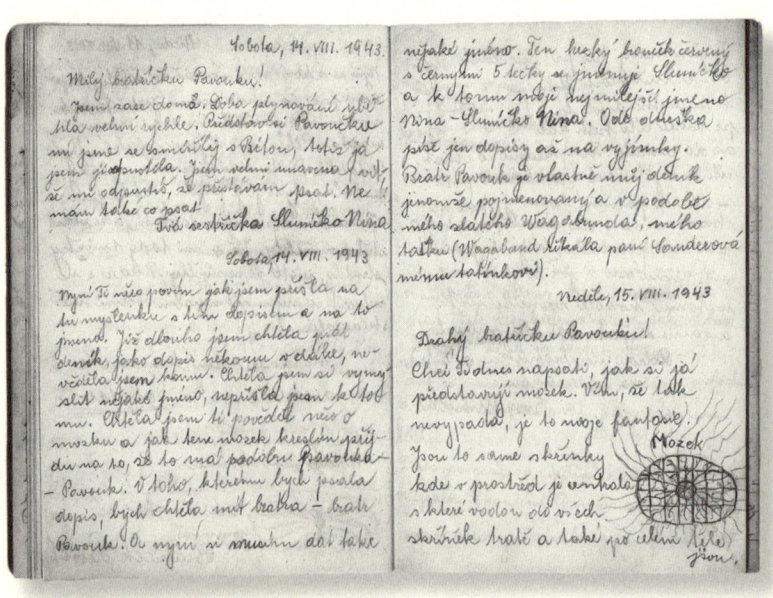

Sonnabend, 14. August 1943
Liebes Brüderchen Spinne!
Ich werde dir erzählen, wie ich auf den Gedanken kam mit dem Brief und auf den Namen.

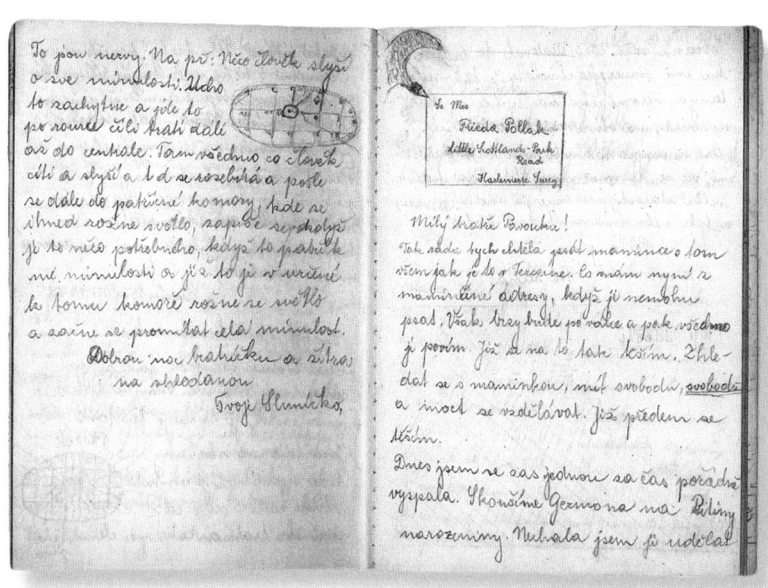

Sonntag, 15. August 1943
Lieber Bruder Spinne!
... was habe ich davon, dass ich jetzt Muttis Adresse habe, wenn ich ihr nicht schreiben kann?

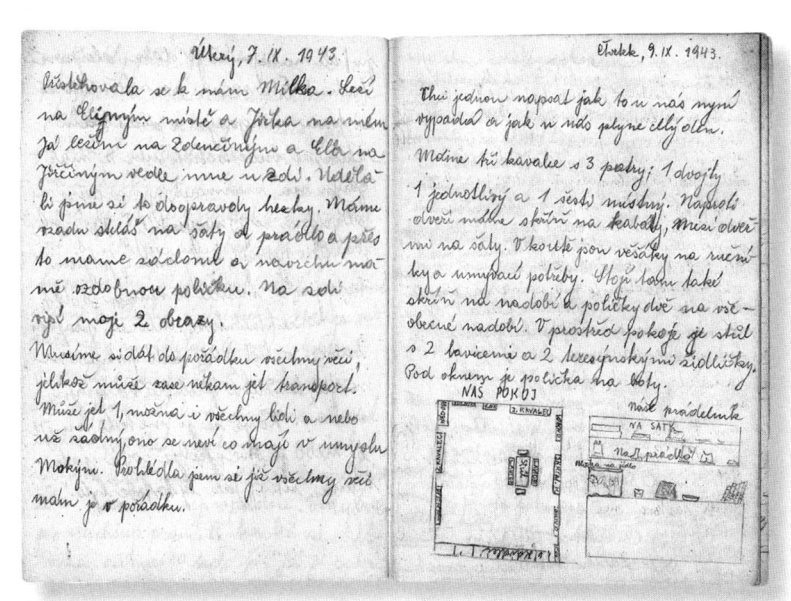

Donnerstag, 9. September 1943
Ich möchte einmal beschreiben, wie es bei uns aussieht.

6
Theresienstadt, Oktober – Dezember 1943

Aufzeichnungen meines Vaters

Donnerstag, 7. Oktober 1943
Helga übersprudelt vor Freude, da ich ihr auf ihre Frage die Zusage mache, sie nach dem Kriege studieren zu lassen. In ihrem momentanen Lustgefühl küsst sie mich innig.

Sonnabend, 9. Oktober 1943
Jom Kippur[1]. Helga fastet bis ½ 4 h.

Sonnabend, 16. Oktober 1943
Helga hat zum Abendessen nach langer, langer Zeit wieder ein Ei mit Butterbrot und schwelgt im Genuss, dank Mařenkas Güter.

Montag, 18. Oktober 1943
Helga ist begeistert, da sie zum Mittagessen von mir zubereitete Kohlsprossen mit Kartoffeln erhält. Zum Dessert Crème mit Margarine und Zucker.

Mittwoch, 20. Oktober 1943
20. Wiener Packerl von Johanna, 19 ½ kg, gut angekommen.

---

1   Versöhnungstag, höchster jüdischer Feiertag, der letzte der zehn Feiertage des Jüdischen Neujahrs Rosch ha-Schana

Sonntag, 24. Oktober 1943
3 h nachmittags mit Helga zum Krankenbesuch bei Mimi (Hohenelbe). Frl. Irma Zilowska aus Brünn, Studentin der Philosophie, versieht in ihrer Freizeit den Hilfsdienst als Schwester. Ihr Ausspruch: „Niemand kann uns die verlorenen Jahre zurückgeben", dies mit Hinblick auf Helgas Wunsch zu studieren.

Mittwoch, 27. Oktober 1943
Die ersten selbstgemachten Marmelade-Knödel aus Erdäpfelteig. Helga schmatzt vor Wohlbehagen mit der Zunge und streichelt sich den Bauch.

Sonntag, 31. Oktober 1943
29./30./31.10.: Herrliche Spätherbsttage – wolkenleerer, azurblauer Himmel. Die Sonne taucht alles in Gold. Nachts sternenklarer Himmel. Helga erzählt im Hofe L 233 von ihren Studien in Naturlehre.

Mittwoch, 3. November 1943
Nach langer Zeit Posteinlauf. Eine Karte von Mařenka (nach drei Tagen eingetroffen.) Eine Karte von Josefine (nach drei Monaten angekommen).

Freitag, 5. November 1943
Mit Helga im Kinderkleider-Geschäft, um das Geburtstagsgeschenk für Lea zu besorgen. 6 h abends im Kaffeehaus, 1 ½ Stunden heitere Musik.

Dienstag, 9. November 1943
Joachim Prinz. Jhd. Jüd. Geschichte, Bibliographie. „So werden neben wissenschaftlichen Werken auch solche der Belletristik genannt, auch wenn sie oft von dem Recht der dichterischen Freiheit mehr Gebrauch machen als der Historiker zulassen dürfte. Aber nicht selten wird <u>die Atmosphäre einer Zeit und das Wesen einer Gestalt vom Dichter besser gesehen und eindringlicher gezeichnet als vom Wissenschaftler."</u>
Nov. 1933: „Hat man aber erst begriffen, was für eine große und schicksalsreiche Geschichte das Judenvolk hat, dann wird man jedes Juden Schicksal freudig und stolz bejahen.

Donnerstag, 11. November 1943
„Herbstparade". Volkszählung im Bauschowitzer Kessel – wahrscheinlich ehemaliges Exerzierfeld. Über 30 000 Juden treten an. Unser Heim um 9 h vormittags. 14 Stunden bin ich auf den ‚Beinen'. Um ¾ 8 h komme ich zurück. Helga, die auf der anderen Seite des Feldes steht und tapfer durchhält, erreicht um 9 h abends ihre Ubikation.[1] Schlag ½ 8 h wurden wir ins Ghetto gelassen.
Späße zum 11.: Freilichtaufführung am Bauschowitzer Feld: Hoffmanns Verzählungen. – Der Freischiss. – Jüdischer Fluch: „Nur gezählt sollst du werden".[2]

Mittwoch, 24. November 1943
Zwei Jahre Theresienstadt. Aufruf des Ältestenrats anlässlich des Aufbaus des Ghettos. Tagesbefehl Nr. 383.

Dienstag, 30. November 1943
K-Produktion[3]. Am 19.11. wurde die letzte Kiste verpackt und zur Absendung gebracht. Mit dem Abbau des Zeltes wurde bereits begonnen. Tagesbefehl Nr. 385.

Donnerstag, 2. Dezember 1943
Fritz 48. Geburtstag. Am 1. Vorfeier in Joškas gemütlicher Ubikation. „Feiertags-Abendessen" – Bohnensuppe, die ersten Klobasse[4] in Theresienstadt. (Helga streichelt sich den Bauch).

Sonntag, 5. Dezember 1943
Plötzlicher Kälteeinbruch, minus 10°C.

---

1 Quartier, Unterkunft. Ursprünglich: Kasernenunterkunft. Im Ghetto Theresienstadt meinte man damit allgemein Unterkunft.
2 Der 11. November war alles andere als spaßig, wie aus Helgas Tagebuch hervorgeht. Hier offenbart sich lediglich typisch jüdischer Witz.
3 Kisten-Produktion
4 Österreichische, grobe Brühwurst

Freitag, 10. Dezember 1943
Leas 2. Geburtstag. Gewicht; 11,9 kg. Erster Schneefall.

Sonntag, 12. Dezember 1943
4 h morgens am Hofe – herrliche winterliche Mondnacht.
Bei Dr. Leibmer in der Hamburger Ambulanz wegen Rückenschmerzen.
Gewicht in Hosen: 54,5 kg. Abnahme seit 11.9.43 um weitere 5 kg.

Montag, 13. Dezember 1943
7 h abends. Abschied von Onkel Berthold und Tante Frieda, die morgen in den Transport einrücken. (Schleuse Jägerkaserne). Onkel Berthold: 781, Tante Frieda: 782.

Mittwoch, 15. Dezember 1943
Abgang der letzten Hälfte des 5 000-er Transportes. Onkel Berthold, Tante Frieda, Transport Dr ins Reichsgebiet.

Sonnabend, 18. Dezember 1943
Abgang der 2. Hälfte des 5 000-er Transportes, circa 50 Gayaer blieben von etwa 350 zurück.

Sonntag, 19. Dezember 1943
Stand nach Abgang des Transportes:
Männer: 15 471   (16–55 J.: 8 187)
Frauen: 21 937   (16–55 J.: 10 154) | Insgesamt: 37 408
Kriegsausgezeichnete: 1 559
Kriegsausgezeichnete Angehörige: 1 378 | Insgesamt: 2 937

Dienstag, 21. Dezember 1943
7 h abends Chanukka[1]-Feier im Heim. Ich trage zum ersten Mal in Theresienstadt vor: Gedichte von Maurice Rosenfeld aus der Sammlung *Lieder des Ghettos*. Helga hört mich zum ersten Mal und lauscht mit weit

---

1   Jüdisches Fest zur Erinnerung an die Wiedereinweihung des zweiten Tempels in Jerusalem. Chanukka ist eines der fröhlichen jüdischen Feste, ein Fest der Hoffnung.

geöffneten Augen. Als Chanukka Geschenk erhält sie ihr Symbol, den Leuchtturm.

Sonnabend, 25. Dezember 1943
Helga in der Marodenstube – Enzephalitis?

Montag, 26. Dezember 1943
Sonntag, 10 h vormittags, Begräbnis der 18-jährigen Ela Redlich aus Göding (zuckerkrank).

Mittwoch, 29. Dezember 1943
Tagesbefehl Nr. 395. Else W., Ck 585, 3 Tage wegen 4 Deka Margarine.

Donnerstag, 30. Dezember 1943
Begegnung mit Frau Heller-Hoffmann, Prag – Pařizka 12, die bei unserer Ankunft in Theresienstadt behilflich war, Helga ins Jugendheim zu bringen.

Freitag, 31. Dezember 1943
½ 2 h zu Helga – Schneegestöber. Neuer Kälteeinbruch.

Anmerkung Dezember 1943
Im Dezember las ich das Buch *Vom Winde verweht* von Margaret Mitchell. Um ruhig lesen zu können, besuchte ich fast jeden Vormittag das Cafe bei Konzert. Hier begegnete ich dem Wiener Ex-Bankier Witrofsky.

Zeichnung: Peter Kien, Kaffeehaus

Mein Tagebuch

Sonnabend, 2. Oktober 1943
Gestern war ich auf der Neujahrsfeier. Es war ganz hübsch, aber für kleine Kinder. – So ist es hier in Theresienstadt, ein Gedicht für ein Stück Brot! Eine Klofrau schreibt immer Gedichte, wenn sie vor dem Klo sitzt. Mir gefielen ihre Gedichte und ich fragte sie, ob sie mir eins schreiben würde. Das hat sie gemacht und mir gegeben und am nächsten Tag bat sie mich, ihr, wenn ich es habe, eine Scheibe Brot zu geben.

Freitag, 8. Oktober 1943
Meine schönsten Stunden in Theresienstadt sind die, die ich mit Lea verbringe. Sie ist inzwischen wieder so rundlich wie zuhause. Sie ist entzückend. Sie plaudert den ganzen Tag. Wenn man sie auf die Beine stellt, läuft sie gleich weg über die ganze Straße. Ich war abends bei ihr, sie saß gerade beim Abendbrot. Als sie mich sah, riss sie ihrer Mutti das Töpfchen mit dem Essen aus der Hand, drückte es mir in die Hand und sagte: „Hel-ga ham ham." Als sie schlafen ging, umarmte sie mich und gab mir ein Bussi. Als ich sie verließ, hat mir alles weh getan vor Lachen, der Magen, die Backen und der Bauch.
Ich möchte mich in Selbstbeherrschung üben. Ich versuche also, morgen den ganzen Tag zu fasten.

Sonntag, 10. Oktober 1943
Ich habe es bis $1/4$ nach 5 Uhr ausgehalten. Ich hatte gar kein unangenehmes Gefühl im Magen, auch keinen Hunger, nur gegen Abend bekam ich Kopfschmerzen. Dann habe ich so viel gegessen, dass mir schlecht wurde. Ich wollte mich erfrischen, deshalb ging ich ein Bad nehmen in der Hohenelbe Kaserne. Ich ging mit Ela auf eine Karte[1].
Wir mussten alle einen Aufsatz schreiben, die gesamte Theresienstädter Jugend. Es ist ein Wettbewerb. Von unserem Zimmer habe ich den zweitbesten geschrieben.

---

1 Um ein Bad in der Badeanstalt zu nehmen, brauchte man eine Zulassungskarte.

Bei Tante Frieda wohnt Muttis Kusine. Sie ist vor ein paar Tagen eingezogen und abends, als sie sich mit der Tante unterhalten hat, ist ihr nach und nach klar geworden, dass sie die Kusine meiner Mutti ist. Sie ist 20 Jahre alt. Papa hat sie dem Namen nach erkannt. Mutti ist manchmal zu ihr gefahren, aber sehr selten. Sie wohnte in Wien. Ich kenne sie nicht und habe ihren Namen vergessen.

Ich bin jetzt so glücklich. Ich meine damit, dass ich ein angenehmes Gefühl in mir habe und nicht mehr diese Unruhe. Und weißt du warum? Weil es meine größte Sehnsucht ist, zu studieren! Ja, studieren. Dieses Wort klingt in meinen Ohren wie ein Traum. Ich habe Papa oft davon erzählt, doch er sagte immer, er wisse nicht, wie unsere Lage nach dem Krieg sein wird. Doch später ist er selbst draufgekommen, dass die einzige Sache, für die ich Talent habe, die Wissenschaft ist.

Und gestern, als ich ihn erneut gefragt habe, ob ich studieren werde, sagte er Ja. Stimmt es? Kann ich es glauben? Bestimmt hat sich Papa mit einem ihm bekannten Professor darüber unterhalten.

Die schönste Sache, die es auf der Welt gibt, nach Freiheit, Gesundheit und solche Eltern-Haben wie ich, ist die Wissenschaft und nochmals die Wissenschaft.

Von allen Menschen unterhalte ich mich am liebsten mit Papa. Und weißt du, worüber wir uns unterhalten? Über Geschichte, Erdkunde, Kulturen, Religionen, Philosophie, aber meist über Papas und meine Ansichten und über Weltanschauungen.

Dienstag, 12. Oktober 1943
Musste es sein?!? Den Papa hat das sehr gekränkt. Und schuld daran war mein freches Mundwerk und meine Dickköpfigkeit. Zum Schluss hat es Papa, glaube ich, leid getan. Wenn ich daran denke, könnte ich im Erdboden versinken, wenigstens möchte ich, dass Papa mir sagen würde, dass er es nicht so gemeint hat und mir einen Kuss gäbe. Es tut mir leid, dass ein Vater so über solche Dinge mit seiner Tochter sprechen muss. Es tut mir leid. Ich weiß nicht einmal, warum, aber ich spüre, dass es mir sehr leid tut. Das Ganze war so:
Ich saß bei ihm auf dem kleinen Vorsprung an seinem Stockbett. Der Raum zwischen seinem und dem gegenüberstehenden Stockbett ist sehr

klein. Wir saßen dort eng aneinander, Papa, der Onkel und ich. Wir waren gerade mit dem Abendessen fertig, da packte ich den Atlas und schaute eine Stunde lang hinein und fragte Papa ziemlich lange dies und das über Geographie, während das schmutzige Geschirr neben mir stand, was Papa nicht ausstehen kann.

Papa fühlt sich im Zimmer nicht wohl. Noch weniger am Abend, wenn alle zuhause sind, dies macht ihn sehr nervös. Und als ich erneut fragte, wo das Ruhrgebiet liegt, da begann er sich aufzuregen und sagte, ich solle ihn in Ruhe lassen, ihm drehe sich schon der Kopf und bei der Dunkelheit könne er nichts sehen. Ich: „Na, dazu brauchst du doch nichts sehen."
Ein Wort gab das andere. Dann sagte ich: „Also wenn du meinetwegen schlecht gelaunt bist, brauche ich ja nicht zu dir kommen." – Ich ging das Geschirr spülen, wobei mir erneut ein freches Wort über die Lippen kam.

Dann habe ich mich mit Papa gestritten, schließlich sagte ich „Böses mit Bösem vergelten anstatt Böses mit Gutem" und wollte gehen.

Papa kam bis zum Krankenhaus mit, er tadelte mich und hielt mir eine Predigt. Ich konnte das nicht ertragen und weinte. Papa versprach, mit mir spazieren zu gehen und mit mir dann über alles zu sprechen, worüber ich will. Er ist mir nicht mehr böse, doch mir tut es immer noch leid.

Dienstag, 15. Oktober 1943
Gerade kam die Nachricht, dass ich ein großes Paket bekommen habe. Es war das bisher schönste Paket, das unsere Familie erhalten hat. Es wog 20 kg. Es ist nicht nett, dem Bruder Spinne zu schreiben, was in dem Paket war und ihm hier in Theresienstadt Appetit zu machen. Inhalt: 4 kg Brot, 5 kg Kartoffeln, ¼ kg Butter, ¼ und ⅛ kg Margarine, ½ kg Kunsthonig, ¾ kg Marmelade, 2 Röhrchen Sacharin, 3 Sardellenpasten, eine große Tüte Kekse, 10 Puddingpulver, Suppenwürfel, 20 Deka Zucker, Graupen und Nudeln und 4 Eier. Etwas habe ich bestimmt vergessen, aber es reicht ja schon, dass ich nicht alles, was in dem Paket war, vergessen habe. Hier in Theresienstadt leidet nämlich das Hirn genauso wie der Körper.
Lea wiegt 11,15 kg. Mimi ist krank, sie liegt auf dem Marodenzimmer in der Hohenelbe Kaserne mit einer Bauchfellentzündung. Bei ihr liegt eine Frau, die aus Theresienstadt flüchten wollte, erwischt wurde und ins Gefängnis kam. Dort fand sie 6 cm lange Nägel, beschmierte sie mit Marga-

rine und schluckte einige davon. Sie wollte Selbstmord begehen. Man hat ihr den Magen operiert. Jetzt ist sie schon eine Rekonvaleszentin. Papa sagte, sie sei nicht bei Verstand, man sähe es ihren Augen an. Schade, ich kann das nicht erkennen.
Dann war da noch eine Frau, sie musste auf Transport, obwohl sie krank war. Sie hat viele Tabletten geschluckt, doch nicht genug, um zu sterben. Sie hat sich den Magen verdorben und schlief lange. Man hat ihr den Magen ausgepumpt.
Vor der Tür sitzt ein O.D.-Mann[1] und sobald eine der beiden Frauen auf die Toilette geht, begleitet er sie zum Klo und wartet, bis sie wieder herauskommt und bringt sie wieder bis an die Tür des Marodenzimmers. Das alles deshalb, weil sie in der Dresdner Kaserne im Gefängnis sind und nun krank im Krankenhaus liegen.[2]
Wir haben jetzt gemeinsam ein schönes Buch gelesen: *Ein Ring aus Haar*. Das Buch geht uns allen sehr nahe und mir besonders. Es ist vor allem ein Buch über Gefühle. Es handelt von einem 14-jährigen Jungen, den das gleiche Schicksal wie mich ereilt hat – geschiedene Eltern. Er ist ein Träumer, manchmal. Er widmet sich der Wissenschaft. Das Buch enthält eine spannende Handlung über ihn, seine Eltern und seine Freundin, die er in den schlimmen Tagen nach der Scheidung gefunden hat. Der Schriftsteller hält die Gedanken des Jungen fest. Das Ende geht folgendermaßen: Die geschiedenen Eltern kommen wieder zusammen, das haben Peter (der Sohn) und seine Freundin Jana bewirkt. Dieses Buch möchte ich in meinem Bücherschrank haben. Jetzt muss ich aufhören. Jiřinka möchte mit mir sprechen (ein Geheimgespräch).

Montag, 18. Oktober 1943
Unser Geheimgespräch hat nichts gebracht, ich will die Unterhaltung gar nicht weiter erwähnen.
Schon lange Zeit denke ich über mich nach. Ich beobachte mich. Aber denke nicht, mein teurer, kleiner Freund, dass ich mich beobachte und

---

1 Abkürzung für Ordnungs-Dienst
2 In der Dresdner Kaserne befand sich im Keller ein Gefängnis, in dem Ghettoinsassen einsaßen, die vom Ghetto-Gericht verurteilt wurden.

schaue, ob ich auf meiner Nase eine Sommersprosse mehr habe. Nein, das nicht. Ich beobachte mich innerlich. Ich weiß nicht, wie man dazu sagt, vielleicht so: Ich beobachte meine Psyche. Ich weine nicht mehr, wenn ich Sehnsucht nach Mutti habe. Doch das ist ein Fehler. Weinen entlastet. So aber habe ich die Sehnsucht dauernd in mir und ich fühle mich, wie soll ich sagen: seelisch unwohl. Wenn dieses Unwohlsein länger dauert, möchte ich mich am liebsten mit jemandem streiten. Nach ein, zwei Tagen ist es dann vorbei.

Ich bin glücklich, hier zu sein. Jeder würde fragen warum? Warum? Weil ich hier vieles lerne. Und das Wichtigste, das ich hier gelernt habe, ist Mitgefühl und Kameradschaft.

Und ich weine nicht mehr so oft, wenn ich Sehnsucht nach Mutti habe, weil ich gar nicht mehr so viel Zeit habe, um an meine Mutti zu denken. Aber nicht dass du nun denkst, ich dächte nicht mehr an meine Mutti! Es ist nur so: Früher hatte ich nichts zu tun und ich konnte meine Gedanken an sie nicht zerstreuen und ich habe geweint. Jetzt aber habe ich den Kopf voll mit Lernen und Wissenschaft und dadurch kann ich meine Gedanken an sie zerstreuen.

Dienstag, 19. Oktober 1943
Heute hat Rita mit meinem Papa gesprochen. Sie sagte mir, dass mein Papa ein reizender Mensch sei. Sie sagte: „Dein Papa ist stolz auf dich, also enttäusche ihn nie."
Ich hatte keine Tinte mehr, also haben Herr Hecht (Hausältester beim Papa) und Papa mir aus irgendeinem Pulver Tinte gemacht.

Mittwoch, 20. Oktober 1943
Meine schwer erworbene Tinte ist ausgelaufen, ein Mädchen hat das Fläschchen umgestoßen. Ich habe jedoch inzwischen Ersatz, die Tante hat mir etwas Tinte gespendet.

Sonntag, 24. Oktober 1943
So, so. Papa hat bereits Pläne. Wenn es nämlich so weitergeht, müssen wir wissen, wie unsere Lage sein wird in Bezug auf die Finanzen. Papa sagte, er werde alles versuchen. Gestern Abend sprach Papa darüber, wie es

vermutlich sein wird: Ich werde in Kyjov zur Schule gehen, denn erstens sind Verpflegung und Unterkunft auf dem Land preiswerter und zweitens: Eine lebhafte Stadt zieht zwar junge Leute mit ihren Attraktionen an, lenkt sie aber vom Lernen ab. Wohnen werde ich vermutlich bei Mařenka, Papa wird mich alle drei Monate besuchen kommen. Er wird Mařenka für Kost und Logis bezahlen und ich werde mir eine Bibliothek anlegen. Wenn es nur so käme! Bei mir kommt nach Freiheit, Gesundheit und Eltern-Haben nur die Wissenschaft und nochmals die Wissenschaft, dann lange nichts und danach Krankenschwester und Technikerin.
Gestern haben wir unsere Betreuerin gebeten, uns einige der Fragen zu stellen, die beim Intelligenztest gestellt werden. Von den 10 Fragen wusste ich 8, also 80 %. Ich wusste nicht, was Holzbeizen ist und warum man das macht. Die Frage, wer das Buch *Das Leben der Ameisen* geschrieben hat, konnte ich nicht beantworten. Doch jetzt weiß ich es schon. Mit Eva Stern (die Tochter unseres Chefarztes und beste Freundin meiner früheren besten Freundin, Mitschülerin aus der Brünner jüdischen Schule) habe ich abgemacht, dass wir uns jeden Monat in Allgemeinwissen prüfen lassen.

Montag, 25. Oktober 1943
Verdammt, gerade jetzt musste es kommen! Ich war so froh, dass es hier aufgehört hat, habe gehofft, dass ich es in Theresienstadt nicht mehr bekommen werde. Die Periode ist eine dämliche Sache, nur dass es gesund ist und gut, dass das schlechte und unnütze Blut abgeht.

Mittwoch, 27. Oktober 1943
Gestern Abend hat uns Rita kritisiert, aber nicht auf die Art: Du bist so und so – so nicht. Sie hat das so gemacht: „Sie ist ein intelligentes Mädchen, sie sehnt sich nach Wissenschaft. Sie war ein verwöhntes Mädchen, das hat sie sich abgewöhnt, doch ab und zu kommt es noch zum Vorschein. Man sieht, dass sie ein Einzelkind ist. Oft ist sie sehr launisch." Nun sollten wir erraten, wer das ist. Das war ich. Über Fiška sagte sie, sie habe eine poetische Seele.
Fiška und ich haben eine große Phantasie und vermutlich denken wir vom ganzen Heim am meisten nach. Ich habe über den Abend bis tief in die Nacht nachgedacht. Es war ungefähr 11 Uhr, als mir der folgende

Satz einfiel. Ich habe Papier und Bleistift genommen und ihn in der Dunkelheit notiert: „Wenn du über die Wissenschaft nachdenkst und nachforschst, vergisst du dein Elend und es scheint dir, dass die Welt schön, geheimnisvoll und unerforscht ist."
Heute früh gingen sieben Mädchen in die Abteilung Gesundheitswesen zu Ritas Mann (Dr. Böhm) und zu Erika Jelínková, um sie zu bitten, uns Dr. Fischer zurückzugeben. Sie mussten durch sechs Zimmer gehen, wurden dann aber hinausgeworfen. Als sie es nochmals versuchten und im dritten Zimmer waren, wollte man sie wieder hinauswerfen. Da zeigte Lissau den Zettel, den Rita ihr mitgegeben hat und so kamen sie durch bis zu Dr. Böhm. Fiška ergriff das Wort. Sie sprach wie im Märchen: „Einst war bei uns ein Herr Doktor namens Fischer. Wir haben ihn alle lieb gewonnen. Aber vor eineinhalb Monaten wurde er versetzt und an seine Stelle kam eine Ärztin, die nicht viel versteht, es ist ein wahres Kreuz mit ihr, weil sie kein Tschechisch kann und die meisten von uns kein Deutsch. Und so möchten wir Sie inständig darum bitten, uns Herrn Dr. Fischer zurückzugeben und überreichen Ihnen dieses Schreiben mit der Bitte, uns die Versetzung von Herrn Dr. Fischer auf einem Stück Papier zu bescheinigen."

Donnerstag, 28. Oktober 1943
Gestern Abend habe ich mit Erika unter vier Augen gesprochen. Ich glaube, wir könnten gut miteinander auskommen. Sie gab mir ein kleines Herz, das sie aus Holz geschnitzt hat. Wir haben fast die gleichen Ansichten. Erika hat wie ich keine enge Freundin hier, und wir beide haben Rita als Freundin.
Ich habe in letzter Zeit dauernd ein schlechtes Gewissen und denke, dass ich alles falsch mache. Das ist aber erst so, seitdem ich über so vieles nachdenke. Das machte mich unsicher. Jetzt hat es mir Rita aber erklärt. Sie sagte: „Nur dumme Leute sind sich ihres Handelns und ihrer selbst sicher. Je klüger ein Mensch, desto mehr zweifelt er. DENKEN IST DIE SCHÖNSTE SACHE.
     – 28. Oktober –
War es nicht wunderschön, bewegend? Frau Prof. Brumlik ist ein Genie im Vortragen. Obwohl ich den Ersten Weltkrieg nicht erlebt habe, war ich

von ihren Schilderungen so bewegt, als ob ich das, was sie erzählte, selbst erlebt hätte.

Dies war mein zweiter schöner 28. Oktober, der 25. Jahrestag der Befreiung der Tschechoslowakei von den Habsburgern. Und bald wird wieder so ein 28. Oktober kommen, ob der nun auf den Jänner oder Mai oder sonst auf einen Monat fällt. Und es wird wieder plötzlich und überraschend kommen wie damals. Und wenn dieser Tag kommt, werden wir uns alle um den Hals fallen und uns freuen. Die Vertreter der Tschechoslowakei (Beneš, Masaryk) werden zurückkommen, wir werden wieder ein freier Staat sein und in der ganzen Tschechoslowakischen Republik wird man singen hören: KDE DOMOV MŮJ – WO IST MEINE HEIMAT.[1]

Gestern habe ich meinen Papa gefragt, ob er mir böse wäre, wenn ich mich später, wenn ich erwachsen bin, taufen ließe. Ich sagte ihm, dass ich keine Sympathie für die Juden habe, nur für ihre Geschichte und ihr Leiden. Ich fühle mich nicht mit ihnen verbunden. Papa: „Wenn du groß bist, kannst du machen, was du willst, und ich werde dir nichts verbieten und nicht versuchen, Deine Ansichten zu ändern." Diese Worte werde ich nie in meinem Leben vergessen. Ich habe einen wahren Papa. Wenn jeder einen solchen Papa hätte wie ich, würde es auf der Welt anders ausschauen.

Solange ich über diese Sachen nicht nachgedacht habe, war ich unruhig, dauernd dachte ich an Mutti. Und nun, seitdem ich nachdenke, habe ich so eine innere Zufriedenheit in mir, so ein eigenartiges Gefühl – ich kann dazu nicht Ruhe sagen, denn ich komme immer wieder auf etwas Neues, worüber ich grübeln muss, meist über Sachen, die die ganze Welt betreffen. Über Menschen, Kulturen, Länder usw. und Bildung, na, einfach über alles. – Also, ich bin jetzt drauf gekommen, wie man es nennen könnte: Ich freue mich an der ganzen Welt.

Ja – und noch etwas. Donnerwetter, heute könnte ich das ganze Heft vollschreiben. Unserem Zimmer 28 gegenüber fühle ich überhaupt nichts mehr, nur für Rita und Erika habe ich Gefühle und noch ein bisschen für Fiška. Ich bin zurzeit aber auch so vertieft in alles, dass ich überhaupt nicht merke, was um mich herum geschieht und das stört mich überhaupt

---

1 Tschechische Nationalhymne

nicht. Tella kann mir, mit Verlaub, den Buckel runterrutschen. Wenn jemand dies lesen würde, würde er bestimmt meinen, dass ich furchtbar launische Ansichten habe, doch dies stimmt nicht. Tella beeinflusst nämlich mit ihrem Verhalten die meisten Mädchen. Entweder lieben sie sie und mögen Rita nicht oder es ist umgekehrt. Und so war es damals auch mit dem Maagal, auch der kann mir den Buckel runterrutschen. Nur Ela, die werde ich immer am meisten mögen.

Mittwoch, 3. November 1943
Ela hat es sehr gekränkt. Sie weinte. Ich habe es gar nicht glauben können, dass sie mich so gerne hat und mir treu war und unsere Freundschaft geschätzt hat. Ich weiß wohl, dass ich sie mit Erika enttäuscht habe. Aber wie sollte ich das riechen, dass sie sich gar nicht so sehr mit Flaška angefreundet hat, dass sie nur miteinander zum Rendezvous gehen, weil ihre Freunde ganz eng miteinander sind und sie gemeinsam jeden Abend spazieren gehen. Flaška hat mit Zajícek einen Freundschaftsring getauscht, und jetzt hat sie einen Freundschaftsanhänger mit Lissau, Eva Heller und Iřenka. Zajícek hat Flaška verlassen, so wie Pavla einmal Ela verlassen hat und wie ich nun Ela verlassen habe. Flaška ist verlassen worden, Ela ist verlassen worden, verraten von den Freundinnen. Marianka ist ohne Freundin, doch da sie sich gut mit Ela und Flaška verträgt, haben sie sich angefreundet und sich die Freundschaft angeboten.

Ich habe jetzt Ela gesagt, dass ich sie immer als meine beste Freundin betrachte, auch wenn es umgekehrt nicht so ist. Ich habe ihr erneut meine Freundschaft angeboten. Sie sagte: „Ich muss es mir gründlich überlegen." Ich bin gespannt, wie es ausfallen wird.

Das hier ist ein Stockbett. Darauf schlafen, wohnen und essen wir. Wir liegen dicht nebeneinander gedrängt wie die Heringe. Gestank, schwüle Luft, Flöhe und Wanzen gibt es hier in rauen Mengen. Ich habe hier ein Stockbett gezeichnet, auf dem je Stock zwei Mädchen liegen. Es gibt aber auch Stockbetten für nur eine Person je Stock und für mehrere Personen. Wir klettern da rauf wie die Affen in ihre Nester in den Bäumen oder wie Hühner in den Hühnerstall.

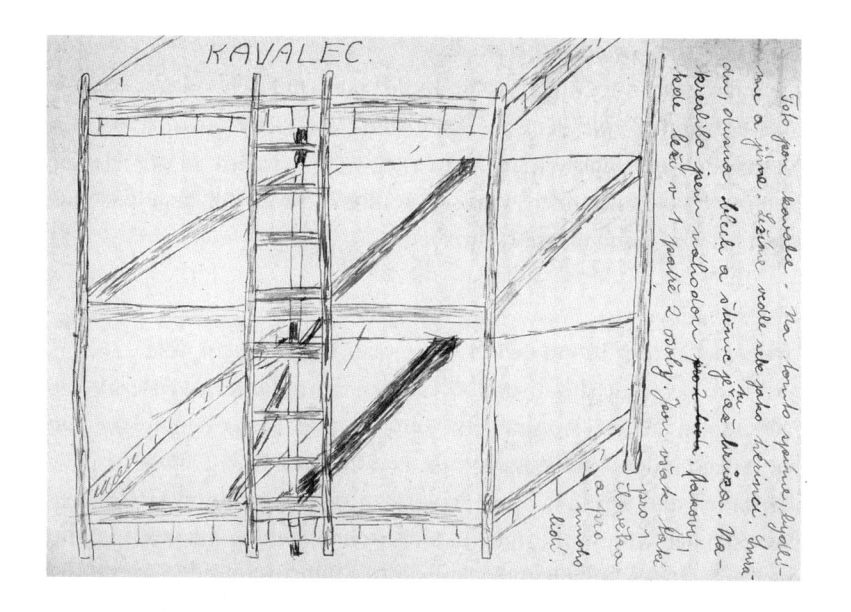

Mittwoch, 10. November 1943
Eine Woche lang habe ich nichts geschrieben. Jetzt weiß ich nicht, womit ich anfangen soll, so viel gibt es zu berichten. Und ich habe es doch so nötig, mein Herz zu erleichtern. Es geht wieder mal um Ela, aber diesmal ist es schon aus. Ich will nicht ewig herumstreiten. Ich mache Schluss damit. Als das mit Erika war, sagte Ela zu mir: „Entweder ich, und die andere nicht oder die andere und ich nicht." Das sind sehr selbstgefällige Worte, doch ich habe nach Elas Wunsch gehandelt. Und was machte Ela dann? Meinst du, dass Ela sich dann entsprechend verhalten hat? Sie denkt, dass ich nicht das Gleiche von ihr fordere wie sie von mir. Sie befreundet sich mit Flaška und Marianka. Ich habe sie drei Tage lang beobachtet, erst jetzt habe ich es ihr gesagt und sie bestreitet es. Aber obwohl es von Ela nicht fair war, hätte ich mich doch ihr gegenüber nicht so verhalten sollen.
Ich sprach so bissig wie noch nie und wählte gelehrte Worte aus dem Geschichtsunterricht, aber wenigstens ist die ganze versteckte Wut, die ich in mir herumtrug, jetzt raus. Ich mache Schluss. Das Licht wird ausgemacht. Jetzt habe ich mein Herz erleichtert.

Sonntag, 21. November 1943
Ich musste dich für einige Zeit im Koffer auf dem Dachboden verstauen. Wir erwarteten eine deutsche Kontrolle. Alle Hefte mussten auf den Dachboden gebracht werden und da lagst du zwischen all den Heften, unter toten Gegenständen! Was sich während dieser Zeit abgespielt hat, kann ich jetzt kaum mehr beschreiben.

Herbstmanöver
In der Nacht vom 10. auf den 11. November habe ich kein Auge zugetan. Mal kam der Hausälteste, dann der Arzt, dann die Krankenschwester. Alles wegen der Volkszählung im Bauschowitzer Kessel. Um 5 Uhr sind wir aufgestanden. Wir mussten uns die wärmsten Kleider anziehen, die wir hatten und um $^1/_2$ 8 Uhr mussten wir marschbereit im Hof stehen. Dort standen wir eine Stunde im Hof herum, dann wurden wir wieder ins Heim zurück geschickt, doch nach 10 Minuten wurde schon wieder gepfiffen und wir mussten wieder hinunter und uns in Reih und Glied auf der Straße aufstellen, 350 Kinder. Dann marschierten wir eine Dreiviertelstunde in den Bauschowitzer Kessel. Wir hatten genug Essen mit, denn am Morgen haben wir 8 Deka Zucker, $^1/_2$ kg Brot und $^1/_2$ Dose Leberpastete und 6 Deka Margarine gefasst. Von etwa $^1/_2$ 11 Uhr standen wir auf einem Fleck bis 5 Uhr abends.
Dann ging es los. Die Masse setzte sich in Bewegung. Alle drängten heraus aus dem Kessel. Ohnmächtige Kinder und alte Leute wurden getragen. Einige sind im Kessel auch gestorben. Um $^1/_2$ 9 Uhr kamen wir halb erfroren zuhause an. Am nächsten Tag blieb ich im Bett und habe den ganzen Tag durchgeschlafen. Es war ein schrecklicher Tag. Dich, mein lieber teurer kleiner Freund, hatte ich zu dem Zeitpunkt auf dem Dachboden und jetzt kann ich das alles nicht mehr so genau schildern. Das Ganze kommt mir vor wie eine einzige Komödie.

Mit Ela habe ich mich inzwischen versöhnt, doch es gibt immer noch eine Kluft zwischen uns. Ich bemerke jede Kleinigkeit an ihr, und wenn mir etwas nicht gefällt sage ich es, während ich es früher nicht einmal zur Kenntnis genommen habe. Ela ermahnt mich alle paar Minuten, befiehlt etwas, mit einem Wort – sie ist sonderbar.

Jetzt kommt bald das Chanukka-Fest, ich bereite Geschenke vor. Für Papa ließ ich für 50 RM das Theresienstädter Stadtwappen als Anhänger machen, ich werde mit Margarine und Zucker bezahlen. Ich muss für Papa einen schönen Geburtstag vorbereiten, denn es ist sein Fünfzigster. Ich will, dass Papa an diesem Tag seine Sorgen und Theresienstadt vergisst. Jetzt mache ich Schluss. Es wird bereits gelesen. Wir lesen R.U.R. von Karel Čapek. Gute Nacht.

Donnerstag, 25. November 1943
Die Mädchen sind gerade zum Konzert gegangen. Tella spielt für sie auf dem Klavier. Ich konnte nicht gehen. Ich musste lügen. Ich habe gesagt, dass mir schlecht ist. Und dabei ging es mir schon lange nicht mehr so gut. Ich habe schon alle Tränen geweint, die ich auf Vorrat hatte, ich habe mich Jiřinka anvertraut und jetzt werde ich mich dir anvertrauen, mein Liebling, und ich bin schon ein bisschen beruhigt. Ich versuche, es jetzt zusammenhängend aufzuschreiben.

Am Abend bin ich zum Papa gegangen. Ich habe das Abendbrot gegessen und danach musste ich einen Brief an Mařenka schreiben, aber auf Deutsch, was ich überhaupt nicht kann. In der Anrede habe ich einen Fehler gemacht und im zweiten Satz zwei Fehler in einem Wort. Papa fing an, sich aufzuregen. Er kann es nicht ausstehen, wenn ein Brief Fehler hat. Weinend hörte ich auf zu schreiben. Papa war wütend und schickte mich nach Hause. Ich wartete noch eine Weile auf Herrn Schmidt, weil er mir sagte, dass er den gleichen Weg habe wie ich und auch eine Laterne, und dass ich auf ihn warten solle.

Gestern hatten wir eine Sitzung. Es ging um Hilfsbereitschaft und um die Betreuerinnen. Wir sagten Tella, dass sie sich nie etwas erklären ließe und gerade deshalb komme es oft vor, dass jemand eine ungerechte Strafe bekäme. Ich habe mir vorgenommen, wieder zuvorkommender zu sein und zu versuchen, in den Maagal zu kommen – obgleich ich das fast schon aufgegeben habe.

Montag, 29. November 1943
Mein Gott, ändere ich dauernd meine Ansichten! Da bin ich wegen irgendetwas angefressen und schon möchte ich nicht in den Maagal.

Dann sage ich, dass Tella mir den Buckel runterrutschen kann. Gott sei Dank habe ich das nur Erika gesagt. Heute ist mir der Maagal wieder sympathisch, ich versuche, zuvorkommend zu sein. Doch mit Ela ist jetzt Schluss. Wir haben uns gesagt, dass wir nicht zueinander passen. Ich habe doch Erika gern. Ich werde mich jetzt mit Erika und Jiřinka anfreunden, doch mit Jiřinka weniger.

Wir haben eine kleine Aktentasche aus schwarzem Wachstuch genäht, darin ist ein kleines hellblaues Buch mit einem Schutzumschlag aus schwarzem Wachstuch. Auf dem Umschlag ist mit rosa Faden MAUC gestickt[1]. Am Buch hängt ein Anhänger, den Erika aus einer alten Zahnbürste gebastelt hat.

Ela gegenüber werde ich mich jetzt freundlich verhalten, ich will nicht, dass sie eine schlechte Meinung von mir hat. Sie sagte mir jedoch etwas, was ich überhaupt nicht von ihr erwartet habe. Sie sagte, ich sei unaufrichtig und hätte einen schlechten Charakter. Ich habe mich vor einigen Tagen mit Tella über Ela unterhalten und sie sagte mir das Gleiche wie Papa: „Ela ist ein freundliches Mädchen und auch gutmütig, sie ist aber sehr oberflächlich." Und das, was ich von einer Freundin am meisten verlange, das fehlt Ela. Ich bezweifle, dass Ela überhaupt viel nachdenkt und grübelt, sie ist nicht tief, sie ist oberflächlich. Ich mache jetzt so eine Zeit durch, in der ich eigentlich wenig Wert auf eine Freundin lege. Ich will alleine sein. Ich weiß nicht, warum. Ich brauche einen Menschen, dem ich mich anvertrauen kann. Erika, Jiřinka, Handa und Lenka sind dies. Ich will von Ela wegziehen. Doch jetzt kann ich noch nicht umziehen, erst wenn das Zimmer umorganisiert wird.

Man erwartet eine fremde Kontrolle. Seit dem 27. November wissen das alle. Das ganze Ghetto muss verschönert werden, die Schaufenster und die Wohnungen. In jedem Zimmer muss auf dem Tisch eine Tischdecke liegen. Nichts darf offen herumliegen. Eine Komödie ist das. Wir haben Quarantäne. Das heißt, wir dürfen nach draußen, aber zu uns darf niemand. Es gibt Enzephalitis hier – die Schlafkrankheit. 30 Fälle, 4 von uns.

---

[1] Tschechische Initialen für Medizin, England, Kunst, Reisen.

Freitag, 3. Dezember 1943
Ja, etwas habe ich ganz vergessen zu notieren. Gleich am nächsten Tag nach der Meinungsverschiedenheit mit Papa habe ich das Thema nochmals angeschnitten. Er sagte mir, er habe es nicht so gemeint. Er habe gemeint, dass wir nach dem Krieg Bettler sein würden. Das Theresienstädter Stadtwappen ist schon fertig. Es ist wunderschön. Ich habe dafür Essen im Wert von 500 Kronen gegeben, 54 Deka Zucker, 7 Deka Margarine. Ich muss Papa eine große Torte machen und ich lasse eine kleine Bonbonniere anfertigen. Zum Chanukka-Fest will ich Ela einen preiswerten Anhänger schenken. Auch wenn wir nicht mehr Freundinnen wie früher sind, möchte ich, dass sie von mir ein Andenken hat. Ich habe von ihr doch auch ein Andenken.

Donnerstag, 9. Dezember 1943
Sei mir nicht böse, mein lieber Freund. Ich werde erst nach Chanukka wieder schreiben. Ich habe keine Minute Zeit. Ich mache dauernd Geschenke. Ich habe erst elf Stück. So mache ich also Schluss, tschüss. Mit Ela habe ich mich versöhnt.

Sonntag, 12. Dezember 1943
Lea feierte ihren zweiten Geburtstag sehr schön. Sie hat so viele Sachen bekommen. Von Trude eine Puppe, ein Bilderbuch, eine Kuh und eine Torte. Von Hermann Lebkuchen in Form einer Torte und darauf stand „Für Lea 10.12.1943", dazu sechs Lebkuchenstücke und einen Nikolaus aus Lebkuchen. Von Joži einen Gärtner aus Holz. Von den anderen Süßigkeiten, eine Torte, Butter, Honig, einen Hund, einen Elefanten, Kekse.

Montag, 13. Dezember 1943
Transporte, Transporte, dieses schreckliche Wort erschüttert die Theresienstädter Protektoratsjuden[1]. Es gehen zwei Transporte mit je 2500

---

1 Ghetto-Insassen aus dem Protektorat Böhmen und Mähren. Natürlich hatten auch Ghetto-Häftlinge aus anderen Ländern Angst.

Menschen. Es gehen die Verrückten[1], geschützt sind nur Menschen, die ansteckende Krankheiten haben. Von uns gehen vier: Irena und Eva Landa, Fiška und Milka. Fiška und Milka sind Reserve. Sie gehen aber mit Sicherheit, wenn sie nicht im ersten Transport gehen, dann doch im zweiten. Wir sind geschützt. Hier verbreiten sich Bonkes, dass alle Juden aus dem Protektorat nach Birkenau gehen werden. Wenn es stimmt, würde ich lieber mitfahren als hier mit den meist deutschen Juden zu bleiben, die sich ewig streiten, bis auf einige Ausnahmen wie Frau Hecht.

Gestern haben wir gefeiert, am letzten Tag, an dem wir noch in Ruhe beisammen sein können. Die Geschenke, die bereits fertig waren, wurden in einen Koffer gepackt. Der Koffer war ganz voll. Von Holubička habe ich eine Brosche mit einem Bild von Salzburg und einen kleinen Elefanten als Anhänger bekommen, dann Karten, Ansichtskarten, eine Schutzhülle für mein Tagebuch, ein Katzenbild, einen Bleistift, zwei wollene Püppchen; von Eva Stern ein Foto meiner Freundin aus Brünn Ruth Steiner, ein kleines Notizbuch und eine kleine Aktentasche aus Jute; von Eva Weiss hat jeder von uns ein kleines Heftchen bekommen mit einem Gedicht, das auf jeden einzelnen zugeschnitten ist. Mein Gedicht heißt, weil ich sehr empfindlich bin, *Eine zersprungene Vase*.

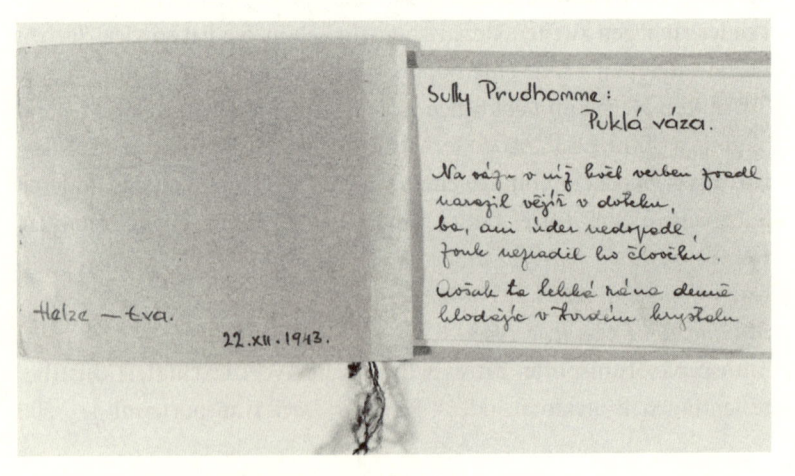

Chanukka-Geschenk von unserer Betreuerin Eva Weiss

---

1   Häftlinge, die seelisch gebrochen und in der Psychiatrie untergebracht waren

Freitag, 17. Dezember 1943
Der erste Transport ist bereits abgegangen. Mitgegangen sind Irena und Eva Landa. Fiška wurde ausreklamiert.[1] Milka ist zunächst hier geblieben, sie war Reserve, kam aber in den zweiten Transport. Gestern ist sie in der Schleuse angetreten. Helena kam im ersten Schub[2] in den zweiten Transport. Im zweiten Schub sollte auch Marianka sein. Sie hat jedoch keine Einberufung bekommen. Ihr Vater, der in der Evidenz arbeitet, hat es rechtzeitig erfahren, ging reklamieren und bevor der zweite Schub ausgetragen wurde, waren sie ausreklamiert. Holubička hat erfahren (besser gesagt, ihr Vater), dass sie im Transport sind, als Reserve. Eva Weiss ist auch Reserve.

Fiška verfasst im Bett Gedichte. Handa ist auch krank, so liegen sie beide nebeneinander. Sie geben sich jeweils ein Thema. Es ist ein Kontrast: Handa wie ein erwachsener Mensch und Fiška wie jemand, der in einem Märchen lebt. Mit Ela verstehe ich mich jetzt sehr gut. Ich schreibe ganz hässlich und zwar deshalb, weil ich es nicht gewohnt bin, mit einem Füller zu schreiben (ich habe ihn mir von Holubička geliehen). Und dann habe ich an der rechten Hand noch einen vereiterten Daumen, weil ich mich geschnitten habe.

Wenn ich gehen müsste (bis jetzt sind Menschen, die zu mehr als 50 % Invaliden sind, geschützt), würde ich bestimmt alle Andenken mitnehmen.

Mittwoch, 22. Dezember 1943
Ich bin wirklich stolz auf Papa. Ich habe ihn zum ersten Mal Gedichte vortragen gehört – so wunderschön! Es gab eine Chanukka-Feier im Invalidenheim, die bis neun Uhr abends dauerte. Ich durfte aber nur bis $^1/_2$ 8 Uhr bleiben. Papa hat drei schöne jüdische Gedichte sehr lebhaft vorgetragen, von einem jüdischen Dichter namens Rosenfeld. Mein Papa ist goldig. Nicht, weil ich so schöne Geschenke bekommen habe, sondern weil mich Papa sogar in Theresienstadt daran erinnert, dass Chanukka ist.

---

1 Sie wurde von der Transportliste gestrichen, da die Reklamation beim Ältestenrat erfolgreich war.
2 Die Transportlisten wurden nicht auf einmal verteilt, sondern kamen „in Schüben", in einzelnen Teilen, so dass man immer Angst hatte, wer auf der nächsten Liste stand.

Ich habe ein Heft bekommen mit einer Menora auf dem Umschlag, eine samtene Hülle mit Monogramm für mein Tagebuch, einen Anhänger mit einem Leuchtturm. Von Tante Marta und vom Onkel bekam ich Schuhe, Socken, 3 warme Hosen, 1 warmes Kleid.
Eva Weiss ist schon weg. Alle sind schon weg. Alle, die aus unserem Heim im Transport waren. Aus dem zweiten kam keiner heraus. Eva Weiss fuhr allein, ohne ihre Mutter, ohne ihren Bruder und ohne den Verlobten. Auch Helena kam diesmal nicht heraus. Sie hat unverantwortliche Eltern. Damit sie aus dem Transport rauskommen, haben sie Helena eine Spritze gegeben, von der sie über Nacht Fieber und Durchfall bekam. Man ist dahinter gekommen, und jetzt fährt Helena mit Durchfall und Fieber nach Birkenau in Waggons, wo es weder ein Klo noch Bänke gibt.
Mimi liegt nach wie vor krank in der Hohenelbe[1], schon den zweiten Monat, sie hat Bauchfellentzündung. Ich habe ihr einen roten Anhänger aus Galalith geschenkt und Papa einen Bleistift, eine Buchhülle und eine Krawatte. Ich werde jetzt aufhören, die Tagesnachrichten zu notieren.
Gestern habe ich mich mit Papa über den sechsten Sinn unterhalten, doch ich verstehe es immer noch nicht. Und die Frage, was das Leben eigentlich ist, hat mir noch keiner richtig beantwortet.
Gerade sprechen die Mädchen darüber, wer in *Esther* die Vashti und die Jungfrauen spielen könnte (das wird eine Theateraufführung). Ela, Handa, Maria und Rutka werden mitmachen. Ich möchte überhaupt nicht auftreten, bin aber doch der Meinung, dass ich als Jungfrau geeigneter wäre als Ela und Handa. Aber lassen wir das.
Ich weiß nicht, doch mir scheint es immer, dass Ilse (Naturkundelehrerin, die im privaten Umgang ein phantastischer Mensch ist und eine sehr gute und gerechte Lehrerin) von mir denkt, dass ich nicht besonders gescheit bin, jedenfalls benimmt sie sich so seltsam, als ob sie sich mit mir nicht richtig unterhalten könnte über Sachen, die die Wissenschaft betreffen. Ich kritzle furchtbar, ich bin in Eile, weil das Mittagessen schon da ist. Adieu.

---

1 Die Hohenelbe Kaserne diente als Krankenhaus. Es war ursprünglich das Militärkrankenhaus.

Freitag, 24. Dezember 1943
Heiligabend. Schrecklich, was für ein Heiligabend? Nicht, dass ich ihn nicht feiern möchte. Aber früher – da liebte ich die Atmosphäre. Überall Schnee, schön geschmückte Schaufenster, ein dunkler Himmel – festliche Stimmung überall. In den Fenstern kann man die Weihnachtsbäume sehen. Aus den Küchen kommt ein Duft voller Köstlichkeiten. Es werden Gänse im Rohr gebraten, Fische gebacken, es gibt Kuchen und Salate, alles Mögliche – ich habe das geliebt! Vor einem Jahr gab es den Heiligabend noch, aber hier ist es ein ganz gewöhnlicher Tag. Nirgendwo Schnee, überall die Alltagsstimmung. Nur einige Mädchen, Mischlinge, feiern Weihnachten und schmücken einen Baum. Aber es gibt nur ganz wenige Mischlinge in Theresienstadt.

Ich habe darüber nachgedacht, wie es wohl wäre, wenn meine Mutti verheiratet wäre oder doch zumindest verlobt. Ich weiß nicht. Bestimmt käme es darauf an, ob mir ihr Mann sympathisch wäre. Könnte das sein? Ich weiß nicht, warum mir das auf einmal in den Sinn gekommen ist. Ich habe Muttis Foto angeschaut und so kamen mir die Gedanken. Warum soll es nicht möglich sein, dass sie verlobt ist? Mutti ist hübsch. Sie ist schlank, hat einen frischen, weißen Teint, blaue Augen, schöne Zähne, einen hübschen Mund, schwarze Haare, die in der Sonne ein bisschen rötlich glänzen. Sie ist relativ jung. Sie sieht aus wie ein junges Mädchen. Sie ist intelligent, gebildet und hat gewählte Manieren. Sie ist sehr angenehm, fein, kann sich in den besten Kreisen bewegen. Na, mit einem Wort: Sie ist eine moderne (und sportliche), reizende Dame. Mein Gott, was würde ich dafür geben, um einen langen Brief von Mutti zu bekommen. Und wenn mich jemand fragen würde, was ich möchte, ob ein 20-kg-Paket oder einen langen Brief von Mutti (nicht aber über das Rote Kreuz), würde ich den Brief wählen. Jetzt gehe ich zum Papa.
Gute Nacht, auf Wiedersehen bis morgen. Morgen werde ich über Ela fortsetzen. Gute Nacht. Ich schreibe mit dem Füller, den ich mir von Flaška ausgeliehen habe.

24. Oktober 1943
Ich werde in Kyjov zur Schule gehen.

28. Oktober 1943
DENKEN IST DIE SCHÖNSTE SACHE.

7
Theresienstadt, Januar–Februar 1944

Aufzeichnungen meines Vaters

Sonnabend, 1. Januar 1944
3 h morgens im Hof, herrliche Silvesternacht. 3 h Nachmittag zu Helga, die über die Marodenstube meckert und in die Sokolovna möchte. Ich bringe ihr eine volle Schale Reispudding-Creme als Neujahrsspeise. Unser Neujahrsmenü: Portion Fleisch und Kartoffeln.

Mittwoch, 5. Januar 1944
Helga verlässt um 2 h die Marodka, um auf einige Wochen in die Sokolovna zu gehen. – Friedas 36. Geburtstag.

Donnerstag, 6. Januar 1944
3 h Nachmittag bei Helga in der Sokolovna. Sehnsüchtig hält sie auf der Terrasse Ausschau, ob ich schon komme. Trotz ihrer Enzephalitis ist sie sehr lebhaft und schaut gut aus. Ich bringe ihr Wiener Brot und etwas Proviant. Helga wirft mir übers Geländer ein Glückwunschschreiben für ihre Mutti in der Ferne.[1] Da Milchfassung war, bringe ich dem Kinde einen Reispudding.
Nasskalter Wind, Morast und Schlamm. Helga zeigt durchs geschlossene Fenster den Arm – drei Injektionen.
3 h morgens mondhell, sternenklar, windstill.

---

1 Dieses Schreiben war nur ein symbolisches Schreiben an ihre Mutter, als Zeichen, dass sie an sie denkt. Es konnte nicht abgeschickt werden. Abbildung siehe S. 190

Sonnabend, 8. Januar 1944
3 h Nachmittag mit Mimi Sander bei Helga. Mit Zettel gibt sie mir bekannt, dass bei ihr eine „Tuberkulin-Reaktion" vorgenommen wurde (3 Injektionen), die zu meiner Beunruhigung leider positiv ausgefallen ist. Kleiner Befund: Helga wird nicht röntgenisiert. – Zufälle des Lebens: Gerade heute begann ich von Paul de Kruif *Mikrobenjäger* zu lesen. Am Heimweg traf ich Dr. Wachsmann, der mir versprach, in der Sokolovna Erkundigungen einzuholen. Helga wurde vom Nervenarzt Prof. Dr. Sittig untersucht. Ferner vom Primarius der Sokolovna Dr. Pfeiffer, vom Zimmerarzt Dr. Herlinger, der der Liebling der ganzen Sokolovna ist. Helga wog sich im Pyjama, Gewicht: 50 kg! Mädchen im Alter von 13 ½ Jahren 43 kg. Normalgewicht für Frauen bei Größe von 153 cm, 48 kg. Das Gewicht von Gaya 18.1.1943 wieder erreicht.

Dienstag, 11. Januar 1944
3 h Nachmittag Marta, Mimi und ich bei Helga, die gut aussieht. Ich bringe ihr kleine plačky[1] mit Marmelade, Haché, ¼ Brot und zwei Würfel Schokolade. – Leas erstes Paket auf Zulassungsmarke.

Mittwoch, 12. Januar 1944
Fünftes Wannenbad im Brauhaus. ½ 10 h Kaffeehaus Klavierkonzert des blendenden Pianisten Cerini. Röntgenisierung Helgas – kein Lungenbefund.

Donnerstag, 13. Januar 1944
3 h Nachmittag Besuch bei Helga in der Sokolovna. ¾ 3 h Besuch im „Grandhotel"[2] beim sterbenden Kurt Ruhemann (1897 Berlin), dem Freunde Karl Kraus' und eifrigen Leser Schopenhauers. Ruhemann erkennt mich beim Eintritt. „Eis und Schnee – Schnee und Eis" sind die Worte, die der Sterbende öfters wiederholt. Trauriger Abschied. – Räumung der Hamburger Kaserne. Marta übersiedelt vom Zimmer 166,

---

1 Plačky, tschechisch für kleine Pfannkuchen
2 Das Haus L 403 war vormals das „Grandhotel" und wurde auch in der Ghettozeit so genannt, obwohl es alles andere als ein Grandhotel war.

wo sie Zimmeraufseherin war, auf den Dachboden der Hannover Kaserne. – Tod Ruhemanns.

Sonnabend, 15. Januar 1944
Vormittags mit Mimi im Café. Konzert des Kapellmeisters Horowitz, Solo des Geigenkünstlers, Cellosolo Col Nidre von Fröhlich aus Prag. 3 h Nachmittag bei Helga. – Helga liest ein Buch mit einer Teilbiografie Mendelssohns. Sie ist begeistert über den Ausblick, den sie vom großen Saal der Sokolovna hat. Bezeichnend für ihre Gemütsart ist der Ausspruch: „Ich habe Trauerweiden so gerne. Im Vorhof der Sokolovna stehen welche."

Montag, 17. Januar 1944
Trudes 21. Geburtstag.

Dienstag, 18. Januar 1944
Karls 55. Geburtstag. Gott gebe, dass er noch lebe. Ein Jahr ist verstrichen, seit der Abreise aus der Heimat. 3 h Nachmittag bei Helga, die noch alle Anzeichen von Enzephalitis hat.

Sonnabend, 22. Januar 1944
Lea besucht Helga in der Sokolovna. Lea schaut voll Verzückung zu Helga empor, die an der Reling der Terrasse freudestrahlend dem Kinde zuruft. Marta bringt Helga Gayaer Brot mit Schmalz und Wurst.

Sonntag, 23. Januar 1944
Erster Jahrestag unserer Ankunft in Theresienstadt. Fritz erhält Nachricht von Mařenka.

Mittwoch, 26. Januar 1944
3.30 h von Marta (Baracke) auf dem Wege zu Mimi. Vor dem Hause L 415 größte Überraschung. Aus dem Haustor schießt Helga heraus, die aus der Sokolovna entlassen wurde. Mit dem Freudenschrei „Tatí"[1] umarmt sie

---
1 Tschechisch für „Papi"

mich unter Küssen. Das Kind wollte mir eine große Überraschung bereiten, indem es mich täuschte. Beim gestrigen Besuch schrieb sie mir, dass sie nach Aussicht der Ärzte erst in 14 Tagen o. B.[1] sein wird.

Freitag, 28. Januar 1944
Mařenka gratuliert zum 50. Geburtstag. Karte in Gaya am 25. aufgegeben („von Vati keine Nachricht"). – Marta, Fritz, Joška finden sich mit Geschenken ein.

Sonnabend, 29. Januar 1944
Mein 50. Geburtstag – im Lager! Es regnet vormittags wie im April. Um 15.30 h Jause[2] bei Mimi. – Helga übersprudelt vor Lebhaftigkeit, Zärtlichkeit und Glücksgefühl. Sie überrascht mich mit einem schönen Geschenk, das mir auch in späteren Tagen ein symbolhaftes Andenken sein wird. Ein Anhänger für eine Uhrkette, auf der Vorderseite das Theresienstädter Wappen, auf der Rückseite, O.P. CN 175 und 29.1.1944.

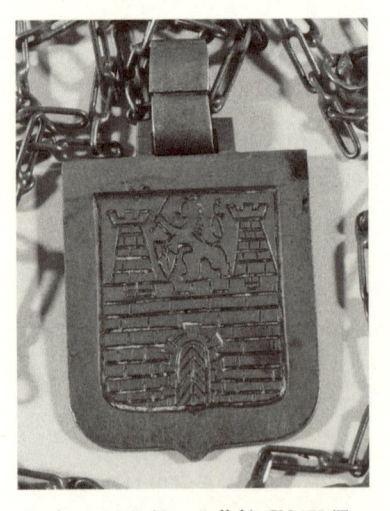

Rückseite: O.P. (Otto Pollak), CN 175 (Transportnummer)

---

1 Abkürzung für ‚ohne Befund'
2 Jause, österreichisch, Zwischenmahlzeit, Kaffee und Kuchen oder anderes

Donnerstag, 3. Februar 1944
Helga schriftstellert. Als ihr Pseudonym wählt sie nach meinem Vorschlag Kiopo.[1] Sie bestellt sich bei einem Buchbinder ein Tagebuch von 180 Seiten, Gegenwert: 3 x 6 Deka Margarine.

Freitag 4. Februar 1944
28. Wiener Koli[2] von Josefine circa 7 kg. Inhalt: 4 kg Brot, 30 Stück Lebkuchen und ein Kalender von 1944. Helga 6 Abendgänge: Graupeneintopf, Suppe und Senfsoße, Knödel mit Zucker, Grieß in der Milch, belegtes Brötchen. Helga sagte: „Ich habe mich schon lange nicht so gut angegessen." – Fritz erhielt gestern ein Zulassungspaket: 12 kg.

Sonntag, 6. Februar 1944
20 h Appell wegen neuer Postvorschriften. Alle sechs Wochen Schreiberlaubnis, alle Sendungen erlaubt. Kaffee, Tee, Tabak, Zigaretten, Geld verboten. Paketschleusung künftig in Gegenwart des Empfängers.

Dienstag, 8. Februar 1944
5 h bei Helga im Heim, welche rezidiv wurde. Ich bringe ihr Abendbrot und meine Arbeit über den Amazonenstrom, was sie sehr interessiert. Auf der schön geschmückten Polička[3] hat sie der Mutti Bild.

Dienstag, 15. Februar 1944
Joškas 19. Geburtstag. Um 1 h mittags gratulieren Helga und ich meinem Neffen, der 19 Jahre alt wird. In seinem netten Kumbalek[4] auf der Seestraße 16 bewirtet uns Joši mit einer guten Torte. Es wird Grammophon gespielt. Zwei russische Columbia Platten gefallen mir sehr gut.

---

1 Kiopo, abgeleitet aus Kyjov und Pollak
2 Gemeint ist ein Päckchen. Unklar, warum Otto Pollak das türkische Wort benutzte.
3 Polička, tschechisch, kleines Regal
4 Kumbálek, Kumbál, tschechisch, kleine Kammer, Verschlag

Mittwoch, 16. Februar 1944
Tagesbefehl Nr. 411 vom 15.2. Warnung vor Fluchtversuchen. Folgen auch für die Angehörigen außerhalb des Ghettos.

Sonntag, 20. Februar 1944
Schönster Wintertag des Jahres. Kein Nebel. Wolkenloser azurblauer Himmel, kalt doch herrlich strahlt die Wintersonne. Auf dem „Monte Terezino"[1] glänzt der frisch gefallene Schnee.

Dienstag, 22. Februar 1944
Frau Lilly Fantl – Prag, Protokollantin im Haus von Onkel Berthold, gebar heute Zwillinge.

Mittwoch, 23. Februar 1944
In freien Stunden besuche ich die Lesestube der Ghetto-Zentralbücherei. Leiterin: Frau Mansbacher, Lübeck.

Donnerstag, 24. Februar 1944
Morgens sehr kalt, Eisblumen an den Fenstern. Der kälteste Tag dieses Winters, minus 18°C.

Sonnabend, 26. September 1944
Die Zwillinge, zwei Mädchen, erhielten den Namen Jana und Sonja.

Sonntag, 27. Februar 1944
Kremation von E. Hajek, der nach mehrmaliger Enteritis an Entkräftung starb.

Montag, 28. Februar 1944
Helga maß ohne Schuhe 1,56 m, Wachstum in 10 Monaten 4 cm.

---

1 Verballhornung vermutlich für den „Südberg", eine Erhöhung der Bastei (Festungswälle). Von dort konnten die Ghettoinsassen gelegentlich in die Ferne schauen.

Mein Tagebuch

Mittwoch, 5. Januar 1944
Man kann sagen, dass ich das letzte Mal im vorigen Jahr geschrieben habe. Wie seltsam das klingt. Und dazu ist heute ein für mich wichtiger Tag. Mutti feiert ihren 36. Geburtstag. Und ich habe mich erst am Abend daran erinnert. Zuerst habe ich mir eingeredet, heute sei der 4. Ich hoffe, dass man es mir verzeihen kann. Es war doch ein furchtbar turbulenter Tag. Ich bin in der Sokolovna. Ich bin hier heute angekommen, ich habe Enzephalitis. Eine Schlafkrankheit oder eine Grippe des Kleinhirns. Ich habe es seit zehn Tagen.

Also, ich war zehn Tage im Marodenzimmer und ein Tag in einem Zimmer im ersten Stock unseres Mädchenheims. Es war dort wirklich schrecklich. Die Türen und die Fenster konnte man nicht schließen, die Fensterscheiben und die Verdunkelung sind kaputt, der Ofen wurde nicht geheizt. Überall lagen einige Zentimeter Staub. Niemand kümmerte sich um uns, weil es eigentlich kein richtiges Marodenzimmer ist. Wir sollten

Sokolovná, das Vereinshaus des tschechischen Turnvereins Sokol (Falke). Das Foto stammt aus der Vorkriegszeit. Zur Ghettozeit diente das Gebäude als Krankenhaus, später als Gemeinschaftshaus. Im Juni 1944 wurde dort für die Besucher des Komitees des Internationalen Roten Kreuzes *Brundibár* aufgeführt.

lediglich von den gesunden Mädchen isoliert werden. Jetzt bin ich aber froh, dass ich hier bin. Die Sokolovna ist das schönste Gebäude, das zum Ghetto gehört. Es ist ganz modern. Jetzt wurde hier ein Krankenhaus eingerichtet. Dort, wo früher Theater gespielt wurde und ein Kino war, sind jetzt Labore. Es gibt hier phantastische Ärzte und Krankenschwestern. Und vor allem, es ist sauber hier.

Es ist lieb von Johanna, dass sie auch zu Weihnachten und Neujahr an mich denkt und mir Schokolade schickt, die doch ihr Sohn genauso braucht wie ich.

Im Marodenzimmer war ich mit zwei Mädchen von unserem Zimmer. Wir lagen nebeneinander, ich in der Mitte, rechts Didi und links Rutka. Rutka und ich sind uns sehr nahe gekommen. Ich glaube, dass ich mich mit ihr sehr gut verstehen würde. Sie spricht furchtbar gern mit jemand über ihre Eindrücke, über die Wissenschaft usw. Ich möchte wirklich so eine Freundin haben. Ich habe sie sehr gern und glaube, sie mich auch. Und jetzt liegen wir wieder zusammen.

Gestern schaute ich zum Fenster hinaus, es war gegen neun Uhr abends. Ich sah vor mir ein Bild wie auf einer Postkarte – eine winterliche Landschaft, überall glitzerte Schnee. Der Himmel war schwarz und mit mehr als tausend kleinen Sternen übersät. Überall herrschte Stille, die ganze Gegend schlief. Die Bäume waren mit Schnee bedeckt, doch es sah aus, als hätte ein Künstler oder ein Zauberer ein Wunder bewirkt, auf dass alle Bäume wie im Frühjahr blühen und alle die gleichen schönen weißen Blüten haben. Durch einen Baum schimmerte Licht hindurch, vermutlich vom Eingang zur Hohenelbe. Mir kam es vor, als hörte ich das Schellengeläut eines Schlittens, der von Pferden gezogen wird, doch leider spielte sich das alles nur in meiner Phantasie ab. Heute früh war die ganze Schönheit verschwunden, als hätte die Erde sie geschluckt.

Ich habe noch vergessen zu schreiben, dass unsere Mädchen uns in der Sokolovna mit großem Jubelgeschrei begrüßt haben, beinahe hätten sie uns erdrückt.

Papa kommt wahrscheinlich nicht mehr, doch morgen kommt er bestimmt. Ich freue mich, dass Mimi gesund ist und mich besuchen kommt. Ich muss aufhören, das Konzert beginnt.

Das Konzert ist vorbei. Wahrscheinlich wurde es vom Verwalter der

Sokolovna veranstaltet. Es war wunderschön. Einer spielte die Geige und einer Ziehharmonika. Das Konzert dauerte eine Stunde. Es war wirklich schön. Sie spielten *Ave Maria* von Gunod, *Humoreske* von Dvořák, einen Auszug aus der Operette *Die Csárdásfürstin*, *Poem* von Fibich und Nationallieder. Als *Ave Maria* gespielt wurde, ist mir ein Satz eingefallen, den ich irgendwo gelesen habe und nun hat sich die Richtigkeit dieses Satzes bestätigt: „Die Musik ist die zauberhafteste und ergreifendste Schöpfung der menschlichen Seele, die der Mensch aus dem Nichts geschaffen hat."
Von Ela habe ich eine Ansichtskarte mit dem Wiener Burgtheater bekommen, ich habe sie in mein Tagebuch eingeklebt, damit ich, wenn ich es aufschlage, das Bild meiner Geburtsstadt vor mir habe, wo ich so viele glückliche, manchmal auch traurige Stunden meiner Kindheit verbrachte. Ich lebte in Wien. Und auch wenn ich von Wien kilometer- und meilenweit entfernt sein sollte, lebt die Stadt doch immer in meinen Gedanken und falls es nötig sein wird, dass jemand es verteidigt, werde ich es verteidigen. Wien bleibt für mich vom 28. Mai 1930, 23.40 Uhr bis 3. Juli 1938 stets in meinen Gedanken.

Donnerstag, 6. Januar 1944
Ich werde ein bisschen beschreiben, wie es hier aussieht. Die Sokolovna ist ein schönes, modernes Gebäude, voller Laboratorien. Dort, wo früher das Kino war, ist heute ein Siechenheim. Der Raum, in dem jetzt die Enzephalitis-Fälle untergebracht sind, ist eigentlich die Turnhalle. Als Theresienstadt zum Ghetto wurde, wurde die Turnhalle umfunktioniert zur Krankenstation für Typhuskranke und nun, wo es keine Typhusepidemie mehr gibt, ist es die Krankenstation für Enzephalitis-Kranke. Es gibt hier vier Reihen Betten. In jeder Reihe liegen zwanzig Patienten. Jede Reihe hat einen Arzt. In der Nacht haben ein Arzt und eine Krankenschwester Dienst. Tagsüber sind hier ungefähr fünf bis sechs Krankenschwestern. Die Visite besteht aus einem Primararzt, zwei Ärzten, zwei Ärztinnen, einer Oberschwester und drei oder vier Krankenschwestern. Wir werden um 6 Uhr geweckt, die Krankenschwester misst den Puls und die Temperatur. Um 9 Uhr macht der für uns zuständige Arzt Visite, und gegen 11 Uhr kommt der Oberarzt.
Am Nachmittag kam Professor Sittig, ein Nervenspezialist, und unter-

suchte die Neuankömmlinge. Der Primar, der Pfeiffer heißt, und auch der Arzt, dem ich zugewiesen wurde, hat etwas an meiner Lunge gefunden, also habe ich zwei Spritzen bekommen, jede davon besteht aus drei Tropfen Tuberkulin. Ob man positiv ist, erkennt man daran, dass man an der Stelle, wo das Serum eingespritzt wurde, kleine Beulen bekommt, dies ist ein Befund. Ich hoffe, dass ich nichts haben werde.
Auch hier wird Blut entnommen, aus der Vene und aus dem Finger. Ich, Rutka, Didi und alle, die zur gleichen Zeit wie ich kamen, liegen im Vorsaal, es gibt hier neun Betten, aber nur sechs sind besetzt. Der Vorsaal diente, glaube ich, früher als Garderobe und Büfett, wo den Turnern Erfrischungen angeboten wurden.
Auch der Vorsaal ist in zwei Reihen unterteilt. In der ersten Reihe stehen vier Betten, in der zweiten fünf. Ich liege an der Seite, wo die Zentralheizung ist und vier Betten stehen. Unser Arzt ist Dr. Herlinger, die zweite Reihe hat Dr. Munk.
In Dr. Herlinger sind alle Mädchen unglücklich verliebt. Er ist nämlich verheiratet. Er ist schön und fesch. Er hat ein eigenartiges Lächeln, weshalb sich vermutlich alle in ihn verknallt haben, ich aber nicht, doch er ist mir sehr sympathisch.
Dr. Pfeiffer stammt aus Wien, er ähnelt einem Künstler. Er hat weißes, ziemlich langes, gekraustes Haar und trägt eine Fliege, er ist sehr lieb und macht den Eindruck eines älteren, respektvollen und stattlichen Mannes. Er war bereits in Wien Primararzt.
Heute durften wir auf den Balkon, es gab Besuchszeit, und so habe ich mit Papa vom ersten Stock herab gesprochen.
Vermutlich wird es einen Befund geben.

Freitag, 7. Januar 1944
Der Befund ist positiv. Ich habe Angst davor. Papa war bei mir, er brachte mir Pudding und einen Brief, der sehr lieb war. Ich hoffe, dass das mit der Lunge vorbeigeht. Hier hat nämlich jeder Zweite einen Lungenbefund. Das kommt von der Nahrung, aber ich glaube nur bei den Kindern. Die haben es, weil sie wachsen.

Sonntag, 9. Januar 1944
Gerade habe ich ein Buch zu Ende gelesen, das mehr als 500 Seiten hat. Der Autor heißt Kožík, das Buch *Der größte der Pierrots*. Jean-Gaspard Debureau, der größte französische Schauspieler der Pantomime, hieß eigentlich Jan Kašpar Dvořák und wurde am 31. Juni 1796 in Kolín in Böhmen geboren. Er ist bestattet in der 59. Abteilung des Pariser Friedhofes Père-Lachaise, und an seinem Grabstein steht als Inschrift „Hier liegt der, der alles gesagt hat, ohne jemals gesprochen zu haben."
Eines Novemberabends im Jahr 1840 klopfte ein magerer, schwarz gekleideter Mann an die Tür von Doktor Ricard (damals der beste Pariser Arzt). Der Arzt sah sich den interessanten Besucher forschend an, seine hohe Stirn, sein bleiches Gesicht, die schmalen, skeptischen Lippen. Der Arzt: „Sind Sie krank, mein Herr?" Der Mann: „Ja, Doktor. Ich glaube, tödlich krank." Der Arzt: „Was fehlt Ihnen?" Der Mann: „Ich bin traurig, zum Verzweifeln traurig. Ich habe einen Spleen, ich langweile mich, mir graut es vor mir selbst und vor Menschen, vor der ganzen Welt." Der Arzt: „Das ist nicht tödlich. Ich kenne eine Arznei für Sie." Der Mann: „Welche Arznei ist es?" Der Arzt: „Eine Arznei, die Sie von all dem heilen wird. Gehen Sie ins Theater, schauen Sie sich Debureau an!" Der bleiche Mann verneigte sich und sagte traurig: „Ich bin Debureau, Doktor!"
Diese Geschichte wird über alle großen Komiker erzählt. Doch nur im Fall Debureaus ist sie wahr. Im zweiten Teil des Buches wird erneut ein Besuch bei Dr. Ricard geschildert. Nach dem beendeten Gespräch steht dort folgendes: „Und Caspar ging auf die Straße hinaus, trauriger als zuvor. Er wusste, dass er krank war, unheilbar krank."

Montag, 10. Januar 1944
Gerade bin ich in den Saal umgezogen, auf den Platz von Lissau, in die vierte Reihe neben Eva Heller. Dr. Kubín ist hier, er kommt aus Wien. Er kennt meinen Papa und Onkel Karl gut. Er ist ein ausgezeichneter Arzt und sehr gewissenhaft. Weißt du, ich bin ein Zwilling. Neben Eva Heller, an der anderen Seite, liegt ein Fräulein aus Wien, sie kann ziemlich gut Tschechisch, weil sie wie ich 1938 hierher gekommen ist. Sie heißt Trude. Sie hat eine Schwester in England, die, als sie wegfuhr, so alt war wie ich. Ich würde sie sehr an sie erinnern, sagt sie, sie habe genauso ausgesehen

wie ich, sprach auch so, hatte den gleichen Blick wie ich, nur helle Haare. Trude ist ein sehr intelligentes Wesen und kann bei vielen die Schrift deuten, besser als Rita, und so hat sie bei mir gedeutet: Ich sei sehr intelligent, habe eigenständige Ansichten, sei fleißig und nicht egoistisch, habe einen Sinn für Schönheit, sei feinfühlig, für einige Sachen soll ich sehr begabt sein. Ein sehr sympathisches Geschöpf. (Sie wusste nämlich nicht, dass es um mich geht, sie meinte, es gehe um eine Freundin von mir.) Sie sagte mir auch, dass ich sicherlich eines der besten Mädchen in unserem Zimmer sei. Sie sagte mir, dass ich besser sei als die Meinung, die ich von mir habe.

Zufällig hatte ich im Poesiealbum Briefe, die ich hier in der Sokolovna erhielt, darunter auch einen Brief von Mimi. Den habe ich nicht deuten lassen, doch Trude, als sie die Schrift sah, sagte: „Das ist ein sehr sympathisches Geschöpf, sehr gütig und liebreizend, und sehr intelligent und gebildet dazu." Auch meinen Papa ließ ich mir deuten: sehr intelligent, überall beliebt, er habe einen Sinn für Schönheit, sei ein Realist, auch temperamentvoll, obwohl er innerlich sehr ausgeglichen sei. Er sei sympathisch, zielbewusst und energisch. Er habe ein gutes Verhältnis zur Arbeit und zu den Menschen. Über mich hat sie noch gesagt, dass ich relativ still sei.

Sonnabend, 5. Februar 1944
Also, in einigen Tagen wird es einen Monat her sein, dass ich zuletzt in mein Tagebuch geschrieben habe. Schon mehr als eine Woche bin ich von der Sokolovna zurück. Am 25. Dezember wurde ich untersucht und es hieß, dass ich Enzephalitis habe. Am 25. Januar wurde mir gesagt, dass ich ohne Befund sei. Am 26. Dezember kam ich aufs Marodenzimmer, in die Nr. 17., und am 26. Januar wurde ich entlassen, also war ich genau einen Monat krank.
Es gibt jetzt genug Sachen, die ich dir mitzuteilen habe. 1. Die Mokins geben Verluste *an der russischen Front*[1] zu. 54 000 Flugzeuge haben in

---

1 Diese Worte hat Helga vorsichtshalber in Spiegelschrift geschrieben.

Nordafrika Manöver abgehalten, ihr Dröhnen war bis nach J.[1] und Frankreich zu hören, es waren *englische und amerikanische Flugzeuge*[2]. Wir haben jetzt eine Pfadfindergruppe. Ich war noch in der Sokolovna, als dies beschlossen wurde. Wir haben eine Pfadfindergruppe mit dem Zimmer 9 – das sind die Jungen, mit denen wir uns zusammentun sollten. Wir heißen Biber, so heißen wir alle, die Jungen und die Mädchen. Und diese Biber, weil sie zu zahlreich sind, sind in 5 Gruppen unterteilt. Zusammen sind wir 70 Leute. Eine der Jungengruppen hat den Namen unserer gesamten Gruppe übernommen, also Biber, die zweite Jungengruppe heißt Wölfe, das ist die beste Gruppe. Dann gibt es die Schnellschützen. Wir Mädchen sind in Füchse und Kleine Löwen unterteilt. Ich bin bei den Kleinen Löwen. Jede Gruppe hat eine Flagge. Wir haben eine weiße mit einem Löwen aus Leder. Unsere Flagge ist mit einem grünen Saum eingesäumt. Die Flagge der Füchse ist grün mit einem gelben Fuchs und der Saum ist braun. Jede Gruppe hat einen Schlachtruf. Ich werde nur den unseren aufschreiben, die anderen kenne ich nicht und die Flaggen der Jungen kenne ich auch nicht. „Schreiten wir vorwärts stets mit Löwenstärke, wie es der König der Tiere tut. Vorwärts, junge Löwen, vorwärts. Allzeit bereit!"
Zuerst wollte ich der Pfadfindergruppe gar nicht beitreten, denn ich weiß, was dabei herauskommt, wenn sich Mädchen mit Jungen zusammentun. Ich habe auch gesehen, dass einige die Pfadfinderei gar nicht ernst nehmen, sie wollen nur Kontakte mit den Jungen haben, zum Beispiel Ela, Flaška, Jiřinka usw. Doch dann habe ich es mir überlegt und mitgemacht. Ich dachte, dass einige es doch – ich schreibe in der Dunkelheit, der Gong ertönt, und so muss das Licht ausgemacht werden – ernst meinen würden. Und ich liebe ja die Pfadfinderei, weil ich einfach die Natur liebe. Na, und jetzt bin ich drin, doch dies ist keine richtige Pfadfinderei. Ich habe doch gleich gesagt, dass sie es nicht ernst nehmen werden und sie nehmen es auch nicht ernst. Sie wollen einen Ball veranstalten und tanzen, und das dürfen Pfadfinder doch nicht. Igitt – tanzen! Körper an Körper aneinan-

---

1 Womit sicherlich Jugoslawien gemeint ist.
2 Auch diese Worte hat Helga vorsichtshalber in Spiegelschrift geschrieben.

der gepresst, der Geruch von Schweiß und Schminke. Ich bin dagegen. Das ist nicht erlaubt nach den Regeln der Pfadfinder. Diejenigen, die es ernst gemeint haben, haben es Rita gesagt, und die hielt uns eine Art Moralpauke, und so hat man vom Tanzen abgelassen. Über die Pfadfinderei werde ich nicht mehr schreiben, denn ich habe ein kleines Heft, in dem die Pfadfindergesetze in der Morseschrift festgehalten sind usw., und in dieses Heft werde ich auch einige Ereignisse eintragen, die sich in der Pfadfindergruppe zugetragen haben.

Du bekommst ein neues schönes Kleid, das dir für das ganze Jahr zugedacht ist!

Vor drei Tagen habe ich zum ersten Mal in meinem Leben einen Heißluftballon gesehen, aber ohne Korb. Durch den Wind wurde der Korb wahrscheinlich abgerissen, was vermutlich in Deutschland geschah, denn der Ballon kam vom Westen her. Die Seile, mit denen der Korb an den Heißluftballon befestigt war, hingen noch herab.

Ich schreibe mit dem Füller, den ich vor fünf Tagen von Mimi als verspätetes Geschenk zu Chanukka bekommen habe. Heute habe ich mich wunderbar mit Rutka unterhalten, bei ihr auf dem Stockbett, und dann bin ich dort eingeschlafen und so habe ich bei ihr oben auf dem Einzelstockbett bis früh geschlafen.

Papas Geburtstag hat mir sehr gut gefallen. Er ist gut gelungen. Mein Papa war sehr gerührt von meinem Geschenk. Von der Tante bekam er eine Torte, von Mimi eine Torte (Schokoladentorte), einen Kamm und eine Zahnbürste, vom Hausältesten eine Torte, von Herrn Koch einen Pudding, von Trude Sardinen und einen Laib Brot, von Joška eingelegtes Gemüse und von mir den Anhänger mit dem Theresienstädter Wappen und Krokant. Wir haben bei Mimi eine schöne Jause gemacht (Pilzsuppe, Knödel mit Marmelade und Semmelbrösel, belegte Brötchen und Kaffee, Buchteln und Torte). Für Theresienstadt war es ein schöner Geburtstag.

Freitag, 25. Februar 1944
Ich bin dir jetzt untreu, nicht wahr? Ich muss jetzt viel lernen, damit ich in der Gruppe A bleibe. In Geographie war ich die zweite, 95 %, und in Geschichte hatte ich 100 % und bin mit Lissau die zweite. Zur Abwechslung bin ich wieder einmal krank, erkältet.

Mittwoch, 5. Januar 1944
Von Ela habe ich eine Ansichtskarte mit dem Wiener Burgtheater bekommen.
Ich lebte in Wien. Und auch wenn ich von Wien kilometer- und meilenweit entfernt sein sollte, lebt die Stadt doch immer in meinen Gedanken und falls es nötig sein wird, dass jemand es verteidigt, werde ich es verteidigen. Wien bleibt für mich vom 28. Mai 1930, 23.40 Uhr bis 3. Juli 1938 stets in meinen Gedanken.

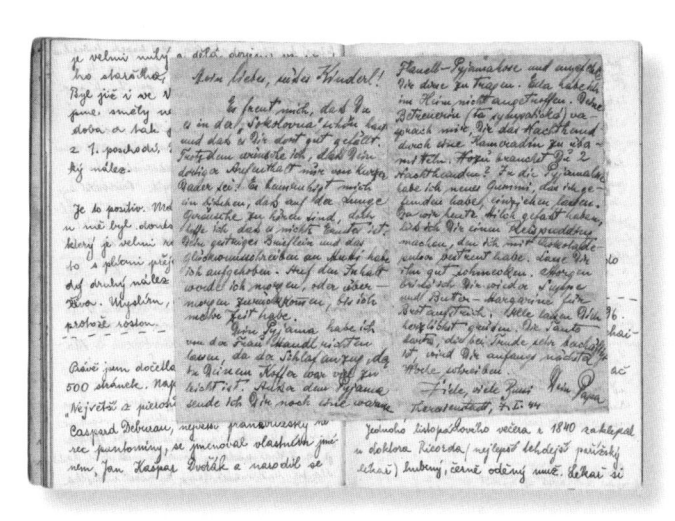

Freitag, 7. Januar 1944
Mein erster Brief, den ich in der Sokolovna erhielt.

> Theresienstadt, 5.I.1944
>
> Liebste Mutti!
>
> Ich wünsche Dir zu Deinem 36. Geburtstage viel Glück und Gesundheit. Es ist schon Dein vierter Geburtstag den du weit von mir in der Ferne feierst aber ich hoffe, daß Deinen nächsten Geburtstag werden wir schon zusammen feiern und werden sich alles ersätzen. Dann werden wir uns viel erzählen weil wir müßen alles einhollen was wir in den 5 Jahren versäumt haben Noch einmal alles Gute.
> Viele Küsse und Grüße
> von Deiner Dich
> liebende Tochter
> Helga.

Symbolischer Geburtstagsgruß von Helga an ihre Mutti

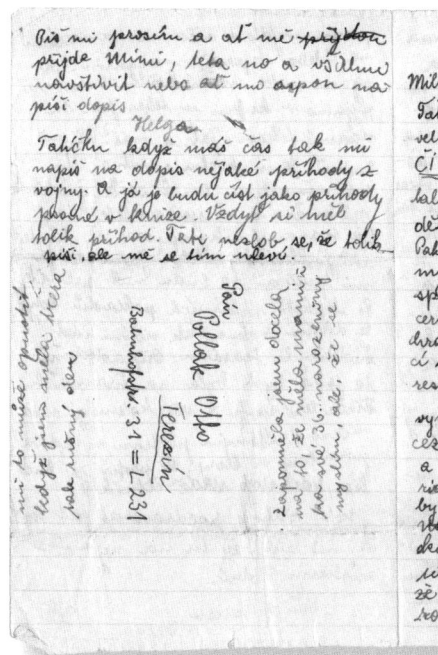

Terezin, 6. Januar 1944
Lieber Papa,
wir sind endlich hier. Es ist hier schön, und die Hauptsache: Es ist hier SAUBER. Die Mädchen, die bereits in der Sokolovna waren, begrüßten uns stürmisch – ein Wunder, dass sie uns nicht erdrückt haben. (...)
Um neun Uhr gingen die Lichter aus. Ich habe so eine schwere Decke, dass ich dachte, ich müsste in der Früh so dünn wie ein Pfannkuchen sein.
Ich liege neben Ruth Gutmann. Das ist ein prima Mädchen aus unserem Zimmer. (...) Bitte, schreibe mir, mir ist hier etwas bange. Ich lese jetzt ein deutsches Buch: Die jüdischen Millionäre. (...)
Wenn ich aus dem Fenster schaue, sehe ich die Sudeten-Kaserne, auch Stacheldrahtzaun. Es sieht aus, als würde ich an der Grenze liegen. Alles ist schneebedeckt und in der Ferne sind Wälder und Berge. Am Zaun ist ein Wachhäuschen; und ein Gendarm.

Helgas Brief an ihren Vater, den sie von der Terrasse der Sokolovna aus an einer Schnur ihrem Vater runterließ.

8
Theresienstadt, März–April 1944

Aufzeichnungen meines Vaters

Mittwoch, 1. März 1944
Letzter Fett-Vorrat (2. Aluminium Dose 1 kg) aus Gaya nach 13 Monaten in Angriff genommen.

Sonnabend, 4. März 1944
Am 8.1 wog Helga 50 kg, jetzt 46. Gewichtsabnahme 4 kg. Seit etwa 10 Tagen zeigt das Kind völlige Appetitlosigkeit. Arzt stellte noch keine Diagnose.

Montag, 6. März 1944
Aufhebung der Grußpflicht gegenüber allen Uniformträgern.

Sonnabend, 11. März 1944
Reinigungswoche 6.–12. März. Unser Heim wird prämiert. Ich erhalte als Prämie 1 kg Brot, eine halbe Dose Pastete, 10 Deka Margarine und 10 Deka Zucker. – Helga zeigt Anzeichen von Gelbsucht. 6 Tage keinen Stuhlgang, was sie leider verheimlicht.
6 h abends im Kaffeehaus beim Orchesterkonzert. 16 Mann, Prof. Carlo Taube. Sie spielten Zauberflöte von Mozart, Aus Schuberts Skizzenbuch: Phantasie, Kreisler Präludium und Allegro, Solo Fröhlich, Dvořak, zwei slawische Tänze.

Donnerstag, 16. März 1944
Helga hat wieder normalen Stuhlgang, dank dem Karlsbader Salz, das sie mit Widerwillen nimmt. Gestern erhielt sie eine Eßschale mit Süßigkeiten und zum Abendbrot einen Streuselkuchen, Zuckerzugabe und Milchbrot. Die Ikterus[1] Kost schmeckt ihr besser als die Kinderküche. Vormittag Schneetreiben. Letzter Schnee?

Donnerstag, 23. März 1944
5 h morgens am Hof, klarer Himmel, alles mit neuem Schnee bedeckt – als wäre es der 23. Dezember.

Sonnabend, 1. April 1944
Es fallen die Schranken der arischen Straße, der Stacheldrahtzaun um den Hauptplatz wird entfernt.

Montag, 3. April 1944
½ 6 h mit Helga bei Gogols Lustspiel *Die Hochzeit*. Das Kind amüsiert sich königlich.

Dienstag, 4. April 1944
Morgen Einführung der Sommerzeit. Ausgeh-Bewilligung bis 9 Uhr abends erstreckt.

Freitag, 7. April 1944
Erster Pessach-Tag. Der erste schöne sonnige Frühlingstag trotz kühler Luft. Ausgeherlaubnis bis 22 h! (wegen Seder).

Sonntag, 8. April 1944
Ich begegne Frau Baron, Rathausgasse 8/14, die mir erzählt, dass ihr Gatte, unser Nachbar aus Wien, vor 4 Wochen im Alter von 63 Jahren gestorben ist. Sie bestärkt mich in der Hoffnung, dass mein Bruder Karl noch am Leben ist.

---

1 Gelbsucht

Dienstag, 11. April 1944
Helga freut sich über die neue kurze Knabenhose, die Frau Mandl ihr genäht hat. 7 h abends sehe ich die erste Schwalbe sitzen auf einem Mauervorsprung des Nachbarhauses.

Mittwoch, 12. April 1944
8.30 h Vorladung wegen Lissabon-Paket. Wahrscheinlich von Frieda.

Sonnabend, 15. April 1944
Ab heute keine Tagesbefehle mehr, sondern „Mitteilungen der Jüdischen Selbstverwaltung. Nr. 1" erschienen.

Sonntag, 16. April 1944
Heute hörte ich von der Umwandlung des Jüdischen Friedhofes in Gaya in eine Parkanlage.

Mittwoch, 19. April 1944
Ich war heute entsetzt über Helgas mangelnde Nettigkeit. Ungeputzte Schuhe, zerrissene Strümpfe, Flecken im umgearbeiteten Schulkleid. Ich mache ihr Vorhaltungen und sage, dass nach dem Kriege diesen Teil der Erziehung wird die Mutti übernehmen müssen. Mit Heftigkeit erwidert Helga, sie sei kein Gegenstand, den man nach Belieben hin und her schickt, den man behält, wenn er gefällt, und den man abstößt, wenn man seiner überdrüssig geworden ist.

Sonntag, 23. April 1944
Heute am 15. Monatstag meiner Anwesenheit im Ghetto beginne ich meine neue Tätigkeit als Hausältester-Stellvertreter.

Montag, 24. April 1944
Blockältester Fantl spricht von Transportgerüchten.
10 000–14 000 Protektoratsangehörige sollen nach Birkenau gehen.

Dienstag, 25. April 1944
Stadtkapelle circa 30 Mann tritt in Funktion und soll bei günstiger Witterung täglich von 18–19 h am Marktplatz konzertieren.

Mittwoch, 26. April 1944
Helga macht einen Aufsatz *Jarov* (Frühling), den sie auf Mimis Lager am Dachboden der Dresdner Kaserne verfasste. Sie liest uns die gute Stilübung vor, die von schriftstellerischer Begabung und reicher Phantasie zeugt.

Sonntag, 30. April 1944
Eröffnung des neuen großen Gemeinschaftsraumes in der Sokolovna, Westgasse, in Anwesenheit des Ältestenrates, der leitenden Mitarbeiter aller Abteilungen sowie der von der Stadtverwaltung eingesetzten Arbeitergruppen.

Mein Tagebuch

Mittwoch, 1. März 1944
Ich habe dir ein neues Kleid machen lassen, das ich dir in wenigen Wochen anziehen werde.[1] – Bei uns gehen jetzt Sachen verloren, deshalb macht Tella Kontrollen, um dies zu lösen. Wir haben eine neue Tschechisch-Lehrerin bekommen, eine richtige Xanthippe. Sie hat am Gymnasium in der Oberstufe unterrichtet.

Sonnabend, 18. März 1944
Seit 17 Tagen habe ich nichts geschrieben, sei mir nicht böse. Möglich, dass ich jetzt eine längere Zeit nicht mit dir sprechen werde. Ich liege seit 10 Tagen im Bett mit einer Magengrippe. Ich habe Gelbsucht (Nahrung ohne Margarine und viel Zucker), es schmeckt mir viel besser als das Essen der Kinderküche. In der Kinderküche gibt es dauernd Knödel, während es bei Gelbsucht für Theresienstadt ziemlich vielseitige Gerichte gibt.
Morgen werden wir Arnos Geburtstag feiern (unser Pfadfinderleiter), ich werde hingehen, selbst wenn der Doktor es mir nicht erlaubt. Ich muss mich jetzt auf die Pfadfinderprüfung vorbereiten, obwohl mir die Pfadfinderei nicht besonders gefällt, aber ich kann doch die Lissau nicht im Stich lassen. Ich werde versuchen, viele Punkte zu erzielen, das ist die einzige Sache, die mir bei der Pfadfinderei gefällt.
Dein Kleid ist schon fertig. Die Russen preschen sehr schnell nach vorwärts. Sie sind bereits in *Lemberg*.[2] Ich hoffe, dass der Krieg bald zu Ende ist und ich bei Mutti bin und studieren kann. Mařenka hat uns zwei Mal eine Korrespondenzkarte geschickt, aus der nur Verzweiflung und Traurigkeit sprechen. Mein Papa hat die Hoffnung aufgegeben, dass Onkel Karl noch am Leben ist.
Lea ist so putzig, dass ich sie am liebsten erdrücken würde. Vor zwei Tagen waren Tante Marta und Lea bei mir. Sie weinte, als sie nach Hause gehen sollte. Als die Tür offen stand, rief sie: „Oma, zumachen", und als sie zu

---

1 Die Umschlaghülle für das neue Tagebuch
2 Lemberg / Lwov ist in Spiegelschrift geschrieben

war, rief sie: „So, so." Als die Tante keine Lust hatte aufzustehen, kletterte sie vom Stockbett runter und schlug die Tür zu, die Türklinke erreicht sie nicht. Einmal brachte ihr die Tante drei Stück Süßigkeiten, die aus Zucker gemacht wurden, und Lea, die Süßes liebt, ruft jetzt, wenn sie jemanden sieht: „Gib Süßes." Die Tante gab ihr mal ein Stück und Lea hat alles aufgegessen und sagte dann: „Lea hat nichts Süßes mehr, Oma bring." Und die Oma versprach, am nächsten Tag etwas zu bringen, und Lea gab ihr vor lauter Sparsamkeit das Papier zurück, auf dem ihr die Tante die Süßigkeiten gebracht hat mit den Worten: „Gib Morgen Süßes auf Papier."
Ich mache Aufgaben für die Komposition, bis jetzt habe ich nur 20 Punkte.
Gerade war ein Mädchen (unsere Klügste, das Ass von 28), Anna Brichta, bei meinem Papa, um Backpulver, Mehl, Fett und Blech zu holen.

Sonntag, 26. März 1944
Seit fast einer Woche bin ich nicht mehr im Bett, obwohl ich noch nicht ganz gesund bin. Wir halten jetzt das 24-stündige Schweigen der Biber ab. Gestern war ich in einem Mozart-Konzert. Es war wirklich wunderschön. Ich bekam eine Eintrittskarte für 4 Uhr nachmittags. Wir waren sieben. Erika und ich hatten Plätze nebeneinander. Wir gingen bereits um ¾ 4 Uhr los, um nicht zu spät zu kommen. Das Konzert fand im Haus der Bank statt.[1] Wir waren unter den ersten, darum hatte ich Zeit, mich im Raum umzusehen. Es war ein kleiner Saal, der auf jeden einen guten Eindruck macht, denn nichts darin erinnert an Theresienstadt.
Beschreibung des Raumes: Eine hohe schwarze Tür, draußen beschlagen, innen mit einem Vorhang umrahmt. Dunkelrote Wand mit Blumen, die in einer bestimmten Höhe in Nischen übergeht. Nischen aus Marmor oder Marmor-Imitat, auf beiden Seiten Marmorsäulen. Dann wieder eine Nische und Marmorsäulen. Mal so rot wie die Wand, mal aus Marmor, immer abwechselnd. In jeder Marmornische ist ein Wappen oder eine Skulptur. Die Wand, die auf die Straße führt, hat oben, dort, wo es an den übrigen drei Seiten des Raumes Nischen gibt, Fenster, kleine Fenster. Über der Tür sind zwei große Statuen angebracht. Auf dem Boden stehen

---

1 Die sogenannte „Bank der Jüdischen Selbstverwaltung" befand sich im Rathaus-Gebäude am Hauptplatz.

einige Stuhlreihen wie im Kino. Vorne ist ein Podium mit einem großen schwarzen Flügel. Hinten ist ein Ofen, der vom Boden bis zur Decke reicht; ein weißer, schmaler Kachelofen, an dem die Statue einer leidenden Mutter angebracht ist. Es gibt folgende Wappen: der Theresienstädter tschechische Löwe, die Fahne der Tschechoslowakei.

Als ich gerade anfing, die Namen der Statuen zu lesen, da wurde es im Saal ganz still und ein Mann hielt eine Ansprache. Dann spielte er einige Sätze auf, Rondo usw.

Am besten gefiel mir die Mozart-Phantasie, die ein 16-jähriger Junge auswendig spielte. Er ist einer der besten jüngsten Musiker der Freizeitgestaltung und sehr anerkannt. Gleich nach dem Krieg will er sich der Musik widmen. Er ist auch vom Typ her ein Musiker. Schlank, fast mager, ein längliches Gesicht, lange, schlanke Finger, schwarze glatte Haare, am Ende zu einer Rolle gedreht. Am Anfang war er befangen, doch nach etwa einer Viertelstunde hat sich das gelegt. Ich schaute auf seine Finger, wie schnell sie spielten, wie sie sich bewegten, und ich hörte Mozarts Phantasie und träumte. Es war, als würde mir jemand ein Märchen erzählen. Ein Märchen von einem Prinzen und Waldfeen und Tieren. Immer kommt es mir vor, dass mir jemand ein Märchen erzählt, aber anstelle der menschlichen Sprache durch Musik. Deshalb mag ich keine Schlager und ähnliche Musik, denn in diesen erzählt mir niemand etwas. Ich kenne den Unterschied zwischen der leichten und der schweren Musik nicht, weil mir das niemand erklärt hat, deshalb kann ich nicht sagen, ob ich lieber leichte oder schwere Musik habe. Ich muss Tella fragen, ob Mozarts Musik eine leichte oder eine schwere ist.

Dann sang eine Frau, ich weiß nicht, wie sie heißt, und ich weiß auch nicht, wie das Werk heißt, das sie gesungen hat. Es war auf Deutsch, die Worte habe ich aber nicht verstanden, sie sang unverständlich, aber schön. Sie wurde am Klavier begleitet. Sie hat eine schöne, kräftige Alt-Stimme, daher passte das Lied nicht ganz zu ihr, denn das Lied war für Sopran gedacht. Danach spielte jemand Geige, begleitet von einer Wiener Musikkünstlerin am Klavier. Dann war es zu Ende. Es war wunderschön.

MUSIK IST DIE SCHÖNSTE UND ERGREIFENDSTE
SCHÖPFUNG DER MENSCHLICHEN SEELE,
die der Mensch aus dem Nichts geschaffen hat.

Diese Worte sind mir jetzt eingefallen und ich kam darauf, dass ich erst jetzt die Bedeutung dieser Worte begreife, obwohl ich sie vor drei Jahren in der Literatur gelernt habe.

Ich hab noch vergessen, dass an der Decke ein wunderschöner antiker vergoldeter Leuchter hing, der aus Blättern und Blumen bestand.

Montag, 27. März 1944
Von Mařenka habe ich eine Ansichtskarte mit dem Kyjover Hauptplatz bekommen. Auch unser Haus ist darauf zu sehen. Als ich die Ansichtskarte so betrachtet habe, sah ich, dass es ein Sonntag, 10 Minuten vor 8 Uhr war und dass ein Kaninchenmarkt stattfand. Ich begann mich zu erinnern.

Ich sah direkt vor mir, wie mir gerade zu dieser Stunde und in diesem Haus die Tante das Frühstück ans Bett bringt, und wie der Onkel bereits am Rathaus hin und her geht und sich die schönen Kaninchen anschaut und überlegt, welches der Kaninchen seine Sammlung bereichern könnte. Der Onkel hatte 44 Kaninchen, jedes schöner als das andere, und oft kamen ernsthafte Interessenten, um sich Onkels Silberne, Amerikanische und Chinchilla Kaninchen und noch andere anzusehen. Er hatte ein schönes braunes Männchen und ein Weibchen, die alle bewundert haben, so stark, groß und hübsch waren sie.

Früher habe ich einmal gesagt, dass ich in dem stinkfaden Gaya nicht leben möchte, ich sehnte mich dauernd nach dem Treiben einer Großstadt. Wenigstens habe ich jetzt gelernt, die Einsamkeit und die Natur zu schätzen. Möge Gott mir verzeihen, dass ich „stinkfades Gaya" gesagt habe. Theresienstadt ist doch für etwas gut und wenn ich nach dem Krieg wieder meine Freiheit habe, werde ich möglichst viel in der Natur sein. Wenn ich ins Gymnasium gehe, will ich in Kyjov wohnen, aber wenn ich dann auf die Hochschule gehe, werde ich in einer Großstadt sein, denn Kyjov ist viel zu klein als dass es sich eine Hochschule leisten könnte, die es nicht einmal in einer vier Mal so großen Stadt wie Kyjov gibt.

Sonnabend, 1. April 1944
Ich bin zurzeit in einer blöden Stimmung. Jede Kleinigkeit stört mich. Die Pfadfinderei kann mich mal. Es steckt doch nicht mehr dahinter, als dass

die Mädchen den Jungen nachlaufen. Sie macht keinen tieferen Sinn. Viel besser wäre Maagal in voller Stärke.

Gestern sagte mir Rutka, dass sie Angst habe, auch nur ein Wort mit mir zu wechseln, weil ich dabei immer ein langes Gesicht ziehen würde. Sie wunderte sich auch, wie ich für den Maagal sein kann, wo ich doch lieber alleine bin. Ich konnte es ihr nicht erklären und mir auch nicht. Ich habe heute Tella danach gefragt. Sie hat mir geantwortet: „Der Maagal ist kein Kollektiv. Fast jeder Mensch ist am liebsten alleine. Und wenn er sich einem Kollektiv anschließt, sind es meist nicht so viele Menschen auf engstem Raum wie hier. Hier sind wir gezwungen, zusammenzuleben mit Menschen, egal, ob wir uns mit ihnen vertragen oder nicht, mit Menschen, die wir uns nicht ausgesucht haben. Zuhause dagegen schaust du dir jede Gruppe erst an und schließt dich nur dann an, wenn dort einige deiner besten Freunde sind und du glaubst, dass du dich mit ihnen vertragen kannst."

Wie unterschiedlich die Gerichte in den Küchen sind! In der Kinderküche hatten wir heute: Suppe (schmutziges Wasser), Graupen (zum Kotzen), Fleisch (zähe Kaumasse). Die Hepatitis Kranken hatten: Suppe (schmutziges Wasser), zwei Knödel, zwei Palatschinken.

Ich kann es kaum glauben, dass ich in einem Monat und 28 Tagen 14 Jahre alt werde. Ich habe mich gestern mit Papa unterhalten und ich fragte ihn, was er mir im Frieden zum Geburtstag schenken würde. Ich wollte wissen, ob er errät, was ich mir wünsche und ob er weiß, welche Dinge ich sehr gern mag und ob er Verständnis dafür hat. Mein Papa ist ein außerordentlicher Papa. Er hat solch' einen phantastischen Geschmack was Geschenke angeht, und er errät immer den Wunsch des andern. Er sagte mir, wenn wir Geld hätten, würde er mir wissenschaftliche und auch unterhaltsame Bücher schenken. An zweiter Stelle einen Globus und an dritter ein Mikroskop. Er hat es erraten, darüber freue ich mich sehr.

Montag, 3. April 1944
Gestern habe ich mich mit Papa unterhalten. Das sind die schönsten Stunden in Theresienstadt, wenn ich mit meinem Papa diskutiere. Dabei erfahre ich so viel. Gestern hat er mir einige Absätze über Schopenhauers

Philosophie vorgelesen. Er ist dafür, dass jeder ein Tagebuch führt. Ich bin jetzt so froh, dass ich an einen guten Freund schreibe, der mich nicht verlässt, wenn ich es nicht selber will. Anfangs haben fast alle von uns 27 Mädchen ein Tagebuch geschrieben, ungefähr 23–25, doch jetzt tun es nur noch 2–3, darunter auch ich.

Die Zeichnung unseres Zimmers ist mir nicht gelungen. Ich werde sie jedoch nicht aus dem Heft herausreißen, denn sonst würden die ersten Seiten herausfliegen. – Adieu und ein baldiges Wiedersehen. Wir müssen jetzt spazieren gehen.

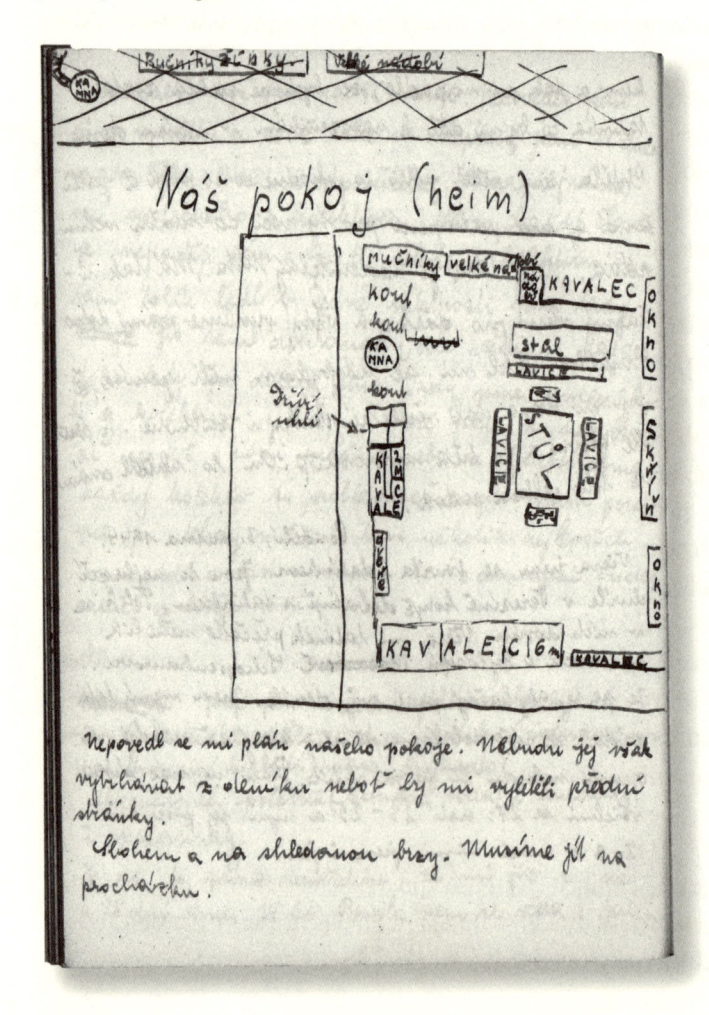

Dienstag, 4. April 1944
Ich war gestern noch einmal in dem Mozart-Konzert, nicht jedoch in dem schönen Saal, sondern in der Hamburger auf Nr. 105. Diesen Raum kann man mit dem schönen Saal nicht vergleichen, weshalb mir auch die Musik nicht ganz so schön vorkam. Doch noch eine Viertelstunde nach Ende des Konzerts klang mir eine Passage im Kopf nach. Es war eine Violinsonate mit Klavier, und da gab es eine Stelle, wo nur das Klavier spielte, und diese Stelle wiederholte sich drei Mal und ist mir jetzt noch in Erinnerung. Danach ging ich zum Papa, aß mein Abendbrot, und dann gingen wir in die Magdeburger und sahen die Komödie *Die Heirat*. Es ist eine Übersetzung aus dem Russischen. Geschrieben hat es ein Vertreter des Realismus, Gogol. Noch nie habe ich in Theresienstadt so gelacht. Die Handlung: Im Zimmer ist es dunkel, jemand schnarcht. Es dämmert. Jemand singt. Es ist ein Diener beim Schuhe putzen, man kann ihn bereits sehen. Es ist schon hell. Der Schlafende wacht auf und spricht zu dem Diener. Ob er bereits beim Schneider gewesen sei um zu fragen, wann der Frack fertig ist? Der Diener bejaht und deshalb fragt der Herr des Dieners: „Was sagte der Schneider? Hat er nicht gefragt, ob dein Herr heiratet?" „Hat er nicht." Der Herr fragt nach dem Schuhmacher und den Schuhen und der gleiche Dialog entwickelt sich. Dann kommt die Heiratsvermittlerin, der Herr unterhält sich mit ihr, fragt, wen sie gefunden hätte, streitet mit ihr. Der Herr ist Hofrat Iwan. Iwan ist aufgestanden und geht zum Spiegel, um darin sein Bild zu sehen, und da kommt ein Freund, der von der Heiratsvermittlerin erfährt, dass sein Freund heiraten will. Er wirft die Heiratsvermittlerin hinaus und nimmt sich selbst ihres Amtes an. Sie gehen in die Stadt, um sich die Braut anzuschauen. Nun folgt eine Szene bei der Braut Tatjana Tichonowna, die keine Eltern hat, nur eine Tante. Diese spricht mit der Heiratsvermittlerin über die Männer, da läutet es: „Da sind sie." Tatjana weint und schämt sich. Im Haus ist alles drunter und drüber. Die liebe Tatjana muss sich umziehen und geht ins Schlafzimmer. Während sich Tatjana herrichtet, kommt der Bräutigam. Nach einer Weile kommt ein zweiter, ein dritter, ein vierter. Sie unterhalten sich untereinander, bis endlich Tatjana kommt, und da getraut sich keiner, in der Gegenwart der anderen etwas zu sagen. Ich kann das nicht beschreiben, doch es war so lustig, dass ich umgefallen wäre vor lauter Lachen, wenn ich nicht gestan-

den hätte. Es wurde wunderbar gespielt und auch die Ausstattung war großartig. Die Kulissen, die Kleider, die Möbel usw.

Unser Tschechisch-Professor hat es in Prag im Nationaltheater gesehen und erzählte heute, dass es hier genauso schön war wie im Nationaltheater. In einiger Hinsicht sogar noch schöner. Ja! Wenn die Menschen hier nicht spielten, wüsste man nichts von ihnen. Darin sieht man, wie viele begabte Menschen durch das Leben gehen, sie schlagen sich schwer durch, ohne dass jemand ihr Talent bemerkt. Und ihr Talent wird in keiner Weise genutzt. Ist es nicht schade um sie und um ihr Talent?

Mittwoch, 5. April 1944
Ich war heute in einem Beethoven-Konzert. Eine Frau erzählte etwas von Beethoven, das heißt, sie las etwas vor. Niemand hat es verstanden, sie stotterte, verwendete Fachausdrücke, las, ohne es selbst zu verstehen und schaute nicht ins Publikum. Das machte jedoch nichts. Sie spielten so schön, dass die vermasselte Einleitung bald vergessen war.

Taussig spielte Violine, am Klavier war Prof. Kaff. Danach folgte nur noch Klavierspiel. Kaff spielte das Stück auswendig. Er lebte in der Musik. Kurze Partien spielte er mit geschlossenen Augen.

Für mich war es wie ein Märchen.

Auf einer Wiese am Waldrand waren Feen, die tanzten und sangen. Auch kleine Tiere waren dort. Da begann es zu poltern und jemand kam und sagte, dass ein Drache ausgezogen sei, um Beute zu machen im Reich des Waldes. Alle rannten in alle Himmelsrichtungen davon, um Schutz zu suchen. Die Feen flüchteten in ihr unterirdisches Reich, die Tiere flitzten in ihre unterirdischen Bauten oder auf die Bäume usw. Und schon war der Drache auf der Wiese am Waldrand. Und was sieht er da, direkt vor seiner Nase? Ein kleines Rehkitz, das nicht rechtzeitig fliehen konnte, weil es ausgerutscht und hingefallen war und nicht mehr auf die Beine kommen konnte. Der Drache schnappt es sich und nimmt seine Beute mit in seine Burg.

Die Bewohner des Waldes kehren zurück auf die Wiese und singen und tanzen. Da taucht eine Rehmutter auf, weint und sagt, dass sie zu dem Treffen der Tiere nicht kommen konnte, weil es ihr nicht gut gegangen sei. Sie habe ihr Kleines alleine losgeschickt und wollte nachkommen, sobald sie sich besser fühlte. Nun sei sie hier, könne aber ihr Kind nirgends finden. Alle fangen an zu suchen, aber sie finden das Rehkitz nicht. Da wird ihnen klar, dass der Drache es sich geschnappt hat.

Sie beschließen, ganz früh am nächsten Morgen, wenn der Drache noch schlafen würde, sich auf den Weg in die Drachenburg zu machen, um ihn zu töten und das Rehkitz zu befreien und das Land von der bösen Kreatur zu befreien.

Sie gehen alle ihrer Wege, legen sich schlafen, nur der Uhu heult und die Nachtschwärmer schlagen mit ihren Flügeln in der Luft und fliegen, fliegen – schwarzer Samt mit roten Streifen, schön und prächtig.

Es beginnt zu dämmern, die Sonne geht auf. Die Sonnenstrahlen scheinen durch die Äste hindurch auf die Wiese, ein angenehmer, milder Wind raschelt in den Blättern. Alles wacht langsam auf. Kleine Tiere tapsen zum Brunnen und trinken, die Großen folgen ihnen und schlürfen das Wasser des Brunnens bis zum Grunde leer. Alle haben genug getrunken und nun gehen sie los, um das kleine Rehkitz zu befreien.

Es sind Gruppen von zehn bis zwanzig kleinen Tieren – Hasen, Hamster usw., begleitet von vier der größeren Tiere. Adler, Habichte und Falken fliegen über ihnen her. Sie schmettern ihr Kriegslied. Schon erreichen sie die Burg, gehen in den Hof. Stille. Alle Tiere, groß und klein, schleichen sich einer nach dem anderen, leise und vorsichtig, über die Treppen ins Schlafzimmer des Drachens. Jetzt sind sie alle im Zimmer, verstecken sich hinter Vorhängen und Möbeln. Der Adler, von den Feen zum Anführer bestimmt, gibt das Signal und schon kommen alle aus ihren Verstecken heraus, rennen zum Lager, auf dem der Drache schläft, stürzen sich auf ihn, die Füchse, die Bären, die Adler, die Falken und die Wiesel etc., und ehe der Drache aus seinem Schlaf erwacht, ist er schon tot. Das Rehkitz ist befreit und mit fröhlichem Gesang kehren die Tiere nach Hause zurück.

Im nahe gelegenen Dorf läuten die Glocken zur Mittagsstunde, hörbar noch auf der Wiese und im Walde. Alle Tiere sind in ihren Behausungen oder wärmen sich in der Sonne. Der Kampf ist gewonnen. Wie am Morgen scheint die Sonne durch die Zweige hindurch und ein sanfter Wind weht angenehm warm. Im Dickicht, im kühlen Schatten liegt entspannt das Reh, bei ihm das kleine Rehkitz. Sie leckt es, gibt ihm ihre mütterliche Liebe. Und das junge Reh erzählt seiner Mutter die Geschichte mit dem

Drachen, bis es darüber einschläft. Mit ihrer rauen Zunge leckt die Mutter zärtlich das Gesicht ihres Kindes so, als würde sie es streicheln. Überall Ruhe.
Die Musik ist zu Ende. Die Menschen stehen auf. Ich möchte nicht gehen. Warum bin ich in Theresienstadt? Gerade noch war alles so schön – und nun das dunkle, graue Theresienstadt. Ich möchte in das Klavier hineinschlüpfen. Da drinnen ist Musik. Und hier draußen ist das Gefängnis. So hat es auf die meisten von uns gewirkt.
Damit schließe ich den zweiten Band meines Tagebuchs. Ich werde dir dein neues Kleid anziehen, mein lieber kleiner Freund, und wir werden nach wie vor gute Freunde sein.

Es ist schön zu enden, aber noch schöner ist es anzufangen.

– Helga –

5. September 1944
Der Name der Pianistin, die in dem Mozart-Konzert mitgespielt hat, war René Gärtner-Geiringer. Violine spielte Schächter. Die Sängerin war Lindt-Aronson.

Anmerkung von Helga, 2013
Renée Gärtner-Geiringer (1908–1945) überlebte Auschwitz, kam aber im April 1945 zu Tode, als der Waggon, in dem sie mit anderen Häftlingen eingeschlossen war, bei alliierten Luftangriffen getroffen wurde. Das erzählte mir Alice, die Schwester meiner Freundin Flaška, die mit ihr im Waggon war. Der Violinist war Adolf Schächter, der Bruder von Rafael Schächter (1900–1944).

26. März 1944
DIE MUSIK IST DIE SCHÖNSTE UND ERGREIFENDSTE SCHÖPFUNG DER MENSCHLICHEN SEELE, die der Mensch aus dem Nichts geschaffen hat.

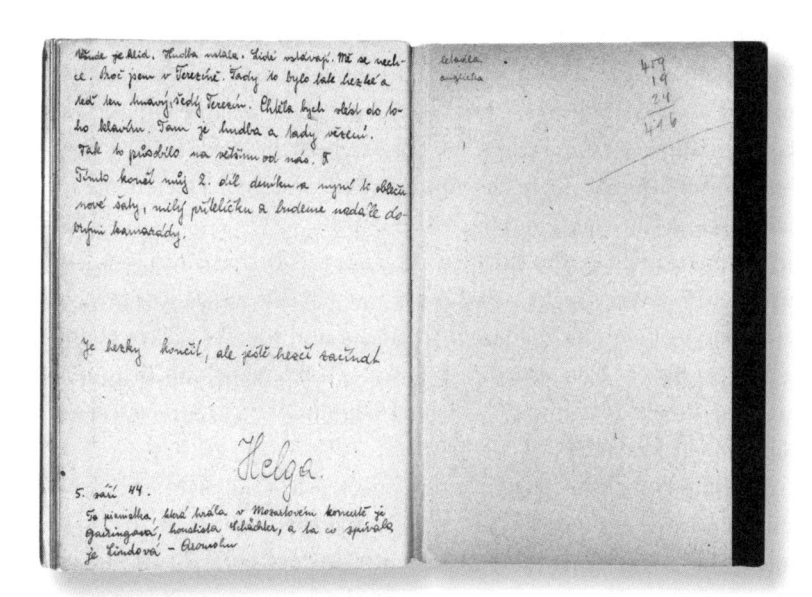

Mittwoch, 5. April 1944
Es ist schön zu enden, aber noch schöner ist es anzufangen.

Erinnerungen an Theresienstadt (2)

Der dritte Band deines Tagebuchs ist verloren gegangen, was sehr bedauerlich ist. Deine Aufzeichnungen wurden zusehends anschaulicher und reflektierter, auch poetischer, wie der wunderbare letzte Eintrag zeigt. Und wer dein Tagebuch von Anfang bis Ende liest, erkennt deutlich den Reifeprozess eines 12 bis 14-jährigen Mädchens. Wie gut wäre es, wir hätten deinen dritten Band! Hast du eine Ahnung, worüber du geschrieben hast?
Eine Ahnung habe ich schon, aber ich weiß natürlich nichts Genaues mehr. Das Tagebuch sehe ich genau vor mir: Es war aus schneeweißem, unliniertem Papier mit blauem Hardcover, die Ecken und der Rücken aus hellem Buchleinen. Ich weiß, dass ich viel erlebt und bestimmt viel geschrieben habe in den folgenden Monaten. Ich kann mich an bestimmte Erlebnisse erinnern, an einzelne Momente, habe Bilder im Kopf, wie Fragmente eines Films.

Was siehst du vor dir, wenn du an diese Zeit ab Mai 1944 denkst?
Abschiede, Transporte. Viele Menschen. Ich sehe den Pavillon vor dem Mädchenheim, die Stadtkapelle und den Besuch des Komitees des Internationalen Roten Kreuzes, ich sehe mich bei den Dreharbeiten mit Kurt Gerron, wie er auf den Stiegen vor der Kirche steht und wir mit Heugabeln und anderem Gerät in der Hand an ihm vorbei marschieren müssen.
Ich sehe den Papa, den ich ja täglich besuchte.
Ich erinnere mich an Eva Eckstein, die später als Betreuerin zu uns kam, nachdem Eva Weiss nicht mehr bei uns war. Ich hatte beide sehr gern. Ich erinnere mich an unsere Maagal Sitzungen und wie wir unsere Hymne gesungen haben. Und natürlich erinnere ich mich auch an *Brundibár*, und wie wir alle im Zimmer Lieder aus *Brundibár* gesungen haben; aber auch andere Lieder.
Ich erinnere mich an Hans Krása, Gideon Klein, an Rafael Schächter und daran, wie er im Kellerraum unseres Mädchenheims Opern und vor allem Verdis *Requiem* probte. Diese Stimmen des Chores, das *Agnus Dei* – das war etwas Unvergessliches, ganz Starkes.

Von ‚Brundibár' steht nichts in deinem Tagebuch, obgleich du die Oper gesehen hast.
Ja, ich habe *Brundibár* gesehen, aber sicherlich erst nach dem April 1944. Es war sehr schwierig, Karten zu bekommen. Doch dadurch, dass einige der Mädchen in unserem Zimmer mitgespielt haben, kannten wir alle die Lieder und haben sie oft gesungen. Aber nicht nur wir. *Brundibár* hat sich wie ein Funke im Ghetto übertragen so wie die Hymne von Karel Švenk.[1] Es ist ja eine entzückende Oper. *Brundibár* hatte eine große Bedeutung für mich – für uns alle. Die Geschichte erzählt vom Sieg des Guten über das Böse. Das waren ja unsere Hoffnungen.

Originalplakat der Theresienstädter Aufführung der Kinderoper *Brundibár*. Einige der Mädchen von Zimmer 28 wirkten in der Oper mit. Ela Stein spielte die Katze, Maria Mühlstein häufig den Spatz, Flaška, Handa und andere Mädchen sangen im Chor der Schulkinder. Und manchmal sprangen sie für die eine oder andere Rolle ein.

---

1 Karel Švenk (1907–1945) komponierte den *Theresienstädter Marsch*, der zur Theresienstädter Hymne wurde.

Verdis ‚Requiem', auch andere Konzerte, scheinen dich mehr beeindruckt zu haben als die Kinderoper ‚Brundibár'?
Ja, zu der Zeit interessierte mich schon klassische Musik sehr viel mehr. Man muss sich vorstellen: Ich hatte bis dahin überhaupt keine Gelegenheit, in ein Konzert zu gehen. Und in Theresienstadt hörte ich ganz wunderbare Konzerte und Oratorien. Es gab ja dort herausragende Künstler und Musiker. Die Konzerte haben mich zutiefst beeindruckt. Ich erinnere mich an Haydns *Schöpfung* und an Mendelsohns *Elias*. Ich habe auch Klavierkonzerte gehört mit Gideon Klein, Alice Sommer, Edith Kraus und mit der Konzertpianistin Renée Gärtner-Geiringer aus Wien. Bei ihr hätte ich fast Klavierunterricht bekommen; wenn die Transporte nicht gekommen wären.

Musik bedeutete für dich Zuflucht in eine andere, eine bessere Welt. Das erleben wir mit dir in deinem Tagebuch. Aber wie war das mit Verdis ‚Requiem'? Eine christliche Totenmesse – als Flucht in eine andere Welt?
Das hatte noch eine ganz andere Bedeutung. Es ist doch das Vermächtnis von Rafael Schächter. Das war ja unglaublich schön, wenn Rafael Schächter mit dem Chor im Keller des Mädchenheims geprobt hat. Ich saß manchmal auf den Stiegen und hab gelauscht, nicht nur ich. Für mich ist es – wie soll ich sagen? Wie ein Abgesang auf Theresienstadt, auf das Theresienstadt wie ich es kannte.

„Abgesang auf Theresienstadt wie ich es kannte" – wie ist das zu verstehen?
Das war doch eine unheimliche Leistung von Rafael Schächter, Verdis Requiem in Theresienstadt aufzuführen! Die Musik hatte eine Intensität, so etwas habe ich später nie wieder erlebt. Du musst dir vorstellen: Ich war doch ein junges Mädchen, und ich habe das ganz stark erlebt, dieses Requiem, ich habe es im Spätsommer 1944 noch gehört. Und dann brachen die Transporte auf uns ein mit einer Wucht – wie eine Lawine, die alles unter sich zerstört. Es war das Ende der Musik in Theresienstadt. Es war das Ende Theresienstadts für mich. Verdis Requiem war wie eine Totenmesse für uns Theresienstädter. Wenn ich das Requiem höre,

Originalplakat der Theresienstädter Aufführung von Guiseppe Verdis *Requiem*

dann sehe ich alle Musiker, die ich kannte, Gideon Klein, Hans Krása, Viktor Ullmann, Pavel Haas, Renée Gärtner-Geiringer, Rafael Schächter, ich sehe, wie sich das Ghetto leert, wie die Menschen zur Schleuse gehen und in die Viehwaggons einsteigen. Ich denke an Abschiede, Auschwitz, Auslöschung.

Gleichzeitig verkörpert das Requiem aber auch die Welt, in der ich lebte, all das, was meine ganz persönliche kleine Welt in Theresienstadt zusammengehalten hat, die Lehrer, meine Freundinnen, die Betreuerinnen, unser Maagal, Konzerte, Musik. Durch die Enge war ja alles intensiver. Das alles ist für mich in diesem Requiem enthalten – daher Abgesang, Vermächtnis.

Zu meinem 21. Geburtstag durfte ich mir etwas wünschen. Ich wünschte mir Karten für Verdis Requiem. Ich hörte es in London in der Festival Hall. Die allererste CD, die ich mir kaufte, war Verdis Requiem.

Der zweite Band des Tagebuchs endet am 5. April 1944. Einen Monat später im Mai 1944 gab es wieder Transporte.

Das war schrecklich. Im Mai 1944 mussten Trude und Hermann mit der kleinen Lea auf Transport. Wie Lea mit ihren Eltern wegging – dieses Bild habe ich nie vergessen. Sie war doch wie meine kleine Schwester. Auch mein Vetter Joši musste gehen und Mimi Sander.

Wer vom Zimmer 28 ging damals auf Transport?

Wer mit welchem Transport zu welcher Zeit auf Transport ging, das wüsste ich heute nicht, wenn wir, meine Freundinnen vom Zimmer 28 und ich, das Erlebte nicht gemeinsam aufgearbeitet hätten und es das Buch *Die Mädchen von Zimmer 28* nicht geben würde. Vieles hat sich in der Erinnerung vermischt. Aber heute weiß ich, wer mit den Mai-Transporten 1944 aus unserer Mitte gerissen wurde: Hanka Wertheimer, Marianne Rosenzweig, Alice Sittig, Ruth Schächter, Erika Stránská. Mit Erika fing die Freundschaft damals erst an und dann, kaum dass wir uns näherkamen, musste sie weg.

Wie war das Abschiednehmen von deinen Freundinnen?
Schwer. Aber wir sprachen uns beim Abschied immer Mut zu. „Wir sehen uns an einem der ersten Sonntage nach dem Krieg unter dem Alten Glockenturm auf dem Altstätter Ring in Prag", sagten wir uns beim Abschied. Auch wenn wir sehr traurig waren, so dachte doch keiner von uns, dass es ein Abschied für immer sein würde. Wir alle glaubten fest daran, dass wir uns nach dem Krieg wiedersehen würden.

Der dritte Band deines Tagebuchs ist unwiederbringlich verloren. Doch es ist ein Trost, dass wir die Kalenderaufzeichnungen deines Vaters haben. Viele deiner Erlebnisse spiegeln sich darin wieder.
Ja. Wenn ich in seinen Aufzeichnungen lese, dann kommt vieles wieder zurück, dann beginne ich mich wieder zu erinnern.

9
Theresienstadt, Mai 1944 – Januar 1945

Aufzeichnungen meines Vaters

Sonnabend, 6. Mai 1944
Helga besucht nachmittags das Chorkonzert *Schöpfung* von Haydn im Rathaus. Sie war von dieser Komposition und Darbietung so ergriffen, dass sie sich im Heim aufs Bett warf und weinte.

Donnerstag, 11. Mai 1944
Mittags platzt wie eine Bombe die Nachricht, dass Transporte nach dem Osten gehen. 7 500 Menschen! 3 h Nachmittag gehe ich nach L 425 und sehe gerade Mimi aus der Dresdner kommen. Sie geht ahnungslos und sieht mich noch nicht. Ich denke mir: Arme Mimi, da ich das Gefühl habe, dass sie diesmal daran wird glauben müssen. Helga hat gesagt: „Wenn Transporte gehen und Freundinnen wegfahren, werde ich einen traurigen Geburtstag haben. Denn wir leben im Heim wie Schwestern."

Sonnabend, 13. Mai 1944
7 h früh kommt Joška mit der Hiobsnachricht, dass Hermann, Trude und Lea im Transport sind. Helga kommt ganz überraschend mit Lea in die Kanzlei. Beim Anblick des strahlenden lachenden Kindergesichtchens und bei dem Gedanken der Abreise dieses unschuldigen Geschöpfes ins Ungewisse muss ich weinen. Ich gehe auf die Veranda. Helga, der die Tränen über die Wangen rollen, kommt nach und sagt in aufrichtigem Schmerz: „Mir ist als ob meine kleine Schwester wegfahren wird."

Für Hermann und Trude stelle ich einen kleinen Rucksack mit Reiseproviant zusammen. Bei Mimi noch keine Entscheidung.

Sonntag, 14. Mai 1944
Zeitlich morgens Abschied von Hermann, Seestraße 16, und von Trude und Lea. Alle sind ruhig und gefasst. Um 10 h abends vorher habe ich mit Hermann einen Briefcode vereinbart. 8 h morgens. Von Trude gehe ich zu Mimi. Gerade kommt der Hausälteste Deutsch mit dem Streifen, dass Mimi und ihre Mutter im Transport sind (Hugo nicht). Mutter Porges weint: „45 Jahre habe ich Hugo nicht aus den Augen gelassen."
7 h abends nehme ich Abschied von Mimi, der Helga beim Packen hilft.
8 h abends auf dem Weg über die Allee in die Schleuse. Unvergesslicher Anblick: Hugo im Rollwagerl. Rückwärts daran gebückt Mutter Porges. Mimi mit Brotsack, in aufrechter und souveräner Haltung in die gebückte Mutter eingehängt. Vorne Gustav zieht das Handwagerl. Hugo bricht die Lenkstange beim Wagen. Hoffentlich kein schlechtes Omen.

Montag, 15. Mai 1944
Hermann, Trude und Lea fahren um 14 h im Viehwaggon ab. 6 h abends, das letzte Mal bei Mimi. Vor der Hamburger sehe ich auch Seifter. Helga mit mir. Mimi: „Ich werde ihr lachendes und sonniges Gesicht nie vergessen." 10 h abends kommt Joška, macht eine Schwimmgeste – auch er ist in Reserve.

Dienstag, 16. Mai 1944
Joška besucht mich, wünscht eine Zigarette, die ich ihm leider nicht geben kann. Mit Tränen in den Augen erzählt er, dass er vom Garten, den er mit so viel Liebe bebaut, küssend Abschied genommen hat. So erkennt man den wahren Gärtner. Auch von seinem Liebchen, einem Mischling, nahm er Abschied. 16 h Abgang des 2. Transportes mit Mimi, Seifter, Rottenberg, und der vielen anderen.

Mittwoch, 17. Mai 1944
3 h nachmittags Abschied von Joška, dem ich einen Wecken Brot und Reiseproviant brachte auf seine Stube, Seestraße 16. Alle rücken ein. Nur

ein Kamerad bleibt zurück. Es ist dieselbe Stube, in der auch Hermann wohnte. Pünktlich rückt Joška in die Hamburger ein. Helga hat sich mit einem weißen Kopftuch und roter Armbinde versehen, um sich in die Kaserne einzuschmuggeln, wo sie Hilfsdienst tun will.

Donnerstag, 18. Mai 1944
Nachmittag bei Marta in der Baracke. Fritz promeniert, innerlich aufgewühlt, unterhalb der Fenster, da sein Sohn, sein letztes hier gebliebene Kind, mit dem Transport abgehen muss. Wenn man das geahnt hätte, wäre Joška beim ersten Transport mit Hermann und Trude und Lea freiwillig gegangen.
½ 9 h abends, Joškas Abfahrt. – Wohin?
P.S. Joška hatte den ganzen Tag Durchfall, wahrscheinlich vor Aufregung.

Freitag, 19. Mai 1944
Nach den seelischen Aufregungen der vorangegangenen Tage ist Ruhe, vergleichbar mit trauriger Stille und Einsamkeit eingekehrt.

Montag, 22. Mai 1944
Prof. Leichter sagt: „Keiner von uns wird das Ende des Krieges erleben."

Sonntag, 28. Mai 1944
Helgas Geburtstagfeier beim Hausältesten, Herr Hecht. Frau Hecht machte sich unsagbare Mühe um das Gelingen der Feier. Alles wurde getan und aufgeboten, damit das Kind seinen 14. Geburtstag für immer in Erinnerung behält. Um den Familiencharakter zu unterstreichen, waren Fritz und Marta die letzten und einzigen Verwandten, die hier geblieben sind, zum Geburtstag eingeladen. Auf der Veranda waren auf zwei Tischen die vielen Geschenke ausgebreitet, die Helga in Entzücken versetzte. Auf eine so schöne Feier war das Kind nicht vorbereitet. Um 5 h war die Besichtigung der Präsente. Um ½ 6 h das festliche Abendessen. Die Speisenfolge ließ uns das Theresienstädter Elend vergessen. Während des Essens hielt Hecht eine fesselnde Ansprache. Tiefer stehend das Verzeichnis aller Geburtstagsgeschenke.

Ein Leuchtturm Anhängsel von Jiřinka Steiner; von Onkel Fritz eine Knabenhose; von Tante Marta eine Bluse, ein Winter- und ein Sommerkleid und eine Torte aus Buchteln; von Eugen Domino; von Hechts eine Nähkassette, eine silberne Halskette und drei Schokoladenbonbons; von Fuchs Odol und Niveacreme; von Meyersohn Lebkuchen; von Schmitz zwei große Hefte und eine Holzkassette; von Morawitz eine kleine Kassette; von Hugo ein komplettes Reisemanikürzeug; von Ingenieur Leichter einen Fliederstrauß mit zwei Tulpen und von Tatiček[1] einen Gürtel, Vademekum mit Zitaten, ein Anhängsel, Palmolive Seife, eine Chrom-Nickel Armband Uhr und einen Pelikan Füllfeder mit 14 Karat Goldspitze.

Helgas Geburtstag

Geburtstagsmenü nach der Devise „Als ob". Dies war der Titel eines Couplets von Leo Strauss, das in Theresienstadt zum geflügelten Wort wurde. Die Einbildungskraft musste das Ihrige dazu tun, um aus dem Essen ein Festmenü werden zu lassen.

---

1 Tschechisch für Papilein

> Milá Helguško!
> K Tvým 14. narozeninám
> přeji Ti mnoho štěstí a zdraví
> a brzký návrat domu.
> Tvá teta
> Marta
> Terezín, 28.V. 44.

> Alles Liebe und Schöne
> zu Deinem 14. Geburtstag.
> Dein Onkel
> Fritz.
> Theresienstadt, 28.V. 44.

Donnerstag, 1. Juni 1944
Die Parkanlage auf dem früher mit Stacheldraht umzäunten Marktplatz wird allmählich für Juden zugänglich gemacht. Zaghaft setzen sich die Bewohner auf die neuen mit Betonstützen ausgestatteten Holzbänke, die, etwa 72 an der Zahl, 360 Menschen Siesta bieten können.

Freitag, 2. Juni 1944
Wiener Koli. Geburtstagskarte vom 27.5. von Johanna an Helga.

Freitag, 9. Juni 1944
Im ersten Stock am Gang der Magdeburger besichtige ich die ausgestellten Bilder Theresienstädter Motive. Am besten gefallen mir die Leistungen von Spier (Telegrafenarbeiter, Blick auf Leitmeritz), Karas, Haas (die alte Kommandantur, Helgas Mädchenheim).

Sonntag, 11. Juni 1944
Besichtige den Kinder-Pavillon mit der Liegehalle für Kleinkinder. Gesamtentwurf des Architekten Kaufmann. In Anordnung, Zweckmäßigkeit, Proportion eine ausgezeichnete Arbeit. Alles aus Glas und Holz. In den quadratischen Oberlichten sind herrliche leicht hin skizzierte Tierbilder des Holländers Spier. Auf der grünen Spielwiese ganz neues Karussell, Schaukel und anderes Spielgerät.

Dienstag, 13. Juni 1944
Zum ersten Mal am Dach der Kavalierskaserne, Egerplatz genannt, (Wallstraße 8). Am Weg dahin begegnete ich der Frau des Wiener Malers

Robert, die an Wassersucht leidet. ½ 9 h herrlicher Abend. Sehe die Schleusenmühle, die Landstraße, Berge ringsherum. Ein Dorf rechts von Leitmeritz nahe dem Berggipfel. Ein Segelflugzeug kreist in der Luft. Vögel fliegen zu ihren Nestern. Es wird mir eigentümlich ums Herz. Ein gottvoller Anblick. Ein Blick in die Freiheit! Ich könnte die Natur voll Sehnsucht umarmen.

Mittwoch, 14. Juni 1944
Eine Karte von Mimi und Rottenberg eingetroffen – ohne Ortsangabe.

Donnerstag, 15. Juni 1944
9 h, endlich Karte von Joška unter Leven Manfred.

Freitag, 16. Juni 1944
8 h morgens, Wannenbad, Brauhaus. Mittags: zum 1. x Paradeissauce[1] mit Kartoffeln. Große Besichtigung: Minister Frank u.v.a. – Zwei Spatzen fliegen 2 x in unsere Stube und unterhalten sich piepsend. Sie zwitschern so munter, als wollten sie von weither eine Botschaft uns bringen.

Sonnabend, 17. Juni 1944
Hugo, Mimis Bruder, besucht mich um ½ 1 h mittags. Er sagt, er hat heute seinen guten Tag. 1. das gute Erbsenpüree, das ich ihm bereiten ließ. 2. Haarschneiden durch Dr. Schmitz. 3. endlich verschaffe ich ihm das lang ersehnte Buch von Mitchell *Vom Winde verweht*. 4. Besuch von *Schöpfung* von Haydn. – Blockälteste Frl. Musil sagt mir, dass an dem Schleusenkrankenhaus Seestraße 24 eine Schule mit Pflichtunterricht gemacht werden wird als Ergebnis des gestrigen Besuches, doch erst nach Genehmigung aus Prag.

Sonntag, 18. Juni 1944
1. Ein legalisiertes Standesamt soll eingeführt werden. 2. Ferner Einheitsausweise mit Lichtbildern. 3. Sechs Baracken sollen bei der Sokolovna zur

---

1   Österreichisch für Tomatensoße

Entlastung des Belages gebaut werden. 4. L 122 wird Haus der Dänen. 5. C 3 Hamburger, Haus der Holländer.

Montag, 19. Juni 1944
Helga klagt über Schmerzen auf Zunge und Zahnfleisch. Auf der Zunge hat sie Bläschen. Sichtbare Zeichen der Avitaminose. Der Mangel an Gemüse macht sich fühlbar.

Dienstag, 20. Juni 1944
Im Tagesbefehl Nr. 21 vom 18.6.44 wird erneut darauf hingewiesen, dass keine Gruß- und Meldepflicht besteht. Die Ankündigung „Achtung" und die Meldung sowie das Aufstehen von den Plätzen hat zu unterbleiben. Neuregelung der Brotzuteilung für die Siedlung mit Wirksamkeit vom 18.6.44. Schwerst-, Schwer- und Langarbeiter S/Brot 470 g täglich. Alle übrigen Einwohner N/Brot 350 g.

Mittwoch, 21. Juni 1944
Karte von Lea 20.6. erhalten. – Die letzten Vorbereitungen der Stadtverschönerung werden im Blitzestempo getroffen, da übermorgen die seit langem erwartete Internationale Kommission eintreffen soll. In unserem Block wird das „Haus der Dänen" eingerichtet. Drei an der Zahl.

Donnerstag, 22. Juni 1944
Besseres Essen stellt sich ein mit Rücksicht auf den morgigen Besuch. Mittags: Suppe, Rindfleisch, Gemüsetunke. Am Abend: Kartoffeln und Bosniaken.[1]

Freitag, 23. Juni 1944
11.30 h trifft die Kommission ein. Ihr sollen Herren vom Genfer Roten Kreuz und einige Dänen angehören. Die Besichtigung erfolgt nach vorgefasstem Plan. Protektoratsgendarmerie verschwindet aus dem Stadtbild und vor der Post. Der Wolf im Schafspelz. Die meisten SS in Zivil. Wir

---

1 Österreichischer Ausdruck für herzhafte Brötchen

Der Musikpavillon auf dem Hauptplatz, vor dem Mädchenheim L 410. Das 3. und 4. Fenster von links gehörte zum Zimmer 28.

wurden tags vorher instruiert. 10 Gebote des Verhaltens – nicht strammstehen ...
Unser Mittagsmenü: Suppe, Wurst, Kartoffeln, Senf, Kohlrabi. Helgas Mittagsmenü: Suppe, Zunge, Kartoffelpüree mit Zwiebeln und Gurkensalat. Abends schwarzer Kaffee, Kartoffeln und Bosniaken.
10 h abends ist folgendes Telegramm im Ghetto eingetroffen: *Fühle mich geschlagen, drehe mich im Grabe hin und her, POTEMKIN.*

Sonnabend, 24. Juni 1944
Heute Festtagsessen. Mittags: Suppe, 400 g Nudeln mit Paradeissauce. Abends: Pellkartoffeln, schwarzer Kaffee, 1 großes Bosniakerl.
Alles hat geklappt, Dank des Ältestenrates! Im heutigen Tagesbefehl Nr. 23 dankt der Ältestenrat allen Einwohnern für die von ihnen namentlich in den letzten Wochen im Dienste der Stadtverschönerung geleisteten Arbeiten. In Würdigung dieser Arbeitsleistungen findet am 24.6. ab 13 h und am 25.6. eine allgemeine Arbeitsruhe statt.

Sonntag, 25. Juni 1944
Noch immer Festtagsessen. Um 12 h zum ersten Mal im Schwimmbad in der Hohenelbe.

Montag, 26. Juni 1944
Siebtes Sardinen-Koli (2 Dosen) aus Lissabon. Abends: kalte ‚Friedens'-Platte, wie Helga sagte: je 1 Salamibrot, 1 Schmalzbrot, 1 Margarinenbrot mit Quargerln[1], Marmeladenbrot, guter Milchkaffee (aus Kondensmilch) und Honigkuchen.

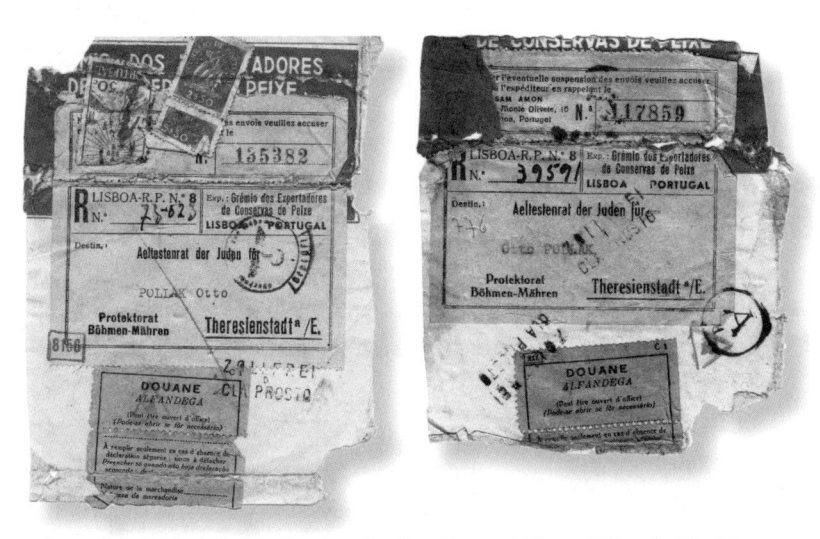

Paketmarken der Päckchen aus Lissabon. Das Rote Kreuz schickte auf Wunsch vieler Menschen, die, wie Frieda Pollak, für ihre Lieben in der Ferne etwas tun wollten, Päckchen über Lissabon nach Theresienstadt.

Dienstag, 27. Juni 1944
Man erzählt mir folgenden Scherz. Kapellmeister Carlo Taube hat am vergangenen Freitag, als die Kommissionsmitglieder dem Konzert der Stadtkapelle zuhörte, plötzlich vor diesen den alten Schlager: „Für dich mein Schatz hab ich mich schön gemacht" spielen lassen.

---
1 Österreichischer, stark riechender Weichkäse

Mittwoch, 28. Juni 1944
Karte an Lea nach Birkenau gesandt. Ich gratulierte Hermann zu seinem 26. Geburtstag.

Donnerstag, 29. Juni 1944
Helga 18.30 h, *Prodaná nevěsta* (Verkaufte Braut) abgesagt.

Freitag, 30. Juni 1944
Helga fasst, da sie im Heim den schlimmsten Fall von Avitaminose hat, zwei Zitronen und eine Orange von Frau Mühlstein, der Sozialfürsorgerin des Heimes. Sie wollen die Wirkung der Zitronen (Vitamin C) an Helga erproben.

Sonntag, den 2. Juli 1944
45. Geburtstag von Gertrude Hecht und 22. Hochzeitstag. Geb. 2.7.99 zu Minden in Westfalen; geb. Simon, Tr. Nr. XVI/1-821. Letzter Wohnsitz: Nordhausen a/H.
4 h Nachmittag: Mit Helga bei Hechts zur Geburtstagsjause. 18.30 h mit Schmitz bei Haydns *Schöpfung*. Ganz hervorragender Bass, guter Chor.

Helgas Geburtstsagskarte
für Gertrude Hecht

Dienstag, 4. Juli 1944
8. Sardinen Koli aus Lissabon an H.P.

Mittwoch, 5. Juli 1944
Helga arbeitete am Segelflugplatz von Leitmeritz bei Einbringung von Heu.

Donnerstag, 6. Juli 1944
Besichtige um ½ 4 h nachmittags das Gemeinschaftshaus der Sokolovna, das schön instand gesetzt wurde. Im Souterrain: Theatersaal. Im 1. Stock: Kaffeehaus mit 55 Tischen im Bauernstubenstil, großer heller rechteckiger Saal. Auf der Stirnseite Podium über die ganze Breite mit schweren Plüschvorhängen behangen. (Freitagabend dient der Saal als Bethaus.) Vor dem Saal schönes Vestibül mit Klubsesseln – Kaffeehaus-Terrasse mit Sonnenschirmen und etwa 20 Tischen. Im 2. Stock Volksbibliothek, allgemein zugänglich.

Freitag, 7. Juli 1944
Helga war gestern bis 8 h am Segelflugfeld bei Heuarbeiten. Sie erzählte, dass manche Flugschüler (HJ) ihnen zugewinkt haben. – Sie durften im Fluss baden. Die Kinder bekamen schwarzen Kaffee und eine Sonderzubuße an Brot.

Sonnabend, 8. Juli 1944
½ 8 h Strauß – Forelle im Hofe von L 233 mit zwei ausgezeichneten ostjüdischen Sängern. – Neueste Anekdote. Telegramm Molotow an H. „Führer, wir folgen dir". 2. Telegramm Stalins: „Sendet 10 Mio. Matratzen, unsere Soldaten liegen hart an der Grenze."

Montag, 9. Juli 1944
Abends 8–9 h beim Konzert der Stadtkapelle, dem hunderte Juden beiwohnen. Begegnung mit Ehepaar Bader, Dr. Fischer, Prof. Leichter. Ich kaufte durch Hasenberg einen blauen Anzug für 6 kg Brot.

Montag, 10. Juli 1944
Helga erzählt, dass Eva Landa, die im Dezember 1943 nach Birkenau ist, von dort geschrieben hat: „Es geht mir sehr gut. Ich wiege bereits 30 kg." Demnach hätte dieses blühende Mädchen in 6 Monaten 22 kg abgenommen.

Mittwoch, 12. Juli 1944
Helga erhält die erste Post von Johanna nach Theresienstadt, eine Gratulationskarte vom 27.5.44.

Donnerstag, 13. Juli 1944
Abends auf der Bastei, wo Orchester-Proben und rhythmische Übungen von Mädchen vor sich gehen. Vorbereitungen für das Herzl Sportfest, das am Sonntag (16.7.) stattfindet.

Freitag 14. Juli 1944
Unser Abendessen war Reis mit grünen Erbsen. Den Reis, den Helga so ersehnte, habe ich gegen Sardinen getauscht. Es ist der erste Reis seit Jahren. – Heute vor 3 Jahren wurde Paris besetzt!

Sonnabend, 15. Juli 1944
19.30 h, Festabend der Hausältesten in der Sokolovna. Ansprache im Theatersaal: 1) Dr. Murmelstein 2) Dr. Popper (tschechisch), 3) Dr. Eppstein, Berlin, der mit seiner Verordnung (§ 9) die Hausältesten verulkt. Dann – *Brundibár*, Singspiel, meist von Helgas Mitschülerinnen dargestellt. Gutes Orchester, gute Aufführung. Im Terrassensaal: Swing-Jazz 11 Mann. Gerron, tschechisches Trio („Trink, trink noch mehr, wir werden in einem Monat nicht mehr da sein"). Applaus. Grünfeld-Tenor (Rigoletto), Frauen-Duo Bloch-Kohn. Gerron: Szene aus der Dreigroschenoper.

Dienstag, 18. Juli 1944
Gestern entflohen drei Jungen aus dem Ghetto. Darunter der junge Sklarek aus Berlin. Wahrscheinlich als Repressalie wurden 5 bedeutende Maler wegen Verunglimpfung des Ghettos samt ihren Familien verhaftet und auf die kleine Festung gebracht. Es handelt sich um folgende Per-

sonen, meist Prager: Prof. Ungar, Haas, Troller, Strass und Fritta (Fritz Tausig), mit dessen drolligem pausbäckigem Söhnchen Tommy wir oft scherzten. 10 h vormittags Helgas erste Sitzung beim Porträtisten Ehrenstein.

Mittwoch, 19. Juli 1944
In der Nacht von gestern auf heute Konskription aller tschechoslowakischen Offiziere in der Magdeburger. Wir sind zwei Mal angetreten. Roth, Fritz und ich holen uns in der Hannover frisch gekochten schwarzen Kaffee. Um 6 h früh sitze ich mit Dr. Fischer im Park am Marktplatz.

Sonnabend, 20. Juli 1944
Gestern, am 86. Geburtstag meines Vaters, starb um 18.30 h Ing. Oskar Bauer (Kriegsinvalide) bei vollem Bewusstsein. Bauer malte Helgas Symbol, er war Zionist, Beamter der K.G. in Wien, geb. 25.4.1892 in Wien, gesch., Transportnummer IV/8-312, von Beruf Chemiker und Feinmechaniker.

Freitag, 21. Juli 1944
„Neue" Krücke aus der Orthopädie. 11–1 h mittags: die ersten Schwärme silberner Vögel, die in südwestlicher Richtung im Sonnenglanze fliegen. Die Juden erfasst eine unsagbare Erregung. Die Kinder im Heim bewundern das Schauspiel vom Fenster des 2. Stocks – Küsse.

Sonnabend, 22. Juli 1944
Martas 47. Geburtstag! Gestern ½ 7 h gratulierten Helga und ich in der Baracke. Helga mit einer Haferflockentorte, ich mit dem Theresienstädter Wappen. 6 h abends zum Abendessen bei Marta. Morgen findet das Herzl Sportfest der Jugend statt. Hissen der blau-weißen Flagge.

Sonntag, 23. Juli 1944
Sämtliche ehemaligen jüdischen Offiziere müssen sich heute melden: a) des tschechoslowakischen Heeres, Polizei und Gendarmerie, b) der deutschen Wehrmacht, c) der österreichisch-ungarischen bzw. österreichischen Armee, d) des holländischen, dänischen und sonstigen Heeres.

Montag, 24. Juli 1944
Bonke? San an drei Stellen überschritten.¹

Dienstag, 25. Juli 1944
Gestrige allgemeine Abendbonke, die alle 7 im Zimmer in große Erregung versetzte: „AH um 2 h nachmittags seinen Verletzungen erlegen".– Gerücht, dass Offizierstransporte gehen sollen. – Kettner, der „Einsiedler", schenkt Helga Mandeln und Bonbons, die sie mit ihrer Freundin Rutka teilt.

Donnerstag, 27. Juli 1944
Nach mehr als einem Jahr die erste Zigarre, die wundervoll schmeckt.

Freitag, 28. Juli 1944
Mache die Bekanntschaft mit Frau Schneidhuber aus München, deren Gatte SA-Gruppenführer und Polizeipräsident von München war. Am 30. Juni 34 wurde er mit Röhm justifiziert.

Sonntag, 30. Juli 1944
Helgas 1. Stunde mit Fiška: Chemie-Physik bei Dr. Salus.

Dienstag, 1. August 1944
Verpflegungsstand ca. 24 400

Freitag, 4. August 1944
Mařenkas 29. Geburtstag! (1915). Zu Ehren Mařenkas Geburtstag essen wir zum Abendbrot die ersten Schnittbohnen aus Gaya, die Marta herrlich zubereitet.

Sonnabend, 5. August 1944
Helga hat ihre Kleider-„Sorgen". Bekrittelt die schöne, adrette Bluse von Bittmann, Wien. Sie erörtert mit mir Nachkriegsprobleme und ist in

---

1 Das Gerücht (Bonke, Bonkes) besagt, dass der Fluss San (Grenzgebiet zur Ukraine) von russischen Einheiten überschritten wurde.

einem seelischen Zwiespalt, bei wem sie nach dem Kriege ständig wohnen wird, ob beim Vater oder bei der Mutter. Sie fragt mich nach dem Scheidungsgrund (diesmal schon zum 2. x). Und hätte es am liebsten, wenn Vater und Mutter an einem Orte leben würden. Dann sagt sie, dass wenn die Mutti in England bleibt, sie ihr jeden zweiten Tag schreiben will.

Montag, 6. August 1944
Mimis 43. Geburtstag. Ob sie unsere Karte in Birkenau erreicht? Bonke? Besetzung aller strategischen Stützpunkte in der Türkei durch die Alliierten. Minister Frick, Schwerin von Krosigk und der Oberbürgermeister von Leipzig getürmt.

Dienstag, 7. August 1944
Endlich Bewegung im Westen. Mayenne, Laval auf der Eisenbahnlinie Orléans, Le Mans, Brest, Vordringen gegen Loire-Mündung (St. Nazaire). Es droht die Abschneidung der Halbinsel Bretagne. Vom Mont Ormel bis zur Loire Mündung circa 300 km Frontausdehnung.

Dienstag, 8. August 1944
20 h mit Helga in der Hv (Dresdner) beim *Schlachtenlenker*, einer Komödie von Bernard Shaw.

Freitag, 11. August 1944
Zum 1. x essen wir ein deutsches Gericht zum Abendbrot „Himmel und Erde", das uns fabelhaft schmeckt. Wie es zubereitet wurde: 6 heurige Kartoffeln mit 15 kleinen Birnen als Gemüse gekocht, circa 6 Deka Zucker und Citronin beigegeben, dann mit Mehl gestaubt und etwas Butter. Rezept Frau G.H.

Montag, 14. August 1944
½ 8 h abends mit Helga bei der tschechischen Revue *Ben Akiba Hall* in der Dresdner.

Sonnabend, 19. August 1944
Ein Kulturfilm wird gedreht. Nachmittag in einem Talkessel in der Richtung Leitmeritz ein Freilichtkabarett mit ca. 2000 Zuschauern. In der SS-Schwimmschule außerhalb des Ghettos treten ca. 60 Schwimmer und Schwimmerinnen an, die gefilmt werden sollen. Dita Sachs aus der Ubikation der Schwester, schlank (ca. 1,80), blond, blauäugig, wird mit zwei anderen Blondinen ausgeschieden. Wie ich höre auch ein dänischer Darsteller, blond und ein Hüne an Gestalt. Gerron hat die Leitung, der sich den Juden gegenüber unangebrachte „Späße" leistet.

Montag, 20. August 1944
Tonaufnahmen: vormittags Stadtkapelle, nachmittags Sokolovna, Bühnensaal und Terrasse. Ab heute neue Arbeitszeit: 7.30–12 h, 14–18.30 h.

Montag, 21. August 1944
Gestern und heute die heißesten Tage des Jahres, 40°C. Für Helga Halbschuhe eingetauscht (1 kg Grieß).

Dienstag, 22. August 1944
Heute noch heißer als die vorangegangen Tage, 43°C in der Sonne. Wanzenorgien. Schmitz und ich haben Hunderte im Bett.

Donnerstag, 24. August 1944
12 h mittags: zum 2. x glitzernde Silbervögel überfliegen in ost-südwestlicher Richtung Leitmeritz. – Entwesung in Helgas Heim. Sie schläft bei uns im Zimmer der Frau Mandl über dem Bett der Frau Heilbrunn. 9 h abends nimmt Helga ein kaltes Bad in der Badewanne. Altenstein sucht Wanzen mit dem Feuerzeug. Ich betrachte seine Silhouette vom Hofe. Helga hat die erste Nacht in unserem Heim gut geschlafen. Keine Wanzen störten ihren Schlaf. Sie lobt unsere Waschgelegenheiten, die sie an Friedenszeiten erinnern.
Nach langer Zeit gemeinsames Mittagessen mit Helga. Wir haben ein „süßes Friedensmenue".

Sonnabend, 26. August 1944
Anny Löwingers 40. Geburtstag, Wie mag es ihnen in G.B gehen, wann gibt's ein Wiedersehen? 6 h abends: Helga besucht *Elias* von Mendelssohn; kommt wie eine Traumwandlerin aus der Sokolovna heim, vergießt Tränen an meiner Brust – so beeindruckt ist sie vom Werk und der Darstellung. – Die Wanzenplage lässt uns nicht schlafen. Jede halbe Stunde knipsen wir das Licht an, Schmitz und ich haben diese Nacht etwa 300 Wanzen „erbeutet".

Montag, 28. August 1944
Flucht vor den Wanzen. Zum 1.x schlief ich neben Fritz und Meyerson im Freien. Dunkelblauer, sternbesäter Himmel, kühle Temperatur. Nach Wochen des Nichtschlafens schlief ich heute wie ein Herrgott bis 5.30 h. Ich bringe Helga das Frühstück (Kaffee mit Butterbroten) zum Bett. Sie freute sich riesig und sagte, dass ihr in Theresienstadt zum 1. x das Frühstück am Bett serviert wurde.

Mittwoch, 30. August 1944
Am Vorabend von Hugos Geburtstag 6 h abends überraschen wir den Ahnungslosen mit unserem Souper.

Donnerstag, 31. August 1944
Hugo Porges 47. Geburtstag (1897). – Laut Tagesbefehl Nr. 40 wurden 11 Personen samt ihren Familienangehörigen wegen Brief- und Geldschmuggel und Verkehr mit der Reg. Gendarmerie dem KZ überstellt. – In Paris die letzten Stützpunkte geräumt. Beauvais, Laon, Reims.

Freitag, 1. September 1944
3 h nachmittags wird ein Fußballspiel in der Dresdner gefilmt, ca. 400 Zuschauer.

Sonnabend, 2. September 1944
Was ist los? Das erste richtige Menü (5 Gänge): Suppe, portioniertes Fleisch, 30 Deka Kartoffeln, Zwiebelsauce (ausgezeichnete Sauce), Salzgurke. Fleisch wie noch nie! Abends Kaffee, Kartoffeln, Käse – das erste

Mal! Der zur Verteilung gelangte Dreieckskäse ist vom Internationalen Roten Kreuz in Genf.
Nachts, 11 h, großes Gewitter mit Wolkenbruch. Wir flüchten in die Stube. Das elektrische Licht geht aus. Die ausgehungerten Wanzen überfluten uns wie Heeresschwärme. Erst um halb vier morgens schlafen wir ein.

Donnerstag, 7. September 1944
Helga war mit Walter Neumann bei der bekannten Konzertpianistin Geiringer, welche sie für den Klavierunterricht vorgemerkt hat.

Sonnabend, 9. September 1944
Rückkehr Helgas ins Heim, (frische Bettwäsche), ihre „Ferien" sind vorbei. Abends: Die Kinder haben heute ein gutes Abendbrot: Süßkraut, 2 Knödel, 3 Deka Margarine und Zucker.

Sonntag, 10. September 1944
Helga hat plötzlich Sehnsucht nach Wien und möchte gerne dort nach dem Kriege studieren. Nach der Matura[1] (an einer tschechischen Mittelschule) möchte sie an der Wiener Universität inskribieren.

Dienstag, 12. September 1944
12 h mittags Alarm. Schwärme über Theresienstadt in der Mittagssonne.

Mittwoch, 13. September 1944
Helga hat heute ihre Tagesfreude, da ich ihr für ihre Pelikan Füllfeder mein Lederetui samt Pelikan Druckstift schenke.

Sonnabend, 16. September 1944
Mitteilungen Nr. 45 vom 17.9.1944. Glückwunsch. Dank für die Arbeit und Pflichterfüllung. Appell zu gegenseitiger Achtung und Hilfsbereitschaft! „In einer Zeit weltgeschichtlicher Entscheidungen, in der es unser

---

1 Österreichisch für Abitur

Schicksal ist, abgeschlossen wie auf einer Insel zu leben, kommt es für uns entscheidend auf unsere Spannkraft an, um dieses Leben zu gestalten und darin die historische Aufgabe zu erkennen uns in der Verantwortung in unserer Gemeinschaft zu bewähren."

Sonntag, 17. September 1944
Am Vorabend des Neujahrs (5 705) Gäste bei Herrn und Frau Hecht. Helga, die nett angezogen ist, ist stark beeindruckt von der festlichen Abendtafel und der kurzen Andacht, die Herr Hecht abhält. Beim Abschied wird sie und Edith Reich, die aus Dänemark nach Theresienstadt kam, von ihm gesegnet.

Tischkarten

Donnerstag, 21. September 1944
Letzte Nacht im Freien, Abschied vom Sternenhimmel.

Freitag, 22. September 1944
Erster Herbsttag, kalendermäßig stellt sich am Vormittag Regen ein. 3 h nachmittags. Zum 1. x passiere ich die asphaltierte Straße (Neue Gasse), die an dem Gebäude der SS-Kommandantur vorbeiführt, um ins Bad des Brauhauses zu gelangen. Die Kommandantur ist ins Rathaus, wo früher die Bank der Jüdischen Selbstverwaltung war, übersiedelt.
Helga probt die Hauptrolle in einem neuen Theaterstück, das vor 200 Zuschauern aufgeführt werden soll.

Sonnabend, 23. September 1944
Wiederum Schwärme silberner Vögel über Theresienstadt. Angesichts der aus unbestimmter Ferne kommenden Flugzeuge wird Helga von einem starken Sehnsuchtsgefühl nach der Mutter ergriffen, was sie mir

am Abend unter unterdrückten Tränen äußert. 20.30 h. Es bestätigt sich das Gerücht, dass zu den jüdischen Feiertagen 5 000 jüdische Männer im Alter von 18–50 Jahren in zwei Transporten nach D. abgehen. Wie wird das Ghetto aufrechterhalten werden, wenn fast alle arbeitsfähigen Männer fort müssen? Was sind die Hintergründe dieser Maßnahme?

Sonntag, 24. September 1944
Das Ghetto ist von einer einzigen Unruhe erfasst, da so viele Männer ihre Frauen, Väter ihre Kinder, Söhne ihre Mütter in wenigen Tagen verlassen müssen. Helga fragt, ob die Wahrscheinlichkeit besteht, dass sie von heute an in einem Jahr die Mutter wieder sieht. Ich bejahe.

Montag, 25. September 1944
Helga hilft packen bei ihrem Chemieprofessor Miloš Salus, der mit dem Transport geht, ebenso ihr Lehrer, von dem sie sagt, dass er stets ein ironisches Lächeln um den Mund hat und den sie als Arbiter Eleganziarum[1] hinstellt. ½ 11 h abends: Felix nimmt Abschied, da er morgen in die Kasernierung geht. Er ist gefasst.

Mittwoch, 27. September 1944
Jom Kippur. Helga fastet bis 18 h. Auf unserem Abendspaziergang in der Sudetenallee muss ich ihr aus meiner Vergangenheit erzählen, insbesondere von Friedas Eltern und wie ich die Mutti kennengelernt habe.
Der Transport ist wegen Waggonmangel heue noch nicht abgefahren.

Donnerstag, 28. September 1944
12 h mittags: Abgang des 1. Transportes mit 2.500 Mann. 8 h abends: Ich gehe zur Hamburger Kaserne. Schienenseits hängen 4 Bogenlampen am Gebäude, die die Straße taghell erleuchten. Gerade fährt die Lokomotive ein mit der 2. Waggongarnitur. Die ersten Kupees sind umgebaute große Viehwaggons mit breiten Fenstern. ½ 9 h: Begegnung und längeres Gespräch mit Frau Epstein aus der Mariahilferstraße.

---

1 Eine Person mit Stil und gutem Geschmack

Sonnabend, 30. September 1944
Eugen, begleitet von Frau Eissler, kommt sich verabschieden. Auch er wurde in den 2. Transport eingereiht. Friedas Sohn, Dr. Ernst B., fand wahrscheinlich keine Zeit, um Abschied zu nehmen. Abschied von Lungi Plaček, der Holländerin Litten-Serkin (Freundin der Frau Sander). Aus unserem Heim geht nur Frau Rosenstock. 19.15 h: Bad, nur wenige Männer, wie ausgestorben.

Mittwoch, 11. Oktober 1944
12 h mittags bringe ich Fritz und Marta Essen in die Schleuse (Hamburger Kaserne). Treffe dort Amalia, Hajeks Frau. Beide sind in gedrückter Stimmung. Die Ungewissheit des kommenden Schicksals lastet auf allen. Morgen soll der Transport abgehen.

Donnerstag, 12. Oktober 1944
Sonniger Tag. 11 h vormittags gelange ich mit Schwierigkeit in die Schleuse (Hamburger). Letzter Abschied von Marta und Fritz. Marta sehr gerührt. Weinend äußert sie die Befürchtung, dass wir uns nicht mehr wiedersehen. Ich tröste sie. Ich begegne noch zum letzten Mal Emil und Irma Fuchs und Frau Mandl aus Gaya. 18.30 h: Abgang des Zuges. Mit Fritz und Marta verliere ich hier meine letzten Angehörigen. Helga und ich bleiben alleine zurück.

Freitag, 13. Oktober 1944
Ich will für Fritz Schuhe holen, die nicht auffindbar sind. Durch Zufall bekomme ich Helgas lang ersehnte Halbschuhe, die seit April bei Bata[1] waren und schon als verloren galten. Helga freute sich sehr. Am Heimweg besuche ich in den Baracken Martas hiesige einzige Freundin und Kojengenossin Frau Pachner. Sie bangt davor, nun selbst in den nächsten Transport zu müssen.

---

1 „Bata" war für die Tschechen und Österreicher identisch mit Schuhfabrik, in diesem Falle ist die Theresienstädter Schuhmacherei gemeint. Die 1894 in Zlin/Mähren von Tomáš Bata und Geschwister gegründete Schuhfabrik ist heute weltweit der größte Hersteller von Schuhen.

Sonntag, 15. Oktober 1944
Einrückung Hechts, Hugos, Grünbaums, Koppers und Helgas bester Freundin Hana Lissau. ½ 4 h nachmittags schwerer Abschied von Hechts. In ihnen verliere ich meine letzten Freunde. Auf den Treppen rufe ich ihm zu, den Mut nicht sinken zu lassen. Helga macht Nachtdienst und besucht Hechts in der Schleuse. 3 h früh blicke ich auf die Straße – Einwaggonierung in vollem Gange.

Montag, 16. Oktober 1944
Zum 1. x schlief ich in der Kanzlei. 5.20 h kommt Helga leise in die Stube. Ich mache Licht. Das Kind, in Tränen aufgelöst, berichtet, dass der Zug um 5.05 h abgerollt ist. Helgas Seelenschmerz ist groß. Sie blickte bei der Geniekaserne dem Zug nach, bis der letzte Waggon dem Blickfeld entschwand. Sie sah, wie Hugo auf einer Tragbahre einwaggoniert wurde und wie das Gepäck der Blinden zurückgeblieben ist. Tragik!

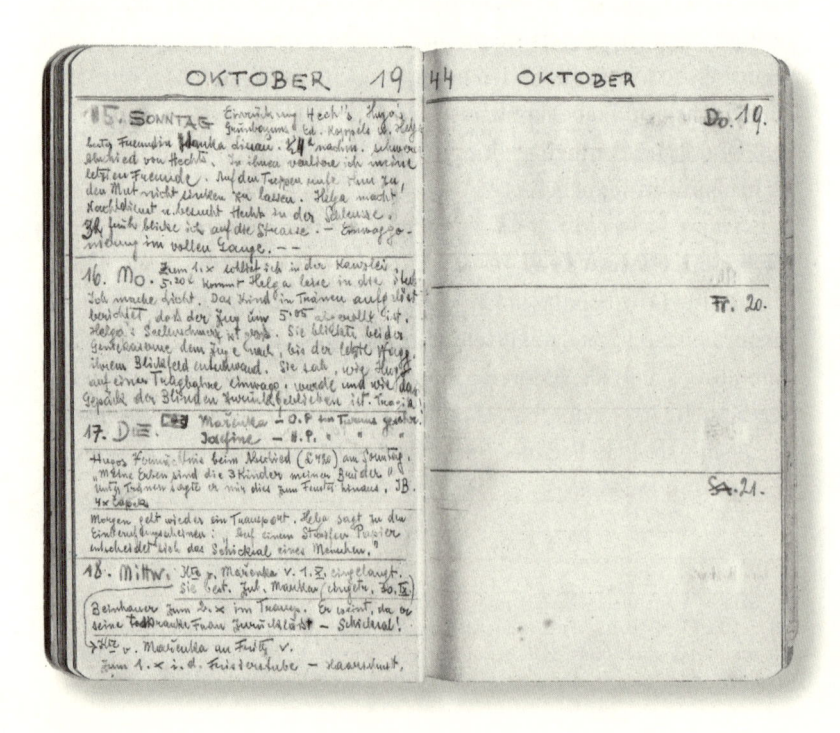

Bedrich Fritta. Transport der Blinden

Dienstag, 17. Oktober 1944
Hugos Vermächtnis beim Abschied (L 420) am Sonntag: „Meine Erben sind die drei Kinder meiner Brüder." Unter Tränen sagte er mir dies zum Fenster hinaus. – Morgen geht wieder ein Transport. Helga sagt zu den Einberufungsscheinen: „Auf einem Streifen Papier entscheidet sich das Schicksal eines Menschen".

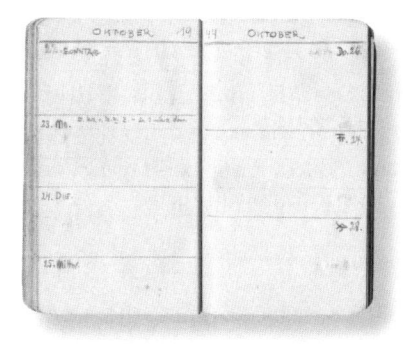

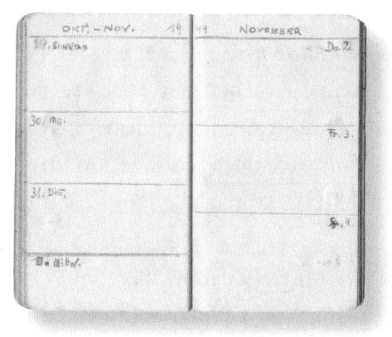

Die Seiten im Kalender von Otto Pollak sind vom 19. Oktober bis zum 18. November 1944 leer.

```
Abteilung für innere Verwaltung
Gebäudeleitung      Ing.Ko/G.-                           22.10.1944
An alle Bezirks-, Gebäude- und Hausältesten.
              A c h t u n g  -  A c h t u n g !
Die Waggons sind beigestellt worden.
Die Waggons für den Transport sind eben vor der Schleuse einge-
troffen, die Einwaggonierung beginnt.
Es ist dafür zu sorgen, dass vorstehende Nachricht in der ganzen
Siedlung und verlässlich in a l l e n  R ä u m e n  der Gebäude
und Häuser durchgegeben wird. Transportteilnehmer, welche aus ir-
gendeinem Grunde noch ausserhalb der Schleuse verweilen, sind
aufzufordern, sich ellendst dorthin zu begeben und darauf aufmerk-
sam zu machen, welche schwere Folgen ein Nichtantritt nach sich
zieht.
Falls der Aufforderung zum sofortigen Einrücken nicht unverzüglich
Folge geleistet wird, ist direkt ohne geringste Verzögerung die
Detektivabteilung zu verständigen.
Die Organe der Gebäudeleitung werden aufmerksam gemacht, dass sie
für die Durchführung verantwortlich sind.

V/ 5  2699                                        Gebäudeleitung :
```

Et-Transport
mit Helga

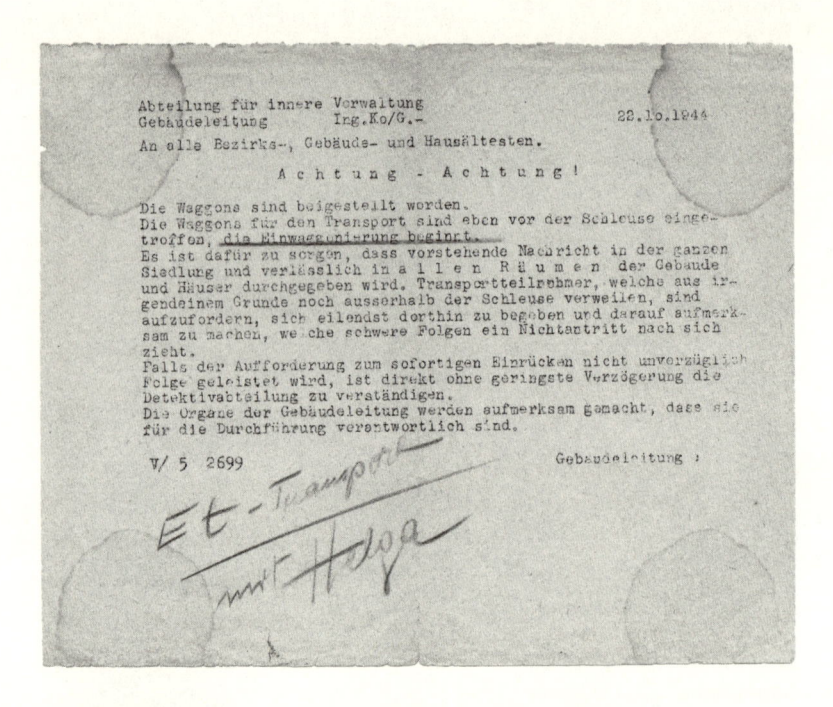

Anmerkung von Helga, 2013
Im Nachlass meines Vaters findet sich dieser Transportaufruf mit seinen handschriftlichen Worten: „Et-Transport mit Helga". Auch meine Transportnummer hat er aufbewahrt.

Sonnabend, 18. November 1944
Beim Erwachen erster Schnee. Begegnung mit Marianne Deutsch, Helgas Freundin aus dem Zimmer 28. Sie erzählt mir, wie sie aus dem Transport kam. Wie über Intervention ihres Vaters M. dem P. den Auftrag gab, den Zettel auszutauschen. In 15 Minuten war sie ausgeschieden.

Sonntag, 19. November 1944
Heute vor 4 Wochen Einrückung Helgas in die Schleuse. ¼ 10 h letzter Abschied vom Kinde.

Montag, 20. November 1944
49 Holländer ganz zerlumpt und verwahrlost angekommen. Die meisten kennen nicht ihren Namen und wissen nicht woher sie sind.

Mittwoch, 22. November 1944
Schlechte Nacht verbracht. Unaufhörlich an das Kind gedacht. Ob es alle Sachen hat? Ob es nicht friert? Wie ein Symbol kam mir in die Stube um 6 h morgens ein junges schwarz-weißes Kätzchen zugelaufen und wollte nicht von mir weichen. 9 h vormittags: 5. Turnus Zulassungsmarke für Mařenka eingereicht, diesmal allein.

Dienstag, 5. Dezember 1944
Heute starb plötzlich an Gehirnschlag die Frau Hecht von L 375, deren drei Töchter mit Helgas Transport gingen. Was werden die armen Mädchen sagen, wenn sie einst vom jähen Tod ihrer Mutter hören werden. – Zwischensprache mit der Abendsonne und den Spatzen auf der Veranda.

Sonnabend, 23. Dezember 1944
Eintreffen des 1. slowakisch-ungarischen Transportes (400 Personen). 9 Tote, die auf der Fahrt gestorben, werden auswaggoniert.
Als Weihnachtsgabe erhalten wir 8 Deka Speck, einen weißen Wecken, ein kg Kartoffeln und einen Suppenwürfel – was mag mein armes Kind bekommen? Heute sind es gerade zwei Monate, dass Helga fort ist.

Sonntag, 24. Dezember 1944
Ein arischer Transport mit Möbeln und Archiven trifft aus Ungarn ein. Angeblich auch Mitglieder der ungarischen Regierung.

Sonntag, 31. Dezember 1944
9 h Vormittag: Appell bei Frl. M. Sie verliest eine „Botschaft" Murmelsteins. Am Neujahrstag, in allen Produktionszweigen, ist ein freier Tag. Begegnung mit der helläugigen blonden Eva Winkler, Helgas Freundin, die ich für einen Mischling hielt. Ihr Vater ist Tischler. Wahrscheinlich deshalb wurde sie vom Oktober-Transport nicht erfasst.

Montag, 1. Januar 1945
Neujahrstag. Vormittags Schneetreiben. Ich denke unaufhörlich an mein Kind. Nachmittag kommen Helgas Freundinnen Marianne Deutsch und Flaška mir Glück wünschen. Es schmerzt mich mehr als dass es mich freut, da Helga fehlt.

Mittwoch, 3. Januar 1945
Von jungen Mädchen der Spedition werden die abgebauten Betten auf zwei Wagen weggeführt. Beim Anschieben der Wagen singen sie in der Melodie der Wolgaschiffer: „Eu ist mir mies, eu ist mir mies."

Freitag, 5. Januar 1945
Friedas 37. Geburtstag – wie mag es ihr gehen. Ob sie uns noch am Leben vermutet? In ihrem letzten Roten Kreuz Brief schrieb sie mir: „Achte auf Helgalein bis mir Wiedersehen vergönnt ist." Wenn Frieda wüsste, dass mir am 23. Oktober mein einziges Kind genommen wurde und ich keine Möglichkeit mehr besitze, über mein Teuerstes zu wachen. Oft und oft stelle ich mir die Gewissensfrage, ob ich nicht doch mit dem Kinde hätte mitfahren sollen, ob ich nicht an Friedas letzter Mahnung Verrat geübt habe, dass ich Helga ihrer Betreuerin überließ. Helgas Heimleiterin riet mir ab. R. Sticker und Dr. Altenstein sagten mir, dass wir nicht beisammen bleiben und das einzig Gemeinsame nur die Fahrt sein wird, und dass mein Opfer umsonst wäre. Alle diese Einwände hätten mich nicht abgehalten, mit meinem einzigen Kinde die Fahrt ins Ungewisse anzutreten, hätte ich zwei Beine gehabt und dadurch die Möglichkeit, selbst mein Gepäck zu tragen. Denn ich weiß, was für ein mora-

lischer und seelischer und materieller Halt ich dem Kind in Theresienstadt bedeutete. Und wenn ich mitgefahren wäre, wäre es mir so ergangen, wie meiner Nichte Trude, die schrieb, dass sie an Lea, Hermann und Joška denkt, ein Zeichen, dass sie alle gewaltsam auseinander gerissen wurden. Meine arme Schwester Marta hoffte, als sie weg fuhr, mit ihren Kindern zusammenzukommen. Wie mag sie enttäuscht gewesen sein.

Helgas Widmung in Flaškas Poesiealbum

10
Auschwitz–Oederan–Theresienstadt

Du musstest am 23. Oktober 1944 auf Transport. Wie hast du diese Tage in Erinnerung?
Der Transportbefehl kam nicht überraschend. Es sind ja schon so viele vor mir gegangen. Der erste Transport am 28. September 1944 riss 2 500 Menschen mit sich fort, der Transport am 29. September 1 500 Menschen. Am 1. Oktober waren es weitere 1 500 und am 4. Oktober wieder 1 500 Menschen. So ging es fort. Das Ghetto leerte sich, unser Zimmer leerte sich, Mädchen verließen uns, Betreuerinnen, Verwandte, Freunde. Von unserem Zimmer gingen Jiřinka Steiner, Ruth Meisl, Ruth Gutmann, Eva Heller, Eva Fischl, Hana Lissau, Maria Mühlstein, Emma Taub, Marta Kende, die Betreuerin Eva Eckstein …

Hast du Erinnerungen an den Abschied von deinen Freundinnen?
Wir hatten kaum Zeit, uns zu verabschieden. Alles ging so schnell. Aber ein kleines Geschenk zur Erinnerung, eine Widmung ins Poesiealbum, dafür nahmen wir uns, wenn irgend möglich die Zeit. Von mir gibt es einen Eintrag in Flaškas Poesiealbum, geschrieben am 22. Oktober 1944, ein Tag vor meinem Transport nach Auschwitz.

Liebe Flaška,
Ich hoffe, dass wir uns einmal wieder begegnen in schöner Natur, wo alles frisch ist und duftet, wo wir frei atmen und unsere Ideen verwirklichen können und nicht leben wie hier, in dieser Gefängniszelle. Und wenn wir älter und ein bisschen gescheiter sind, werden wir vielleicht eines Abends, wenn es dunkel wird und die Sterne am Himmel aufleuchten und dem Meer silbernen Glanz verleihen, am Strand sitzen und an unsere Freunde und an unsere Sorgen denken, die wir vor vielen Jahren in Theresienstadt hatten.
Helga, 22. Oktober 1944

Wir waren doch eine zusammengeschweißte Gemeinschaft, und Zeichen unserer Freundschaft zu geben, war für uns wichtig. Flaška gehört zu den wenigen, die in Theresienstadt geblieben sind. Nur ihr Poesiealbum ist erhalten, obgleich viele von uns so ein Album hatten. Aber uns wurde ja in Auschwitz alles weggenommen.

Am nächsten Tag, am 23. Oktober 1944, musstest du auf Transport. Mit dir gingen Handa Pollak und ihre Tante Hanička, Eure Betreuerin Tella (Ela Pollak) und Eva Stern mit ihrer Schwester Doris, Kamilla Rosenbaum, Laura Simková und weitere Betreuerinnen und Mädchen vom Mädchenheim L 410. Insgesamt waren es 1 715 Menschen. Wie war der Abschied von deinem Vater?
Es muss für meinen Papa schrecklich gewesen sein, mich gehen zu sehen. Aber ich kann mich nicht einmal an den Abschied von ihm erinnern. Ich habe viele Erinnerungslücken. Wir waren doch alle wie gelähmt. Was ich noch heute vor mir sehe ist: Wie ich in die Schleuse gehe, in die Hamburger Kaserne. Ich sehe die vielen Menschen mit ihrem Gepäck, das Gedränge und wie wir hinausgehen durch das hintere Tor, wo die Waggons auf uns warten, geschlossene Viehwaggons ohne Fenster. Und ich sehe, wie man uns hineintreibt, wie wir zu einer Masse werden, die es, einer einzigen wuchtigen Welle gleich, hineinspült in einen dieser Waggons, wie die Türen hinter uns zugeschlagen werden und es auf einmal dunkel ist.

Wie lange dauerte die Fahrt? Wie war das in diesem Waggon? Hattest du Angst?
Wie lange wir fuhren, eingeschlossen in diesem Viehwaggon, etwa 50 Menschen dicht aneinander gedrängt, das weiß ich heute nicht mehr. Es könnten 12, 16, 20 oder 24 Stunden gewesen sein. Ich weiß noch, dass wir die Koffer und Rucksäcke in einer Ecke übereinander gestapelt haben, so dass die meisten von uns, aber nicht alle, irgendwie sitzen konnten.
Ob ich Angst hatte? Ich glaube, noch nicht. Mir war bange, gewiss. Aber ich war mit vertrauten Menschen zusammen, mit meiner Freundin Handa, mit der Betreuerin Tella und anderen, die ich kannte. Und ich dachte, ja, ich war fest davon überzeugt, dass wir in ein anderes Ghetto kommen würden, und dass ich in diesem Ghetto meine Verwandten

und meine Freunde wiedersehen würde. Ein KZ wie Auschwitz – das war ja unvorstellbar, davon wusste ich ja nichts, und selbst wenn mir jemand davon erzählt hätte, hätte ich das nicht realisiert. Es wäre bestimmt über meine Vorstellungskraft gegangen. Nein, ich war sicher, in ein anderes Ghetto zu kommen und ich war auch sicher, dass ich Tante Marta und Onkel Fritz, Mimi Sander, Trude und Hermann, Joši und Lea wiedersehen würde. Die Schokoladenbonbons, die ich von der Jugendfürsorge zum Abschied erhalten hatte, rührte ich die ganze Fahrt nicht an, obwohl ich seit Jahren solche Schokoladenbonbons nicht gesehen hatte. Ich wollte sie Lea geben. Ich habe mich auf das Wiedersehen mit ihr gefreut.

Wie war die Ankunft in Auschwitz?
Unheimlich. Es war Nacht, als der Zug stehenblieb – und da war diese unheimliche Stille. Ich spüre sie heute noch; keine normale Stille mit natürlichen Geräuschen oder Lauten – gespenstische Stille. Einer von uns stieg auf das Gepäck und schaute durch den kleinen Schlitz oben am Wagen hinaus. Zu erkennen war grelles Scheinwerferlicht und Stacheldraht. Dann war auf einmal Lärm, die Türen wurden aufgerissen und Männerstimmen riefen laut durcheinander: „Schnell schnell, raus raus! Alles liegen lassen, das Gepäck wird nachgebracht!" Es konnte nicht schnell genug gehen. Ich dachte mir noch, das ist ja für Handas Tante gar nicht so leicht, da runterzuspringen. Dann hieß es schon: „Schnell schnell. In Fünferreihen aufstellen. Frauen hierher, Männer dorthin."
Mit Handa und Tella marschierte ich an einem Mann vorbei, heute weiß ich, dass es Mengele war. Er hatte einen kleinen Stock in der Hand und sah eher harmlos aus, auf keinen Fall furchterregend. Er schrie nicht. Wir mussten schnell unsere Namen und das Geburtsdatum sagen. Manchen wurde befohlen nach rechts zu gehen, anderen nach links. Links stand ein Lastauto. Dorthin sollte auch Handas Tante Hanička gehen. Ich weiß noch, wie Tella Handa fragte, ob sie nicht lieber mit der Tante gehen wolle. Ich hielt Handa fest an der Hand und sagte: „Bleib bei mir". Wir blieben zusammen.
Das alles geschah mitten in der Nacht, es war eine unheimliche Atmosphäre. Wir gingen und gingen auf klumpiger Erde, von SS bewacht,

zwischen elektrischem Stacheldraht in grellem Scheinwerferlicht; wurden in ein Gebäude getrieben, mussten schnell unsere Kleider ausziehen und sie auf einen Haufen werfen, mussten unsere Sachen abgeben, auch das Goldkettchen mit der 7, das mir Mimi geschenkt hatte; alles, was wir noch am Leibe hatten, mussten wir aushändigen.

Dann wurden uns die Haare geschoren. Wir waren nicht mehr wiederzuerkennen. Es war schrecklich. Handa war neben mir. Ich habe sie nicht mehr erkannt; sie hat mich nicht mehr erkannt. Handa wurde hysterisch, bekam einen richtigen Anfall. Sie war kaum zu beruhigen. Sie stand unter Schock. Aber ich glaube, wir alle standen unter Schock von dem Moment an, als die Türen der Waggons an der Rampe aufgerissen wurden. Und unter Schock erlebten wir alles, was folgte.

Auch wenn es schwer ist, darüber zu sprechen. Würdest du erzählen, was folgte? Woran erinnerst du dich, wenn du an Auschwitz denkst?
Das ist ein einziger Albtraum. An was ich mich erinnere ist, dass uns von irgendeinem Haufen Kleider zugeworfen wurden, die wir anziehen muss-

Ankunft und Selektion im Konzentrationslager Auschwitz

ten, ob sie uns passten oder nicht. Und dass wir dann irgendwo herum standen, ich weiß nicht, wie lange, aber als wir wieder in Fünferreihen antreten mussten, fing es gerade an hell zu werden und wir wurden weggeführt, entlang von Baracken, aus denen traurige Gestalten kamen. Dann mussten auch wir in so eine Baracke. Es war total finster und das Kommando ertönte: „Schnell, rechts hinein, auf die Pritschen legen." Da waren Stockbetten und darauf lagen wir dann wie Sardinen, ohne Decken auf den nackten Holzbrettern so eng aneinander gekauert wie noch nie und ich glaube, keiner sprach mit dem anderen.

Irgendwann kam eine „Schreiberin" und notierte unsere Namen und unser Geburtsdatum. Sie sagte uns: „Niemand darf unter 18 sein. Sonst kommt ihr nicht in ein Arbeitslager." Handa und ich wurden um vier Jahre älter gemacht. Unser neues Geburtsdatum war 1926. Das hat uns das Leben gerettet.

Wie lange ich in dieser Baracke war, weiß ich nicht. Ich erinnere mich nur noch daran, wie wir auf den Stockbetten lagen, wie am Abend Frauen kamen, die auf der anderen Seite der Baracke schliefen und, anders als wir, eine Matratze und eine Decke hatten; wie immer wieder das Kommando „Raus zum Appell" ertönte und wir zu Hunderten vor der Baracke Aufstellung nehmen mussten in den Lumpen, die wir anhatten, frierend und erschöpft und wie wir von den SS-Frauen gezählt wurden und nochmals gezählt wurden und nochmals gezählt wurden, stundenlang. Es war schrecklich. Uns war kalt, wir hatten ja keine richtige Kleidung, keine Strümpfe, keine Unterwäsche, keine richtigen Schuhe und nichts zu essen. Auf die Toilette konnte man nur, wenn die SS das Kommando gab. Das geschah zwischen den Zählungen, da mussten wir dann schnell die nahegelegenen Latrinen aufsuchen, einen Holzverschlag mit lauter Aborten. Ich möchte sie gar nicht beschreiben. Und ein, zwei Mal gab es während dieser Appelle etwas zu trinken – schwarzen Kaffee, so jedenfalls nannte sich die dunkle Flüssigkeit, die in irgendwelchen Bechern herumgereicht wurde, ein eigenes Trinkgefäß hatten wir ja nicht.

Einmal ging ich weinend in der Baracke hin und her und ein Kapo[1], eine

---

1 Bezeichnung für Gefangene, die Aufgaben der SS übernehmen mussten

Frau, fragte mich, warum ich weinte und ich antwortete: „Ich will zu meiner Mutter." Und sie fragte mich, wo meine Mutter sei, und ich sagte: „In England." Sie war so überrascht, dass sie mir einen halben Krautkopf und ein Päckchen Margarine schenkte. Das hab ich mit den anderen auf meiner Pritsche geteilt.

Ich weiß nicht, war es nach zwei, drei oder mehr Tagen nach unserer Ankunft in Auschwitz – ich habe ja das Zeitgefühl verloren – da mussten wir im hinteren Teil der Baracke nackt Aufstellung nehmen und mit erhobenen Händen im Laufschritt vor der SS vorbeigehen. Am Ende fehlten wieder einige von uns, vor allem ältere und schwangere Frauen. Ich war froh, dass Handa und Tella noch bei mir waren.

Es war ein kalter Tag, die Sonne schien. Wir wurden in einen anderen Teil von Auschwitz gebracht, mussten uns wieder ausziehen, uns kalt duschen, wieder gab es kein Handtuch, und es war doch Ende Oktober. Wieder wurden uns von einem Kleiderhaufen irgendwelche Sachen zum Anziehen vorgeworfen, die genauso wenig passten wie die vorigen. Bei mir landete ein viel zu kurzer Mantel, ein braunes Kleid mit einem riesigen Fleck und kurzen Ärmeln, aus einem Stoff, der kratzte, Kniestrümpfe ohne Gummizug, die dauernd rutschten, eine Pyjamajacke und Schuhe mit Absatz, die zu groß waren. Unterwäsche erhielten wir keine.

Als wir wieder in der Kälte in Fünferreihen Appell standen, fragte uns jemand, ob wir hungrig seien und ob jemand mitkommen würde, einen Kübel Suppe holen. Einige haben sich gemeldet, darunter waren Eva Stern und ihre Schwester Doris. Sie kamen nicht mehr zurück. Andere brachten später einen Kübel mit der Suppe.

Während wir da standen und auf Eva und Doris und die anderen warteten, hörten wir auf einmal Musik, dann sahen wir in einiger Entfernung eine Musikkapelle vorbeimarschieren. Ich weiß nicht mehr, was sie spielte, aber es war bestimmt kein Trauermarsch. Es war zackige Marschmusik, eine Blaskapelle – wie auf einem Volksfest. Für eine Weile war die Musik ganz nahe. Es war absurd. Ich dachte, ich bin in einem Irrenhaus und dass ich total verrückt geworden bin.

Es war schon dunkel, als wir zu einem der Züge abkommandiert wurden. Viele Menschen waren auf einmal in Bewegung, das waren ja Hunderte, die alle in unterschiedliche Richtungen und in verschiedene Züge getrieben wurden, da war ein Gedränge und ich hatte panische Angst, meine Leute zu verlieren. Es war doch kaum mehr etwas zu erkennen in dieser Menschenmasse. In der Nähe unseres Zuges war ein Tisch, da wurde Brot mit Mettwurst ausgehändigt, was wir natürlich unbedingt haben wollten, wir waren doch alle ganz ausgehungert. An diesem Tisch liefen wir im Laufschritt vorbei – es geschah alles in wahnsinniger Hektik – und erhaschten das Brot. Dann bestiegen wir den Zug.

Warst du erleichtert? Es ist für mich unvorstellbar – diese Erlebnisse, diese Erschöpfung, diese Angst, diese Erniedrigung, was das mit dem Menschen macht.

Das große Problem ist, dass ich das nie verstehen werde. Dass wir wie Vieh behandelt wurden, das werde ich nie verstehen. Ich kann nicht von Erleichterung sprechen. Ich war ja noch unter Schock.

Und was geschah dann?

Eingesperrt in einem finsteren Waggon, saßen wir am Boden und fuhren, bewacht von einem Soldaten, durch die Nacht. Das Brot mit der Mettwurst, es war ein großes Stück frisches Brot mit knuspriger Rinde, aß ich sofort auf. Ich war ausgehungert. Und ich dachte an die Schokoladenbonbons, die ich nicht angerührt hatte, weil ich sie Lea geben wollte, und dass sie mir weggenommen wurden. Und ich dachte an Lea.
Am nächsten Morgen kam der Zug zum Stehen. Die Türen wurden aufgerissen, wieder Gebrüll und Kommandos und schon marschierten wir in Fünferreihen in Richtung einer Fabrikanlage, wo wir im obersten Stock eines Nebengebäudes – vermutlich früher ein Lagerraum – untergebracht wurden. Dort waren bereits 200 polnische und 100 ungarische und slowakische Häftlinge einquartiert. Ich teilte mit Handa, Tella, Kamilla Rosenbaum, Katka Kohn, Ruženka und weiteren Theresienstädtern einen relativ kleinen Raum. Es gab dort dreistöckige Pritschen und für jeden eine leichte Decke.
Wir waren in Oederan in Sachsen gelandet. Die Fabrik hieß: Agricola GmbH Werk K, Deutsche Kühl- und Kraftmaschinen GmbH und war ein Außenlager des KZ Flossenbürg. Es wurden dort Geschoßhülsen produziert. Früher war es eine Zwirnfabrik.

Das Leben wurde erträglicher. Es gab Duschen, die wir in Abständen von einigen Wochen benutzen durften. Im Erdgeschoß war ein Essraum. Das Essen war in den ersten Tagen besser als in Theresienstadt, doch dann wurde es immer weniger.

Die spärliche Brotration, die wir am Abend für den nächsten Tag erhielten, hab ich anfangs immer gleich verschlungen. Bis mir ein Mädchen, mit der ich die Pritsche teilte, riet, ich solle mir das doch einteilen. Sie bastelte mir aus einem Stück der Matratze, die aus Krepppapier war, eine Tasche, worin ich die Scheibe Brot für die Nachtschicht aufbewahrte. Sie nähte mir auch aus einem Stück meines Mantelfutters und meiner Pyjamajacke ein Kopftuch. Sie war wunderbar zu mir, wie eine ältere Schwester. Wenn ich sie nicht gehabt hätte! Ich habe oft daran gedacht mich bei ihr zu bedanken. Ich habe versucht, ihren Namen ausfindig zu machen, aber es ist mir nicht gelungen. Ohne dieses Mädchen wäre ich in Oederan vollkommen verloren gewesen. Ich werde immer in großer Dankbarkeit an sie denken.

Wir arbeiteten in der Fabrik. Handa bediente Maschinen, an denen Schrauben gedrillt wurden; ich musste an einer Schleifmaschine arbeiten, hatte aber große Schwierigkeiten damit. Als meine neue Freundin dies sah, übernahm sie freiwillig meine Arbeit und ich erhielt eine leichtere.

Eines Tages wurde bei uns eine „Politische" eingewiesen, eine junge Deutsche namens Uschi Heilmann. Sie war wegen Rassenschande mit einem Russen dazu verurteilt worden, unter uns „jüdischen Untermenschen" zu sein. Sie hatte wahnsinnig Angst vor uns. Sie dachte wahrscheinlich, dass wir Hörner haben müssten. Im Waschraum sahen wir ihren Rücken - er sah schrecklich aus, voller roter, blutunterlaufener Striemen. Bald verlor Uschi ihre Angst vor uns und mit einigen von uns schloss sie Freundschaft, die den Krieg überdauerte.

Katja Kohn – sie lebte zuvor auch im Mädchenheim L 410 – fand unter den polnischen Frauen eine neue Freundin, Jola, ein bildhübsches Mädchen. Sie war Künstlerin. Brotreste formte sie zu Masken und kleinen Figuren. Als die SS-Frauen die kleinen Miniaturen entdeckten, wollten sie auch welche haben, brachten Ton und Farben und Jola musste für sie kleine Figuren machen.

Unsere Oberaufseherin war jung und blond und hieß Greta Weninger.

Sie war ein typisches SS-Weib, von allen gefürchtet, vor allem von mir. Sie war kalt, brutal, sadistisch. Sie trug braune Lederhandschuhe, mit denen sie gerne deftige Ohrfeigen austeilte. Sie hatte etwa 30 Aufseherinnen unter sich, die uns – wir waren insgesamt 500 Häftlinge – streng zu überwachen hatten und selbst überwacht wurden. Es gab auch Soldaten, die einem Offizier unterstanden und für die allgemeine Bewachung des Arbeitslagers zuständig waren. Eine kleine Gruppe von Theresienstädtern arbeitete im Außenkommando und hatte dadurch eine kleine Chance, Kassiber weiterzuleiten. Das war natürlich höchst gefährlich. Einmal hatte die SS Verdacht geschöpft. Wir wurden abkommandiert und mussten draußen Appell stehen, während in unseren Quartieren alles durchsucht wurde. Dann entdeckte man den Kassiber, und ich wurde als erste von der Weninger ins Büro gerufen. In panischer Angst ging ich zu ihr. Sie ohrfeigte mich sofort. Ich wusste nicht, warum. Aber dann sagte sie es. Oberhalb meiner Pritsche, zwischen Holzbrettern, sei der Kassiber gefunden worden! Ich sagte ihr, dass ich das nicht geschrieben habe. Sie merkte wohl, dass ich zu jung war, als dass ich es gewesen sein konnte und schickte mich wieder weg. Dann musste Roži, die auf der Pritsche über mir schlief, zu ihr. Ich konnte sie nicht warnen. Was sie mit der Weninger erlebte, weiß ich nicht, nur dass Gott sei Dank nichts Schlimmes passierte.

Anfang 1945 flogen die Alliierten Nacht für Nacht Bombenangriffe – auf Dresden, Leipzig, Chemnitz. Während die Deutschen Schutzräume aufsuchten, wurden wir auf den Stiegen vor dem Speisesaal eingeschlossen. Wir hörten das Dröhnen der sich nähernden Bombengeschwader, spürten das Vibrieren am Boden und sahen den rot erleuchteten Horizont.

Es muss gegen Ende unserer Zeit in Öderan gewesen sein, als sich Kamilla Rosenbaum, von Beruf Choreographin und Tänzerin, mit einigen zusammentat, um einen künstlerischen Abend zu gestalten. Er fand im Speisesaal statt, im Beisein der SS-Frauen. Ich erinnere mich an Ruth Heymann, eine wunderbare Kabarettistin aus Berlin, die uns mit ihren gewagten politischen Witzen und Sketchen zum Lachen brachte. Dann erinnere ich mich noch genau an Jola, wie sie auf der Bühne eine Maschine pantomimisch darstellt und dabei ein Gedicht vorgetragen wird; auch wie Kamilla ein Wiegenlied summt und dabei ein Kind in ihren

Armen wiegt. Sie brach dabei in Tränen aus, konnte nicht mehr weitermachen. Bestimmt dachte sie an Eva, ihre Adoptivtochter, die bei uns im Mädchenheim wohnte. Kamilla hat Eva in Auschwitz verloren.

Anfang April 1945 ertönte das Kommando: „Häftlinge und das gesamte Aufsichtspersonal antreten zur Evakuierung vor dem Feind!" Eskortiert von alten Leuten des Öderaner Landsturms und der Hitlerjugend ging es zum Bahnhof, wo offene Viehwaggons für uns bereit standen. Die Fahrt sollte, wie es hieß, nach Ravensbrück oder Bergen-Belsen gehen.

Zwei Tage sollte die Fahrt dauern und für zwei Tage hatten wir Proviant. Doch ein Konzentrationslager um das andere wurde damals befreit. Die Bahnstrecken waren überlastet - verstopft von den vielen Zügen, die in alle Richtungen fuhren, aber vor allem von Osten nach Westen. Immer wieder blieb unser Zug stehen, irgendwo, stundenlang. Immer wieder schlug er eine andere Richtung ein.

Es war furchtbar. Wir waren 70 Menschen in einem Waggon, da gab es keinen Platz zum Sitzen, wir standen die ganze Zeit aneinandergelehnt, tagelang. Wir konnten gar nicht umfallen, so viele waren wir. Wir waren vollkommen ausgezehrt und hatten schrecklichen Hunger. Aber wir hatten Glück. Wir wurden von einem älteren Wehrmachtssoldaten bewacht, der uns, so gut er konnte, half.

Einmal brachte er uns Wasser von der Pumpe einer Bahnstation und ein anderes Mal, als auf dem Nebengleis ein Wagen voller Rüben stand, passte er auf, dass die SS es nicht merkte, als eine von uns hinüberhuschte und es irgendwie schaffte, ein paar Rüben zu erwischen. Es war ja nicht erlaubt, den Wagen ohne Erlaubnis der SS zu verlassen.

Manchmal stand der Zug lange Zeit irgendwo auf freiem Feld und dann erlaubte uns die SS für eine Weile den Wagen zu verlassen, wobei wir natürlich streng bewacht wurden.

Eines Tages wurde ein Wagen an unseren Zug angehängt. Er war vollbesetzt mit jungen geschniegelten Männern in schwarzer SS-Uniform. Mit einem Mal änderte sich die Stimmung der SS-Frauen. Sie feierten, wie der Wehrmachtsoffizier es nannte, „ein fröhliches Gelage mit Champagner und Gervais". Ich hatte natürlich keine Ahnung, was Gervais ist, dachte mir aber, dass es eine Delikatesse sein müsse. Später, in England, war es einer der ersten Sachen, die ich ausprobieren wollte.

Einmal standen wir auf einem Gleis und uns gegenüber stand ein anderer Zug – geschlossene Viehwaggons mit kleinen, vergitterten Fenstern. Da hörten wir jemand rufen: „Ist hier jemand aus Theresienstadt?" – Und wir riefen: „Ja!" Und dann: „Ist hier jemand von L 410?" – Und wir: „Ja!" – Und sie: „Ist hier jemand vom Zimmer 28?" – Und Handa und ich: „Ja!!!" – Und dann merkten wir, dass es Eva Stern und ihre Schwester Doris waren, die wir in Auschwitz verloren hatten.

Wie wir diese trostlose Fahrt überstanden haben, das kann ich heute nicht mehr sagen. Ich weiß nur: Wir waren in einem fürchterlichen Zustand und wenn Bombenangriffe kamen, fürchteten wir um unser Leben. Während die SS immer in Deckung ging und Schutz suchte in irgendwelchen Luftschutzräumen, mussten wir im offenen Viehwaggon bleiben.

Wir waren in der Nähe von Aussig / Usti nad Labem, als wir am Himmel ein seltsames Spektakel beobachteten. Wir sahen ein kleines Flugzeug am Himmel kreisen und wie sich der Kondensstreifen zu einem Datum zusammenfügte: 20 April. Sie feierten immer noch Hitlers Geburtstag!

Am nächsten Tag kamen wir in Leitmeritz an und gingen zu Fuß nach Theresienstadt. Ich sehe es noch vor mir, wie uns die Leute auf der Straße entsetzt anblickten, als wir durch Leitmeritz gingen – wir müssen fürchterlich ausgesehen haben. Dann rastete auch noch ein Mädchen aus unseren Reihen total aus und schrie wie eine Verrückte. Wir nahmen sie in unsere Mitte und sangen tschechische Lieder, um ihr Geschrei zu übertönen. Wir wollten nicht, dass es die Leute merken. Wir hielten fest zusammen und hatten immer noch unseren Stolz.

An den Schranken, die Theresienstadt von der Außenwelt trennten, verabschiedete sich die SS-Aufseherin Weninger. Mit ihren braunen Lederhandschuhen schüttelte sie mir die Hand. Ich solle sie in guter Erinnerung behalten, sagte sie. – Dann war ich wieder in Theresienstadt.

Deine Freundin Ela erzählt immer, wie sie dich erkannte unter den Ankömmlingen, und wie sie schrie „Helga! Helga"! Und wie sie zu Deinem Papa rannte und ihm die Nachricht verkündete: „Helga ist hier! Helga ist hier!"
Ich habe Elas Schreie gehört, gesehen habe ich Ela nicht. Wir wurden ja gleich abgesondert. Ich weiß nicht, wo wir zuerst hingebracht wurden. Es

war ein schreckliches Durcheinander! Es kamen ja damals Hunderte von Menschen zurück nach Theresienstadt, total erschöpfte Menschen, ausgemergelte Gestalten, Muselmänner, Halbtote – auch Tote wurden aus den Waggons geborgen. Und im Ghetto war Flecktyphus ausgebrochen. Ich erinnere mich nur, dass mir Otto Deutsch, ein Vetter meines Papas – er war mit einer nicht-jüdischen Frau verheiratet und erst im Februar 1945 nach Theresienstadt gekommen – eine Tüte mit Gebäck brachte und dass sie mir sofort aus der Hand gerissen wurde.

Wann war der Albtraum vorbei? Gab es so einen spürbaren Moment der Befreiung? Einen Augenblick, in dem du dachtest: „Jetzt bin ich gerettet"?
Als ich bei Papa war. Ich bin sofort zu ihm gelaufen. Aber wie das alles im Einzelnen war, hab ich nicht mehr in Erinnerung. Ich erinnere mich aber ganz genau, wie mein Papa mein Kleid in den Ofen schmiss und verbrannte und wie er sagte. „Eine Zigeunerin ist eine Königin im Vergleich zu dir." Mehr weiß ich nicht mehr. Ich weiß nicht, wie lange ich bei meinem Papa war. Ich glaube, nicht sehr lange. Ich musste ja in Quarantäne, in die Westbaracken. Dann erinnere ich mich, wie ich in einem richtigen Bett lag mit frischer weißer Bettwäsche und wie ich langsam zu Kräften kam und ein kleines Papierchen nahm und meinem Papa darauf einen langen Brief schrieb.

Theresienstadt, April 1945
Mein geliebter Papa,
ich kann es noch nicht glauben, dass ich bei dir bin. Ich bin so unglaublich glücklich, dass ich dir das gar nicht sagen kann. Dass ich wieder ein normaler Mensch sein kann, das ist ein Gefühl, das kannst du dir nicht vorstellen. Jetzt habe ich schon das KZ Lager hinter mir. Und das einzige Gute daran ist, dass ich jetzt alles in meinem Leben sehr schätzen werde. Papa, du kannst dir nicht vorstellen, was für ein Gefühl es ist, sauber zu sein mit sauberen eigenen Kleidern am Körper. Ohne ein weißes Kreuz am Rücken. Ein eigenes Bett zu haben, eine Decke, ein Kissen, und auch seine Ruhe zu haben und nicht mehr so schrecklich hungern zu müssen. Vorher habe ich immer geglaubt, dass ein Mensch

auch reich sein müsste. Jetzt erst sehe ich, wie wenig der Mensch eigentlich braucht. Wenn ich morgens aufwache und mich wälze und bis 9 Uhr im Bett bleiben kann, bin ich dafür so dankbar, dass ich nicht um halb fünf aufstehen muss, dass mich niemand anschreit, dass ich nicht zur Strafe zwei Stunden Appell stehen muss. Ich muss nicht mehr im nassen Schnee Appell stehen drei bis vier Stunden lang. Dabei waren wir noch dankbar, dass wir einen Mantel und einen Pullover hatten, obgleich ich nur ganz kurze Strümpfe hatte und zu große Schuhe. In Auschwitz hatten wir das nicht, da hatten wir nur Holzpantoffeln, die kaputt waren und ganz schmutzige Kleider, die mir zu klein waren. Ich wünsche mir so sehr, dass die Quarantäne bald vorbei ist. Ich habe Angst, dass wir hier noch etwas erwischen. Bitte Papa komme zu mir, wir können uns unterhalten über den Zaun, wenn du mich rufen lässt. Vatilein, mein Goldiger. Ich möchte so gerne zu dir! Versuch mich, hier raus zu holen.
Bitte bringe mir die kaputten Waschlappen und Seife. In der Sokolovna wohnt aus Kyjov Markus oder wie er heißt. Bitte geh zu ihm und komm mit ihm zum Zaun. Wir haben unsere Fenster vis-à-vis einer Bank. Vorne sind zu viele Leute, dort hätten wir gar keine Ruhe und hier nach rückwärts würden sie dich nicht lassen. Aber mit ihm, weil er hier wohnt, würden sie dich näher lassen. Und bitte bringe mir etwas Papier zum Schreiben und erkämpfe mein Umsiedeln. Papa, bitte schick mir die Nachricht, ob du den Mantel, den ich mitgebracht, reparieren hast lassen können. Wenn er nur ein bisschen kürzer wäre. Und bring die Kleider von der Frau Bader – vielleicht hat die Frau Bader eine Bluse für mich oder etwas Unterwäsche. Ich habe auch gar kein Messer hier, ich habe es bei dir vergessen. Und Papa, schau, dass ich hier rauskomme. Hundert Millionen Küsse, und ich drücke dich fest, Deine einzige Helga

Wie hast du die Befreiung erlebt?
Ich habe diese Tage des Aufruhrs, die Aufregung, das große Chaos in lebendiger Erinnerung, auch, wie davon erzählt wurde, dass die SS – Rahm, Haindl, Bergel, Möhs und wie sie alle hießen – das Ghetto verlas-

sen haben. Ich weiß, dass am 3. Mai 1945 Theresienstadt unter den Schutz des Roten Kreuzes gestellt wurde und Paul Dunant die Leitung übernahm. Ich erinnere mich, wie sich die Nachricht verbreitete, dass Hitler und Goebbels tot seien und wie wir alle erleichtert waren, auch als wir am 7. Mai endlich von der bedingungslosen Kapitulation Deutschlands erfuhren. Ich war damals wegen der Flecktyphus-Epidemie noch außerhalb des Ghettos, in der Westbaracke untergebracht, die unter Quarantäne stand. Die tschechische Gendarmerie brachte an den Zufahrtsstrassen vor Theresienstadt Schilder an, auf denen Totenköpfe abgebildet waren, sie ließen niemanden unkontrolliert in die Stadt, was nicht einfach war, es war ja ein Kommen und Gehen und da war ein ganz großes Durcheinander, auch ein Stimmengewirr – Schreie, Weinen, Freude, Trauer, alles auf einmal. Dann kamen die Panzerwagen der Roten Armee. Ich weiß nicht mehr, ob ich sie gesehen habe oder nicht. Ich weiß nur, am 6. Mai muss ich noch in der Westbaracke gelegen haben, denn meine Papa schrieb mir an diesem Tag einen Brief, in dem er mir schweren Herzens erlaubte, in ein Sanatorium in die Schweiz zu gehen. Viele Theresienstädter Kinder wurden zur Erholung in ein Sanatorium gebracht.

6. Mai 1945

Mein einziges Kinderl
Ich empfing Deine lieben Zeilen aus der Westbaracke und war anfangs bestürzt, dass Du mich wieder verlassen sollst. Auch habe ich in der Nacht wenig geschlafen, weil ich viel nachdenken musste und mein kleines Spatzerl nicht bei mir war. Nach reiflicher Überlegung kam ich zu dem Entschluss, Dich, mein Kinderl, mit Deinen Öderaner Kameradinnen und Schicksalsgefährtinnen fahren zu lassen, da ich annehme, dass dieser Transport unter dem Schutz des Roten Kreuzes steht und für Euch die Schweiz als Erholung ausersehen sein wird. So was Schönes könnte ich Dir, mein goldiges Schatzerl, in den nächsten Jahren nicht bieten, und ich hoffe, dass Ihr die Liebe und Fürsorge der Schweizer in reichem Maße genießen werdet.
Trachte aus der Quarantäne herauszukommen, da ich noch vieles mit Dir zu besprechen hätte und von Dir vor der Abreise Abschied nehmen möchte.

Solltest du nicht kommen können, werde ich mit Frau Sander den Koffer für Dich packen. Außerdem werde ich Dir einen kleinen Handkoffer, Toilettensachen und Reiseproviant mitgeben. Dein Tagebuch habe ich heute ans Tageslicht befördert. Es ist gut erhalten.
Nun, mein Kinderl, sende ich Dir viele, viele Bussi,
Dein Papa

Kurz danach bin ich in diesem ganzen Tohuwabohu zu meinem Vater geflohen. Und bei ihm war ich am 8. Mai und erlebte mit ihm den Tag der Befreiung.
Ich ging nicht in die Schweiz. Ich wollte bei meinem Papa bleiben. Und am 28. Mai, als ich Geburtstag hatte, waren wir immer noch in Theresienstadt. Es war ja gar nicht einfach, die Stadt zu verlassen.

Geburtstagsgruß von Heinrich Bähr (1897–1981)

Anmerkung von Helga, 2013
Zu meinem 15. Geburtstag schenkte mir mein Papa eine Zeichnung, die er von seinem Kameraden Heinrich Bähr anfertigen ließ.

*Meiner einzigen mir neu zurückgegebenen Tochter Helga
zur Erinnerung an ihren 15. Geburtstag von ihrem Papa.
Terezin 28.5.1945*

Evakuationstransport, Bahnhof Bohušovice, April–Mai 1945
© Gedenkstätte Theresienstadt

11
Befreit und seelisch verwundet

Du hast deinen 15. Geburtstag noch in Theresienstadt verbracht. Wann endlich konntet ihr zurück nach Kyjov?
Wir warteten auf eine Transportmöglichkeit. Das war ja überhaupt nicht einfach, von Theresienstadt wegzukommen. Dann kam eines Tages Mařenka zu uns, das war eine riesige Freude. Mein Papa, Mařenka und ich sind dann mit dem Zug nach Brünn gefahren, in einem Güterwaggon, dessen Türen aber offen standen. Es waren noch andere Leute mit ihrem Gepäck im Wagen, alle wollten nach Hause. Ich weiß noch, wie sich ein junger russischer Soldat zu uns setzte, die Beine rausbaumeln ließ – wir fuhren ja im Schritttempo –, auf seiner Balalaika spielte und sang. Er blieb nur eine Weile bei uns, aber es war so ein Moment, den ich nicht vergessen habe.

Von Brünn fuhren wir mit einem normalen, voll besetzten Personenzug nach Kyjov. Dort wohnten wir die ersten Tage bei Mařenka, in der Villa der Familie Latzel am Ujezd[1]. Als Peggy (Karl Adler), Sohn der Kyjover Bäckerfamilie Adler, mit der wir befreundet waren, zurückkehrte, nahm er uns bei sich auf. Vergeblich wartete er auf seine Familienangehörigen. Niemand kam zurück. Auch wir warteten.

Wer kam von Eurer Familie zurück? Was ist mit Lea geschehen?
Nach drei Monaten kam meine Kusine Trude zurück aus Bergen-Belsen. Sie hat in Auschwitz Lea verloren; die kleine Lea, die wir alle so geliebt

---
1 Name eines Hügels in Kyjov und Villengegend

haben, ist in der Gaskammer ermordet worden. Trude hatte nur diese Wahl – zusammen mit Lea ins Gas oder Lea zurücklassen in Auschwitz und selbst in ein Arbeitskommando zu kommen. Trude war erst 21 Jahre alt.

Trudes Mann Hermann und mein Vetter Joši waren von Auschwitz mit einem Arbeitstransport nach Hamburg gekommen. Dort starben sie kurz vor Kriegsende an einer Erkrankung und vor Schwäche. Dies erfuhren wir von Peter Fischer, der mit ihnen zusammen war und zu den wenigen aus Kyjov gehörte, die den Holocaust überlebten.

Ich habe hier ein Foto aus dem Jahre 1941 oder 1942. In der vorderen Reihe sitzen die Lehrer Dr. Kaufmann (links) und Herr Heksch (rechts), in der Mitte die Lehrerin mit dem Vornamen Stella, den Nachnamen weiß ich nicht mehr. In der zweiten Reihe links ist meine kleine Freundin Gitti

(Brigitte) Haas zu sehen. Das Mädchen mit der weißen Masche im Haar, hinter Prof. Heksch, ist die kleine Tochter des Essigfabrikanten Hajek. Ich stehe in der hinteren Reihe, zweite von links, neben mir ist Daniel Teller (links) und Karel Redlich (rechts). Daneben Eva Spitz und ganz rechts Richard Müller. Außer Herr Heksch, der eine christliche Frau hatte, sind alle mit dem Transport im Januar 1943 nach Theresienstadt gekommen. Zurückgekommen sind nach dem Kriege nur Richard Müller, Karel Ehrlich, Vera Bader und ihre Mutter, Karl Adler, Peter Fischer, Lungi Plaček (seinen richtigen Vornamen weiß ich nicht mehr), meine Kusine Trude, mein Vater und ich. Von den 350 Menschen des Cn Transportes von Kyjov nach Theresienstadt haben, so weit ich weiß, zehn überlebt; alle anderen sind umgekommen.

Jiři Bader und Otto Buchsbaum habe ich in den letzten Jahren immer wieder gesehen in dem Propagandafilm *Der Führer schenkt den Juden eine Stadt*. Darin sieht man die beiden Freunde ganz kurz, wie sie im Publikum sitzen und der Aufführung der Kinderoper *Brundibár* zuschauen. Bald danach sind sie in einen Transport nach Auschwitz gekommen.

Eine schreckliche Bilanz. Hast du kurz nach dem Krieg deine Freundinnen vom Zimmer 28 getroffen und gesucht?
Das Wiedersehen hat nie stattgefunden. Wir sagten ja immer beim Abschied, dass wir uns an einem Sonntag nach dem Krieg auf dem Altstätter Ring in Prag vor dem Alten Glockenturm treffen wollten. Das war unmöglich. Getroffen habe ich nur Eva Heller. Ich habe sie in Brünn besucht. Und ich stand in Briefkontakt mit Handa. Natürlich haben wir nie aufgehört zu hoffen, dass der eine oder andere, der nach Auschwitz kam, doch noch zurückkommen würde.

Wie hat dein Vater und wie hast du all das verkraften können?
Mein Papa – so etwas kann man ja nie verkraften. All das, wovon er träumte, worauf er hoffte, dass er es nach dem Kriege wieder haben würde, seine Familie, seine Freunde – sie waren nicht mehr da. Mein Papa war eigentlich ein starker und positiver Mensch. Aber nach dieser Tragödie war er ein gebrochener Mensch. Das wird mir jetzt wieder bewusst, wenn ich in seinen Briefen lese.

Was für Briefe?
Briefe an meine Mutti, die er nach der Befreiung geschrieben hat. Die Schachteln mit all den Briefen, Fotos, Dokumenten – ich habe sie erst jetzt alle hervorgeholt.

Ist es schwer, sie zu lesen?
Ja ... weil ich das jetzt anders lese und verstehe, weil ich schon alt bin. Ich denke darüber anders.

Wie ist es dir ergangen damals, nach der Befreiung?
Ich war noch sehr jung. Ich hatte immer noch meine Träume und Hoffnungen. Ich schaute nach vorwärts. Dabei hat mir mein Vater sehr geholfen. Er wollte für mich eine bessere Zukunft.
Ich ging noch eine Weile in Kyjov zur Schule, machte die Aufnahmeprüfung ins Gymnasium und kam in die 4. Klasse. Doch ich wollte immer weit weg von den Orten des Geschehens. Das war meine große Sehnsucht. Und ich wollte zu meiner Mutti nach London.

Wann hast du deine Mutter wiedergesehen?
Am 4. April 1946. Ich fuhr mit Mařenka im Zug nach Prag, dann zum Flugplatz und flog von dort mit einer Dakota des tschechischen oder englischen Militärs nach England. Um 21.14 Uhr landete ich auf dem Croydon Airport. Dort erwartete mich meine Mutti.

Wie war das Wiedersehen mit Deiner Mutter?
... unbeschreiblich ...

Links: Helga nach der Befreiung, Kyov 1945. Rechts: Frieda Pollak, London 1946

Ausblick

In London, Golders Green, North West 11, in einem Zimmer, in dem Helgas Mutter Frieda Pollak zur Untermiete wohnte, begann für Helga ein neues Leben. Sie machte Abitur, besuchte das College, engagierte sich beim Committee of Education for World Citizenship (CEWC) und setzte sich für Menschenrechte ein.

1951 heiratete sie den deutschen Emigranten Gerhard Kinsky aus Rössl, Ostpreußen. Er hatte sich rechtzeitig 1933 in Addis Abeba/Äthiopien vor den Nazis in Sicherheit gebracht und konnte 1939 dank glücklicher Umstände seine Eltern und seinen Bruder aus den Fängen der Deutschen retten und zu sich holen. Als Helga am 3. August 1951 in London heiratete, arbeitete er in Bangkok, und so war dies auch das Ziel ihrer Hochzeitsreise, die über die Stationen Paris, Schweiz, Wien, Rom, Israel, Kenia, Addis Abeba, Aden, Karachi führte.

Der Rückzug nach Fernost entsprach einem elementaren Bedürfnis von Helga. „Nach der Befreiung wollte ich lange nicht Deutsch sprechen. Auch nicht daran denken, nach Wien zurückzukehren. Ich wollte einfach weit weg von Europa sein. Außerdem: Der Ferne Osten – Burma, Sri Lanka, Thailand – ich weiß nicht warum, aber diese Welt hatte auf mich schon immer eine unheimliche Anziehungskraft."

Zwei Jahre lebte sie in Bangkok, zweieinhalb Jahre in Addis Abeba. Dann kehrten sie und ihr Mann mit den beiden Kindern nach Wien zurück. Sie wollten ihrer Tochter und ihrem Sohn eine optimale Ausbildung ermöglichen.

Aber Helga hatte auch große Sehnsucht nach ihrem Vater, den sie alleine in Wien wusste. In der Silvesternacht 1956/1957 flogen sie von Addis Abeba über Aden nach Rom, nahmen von dort den Zug und kamen am 1. Januar 1957 in Wien an. In ihrer Geburtstadt begann wieder ein neues Leben ...

Hannelore Brenner, September 2013

Oben: Helga in London, Juli 1951
Unten: Hochzeitsfoto, London, 3. August 1951

267

„Eine furchtbar traurige Bilanz"
Aus dem Nachlass von Otto Pollak

Otto Pollak (1894–1978)

15.8.1945

Liebe Frieda,
vor einigen Tagen empfingen wir deinen dritten Brief ohne Datum, doch aus dem Poststempel entnahmen wir, dass er am 27.5. aufgegeben wurde. Das avisierte 2. Telegramm kam nicht. So nehme ich an, dass du inzwischen meinen ersten Brief vom 23.7., den ich dir durch Herrn Meyer sandte, empfangen hast. Helga schrieb dir am 7. dieses Monats, dies war unsere zweite Nachricht an dich. Wir versehen unsere Briefe mit einer Zahl, damit du weißt, wo einer in Verlust geraten ist. Ich bitte dich dasselbe bei deinen Briefen zu tun. Ich schreibe dir diesmal mit der Schreibmaschine, damit ich dir auf einem Blatt mehr berichten kann.
Deine Sehnsucht nach dem Kinde nach 7-jähriger Trennung und nach jahrelanger banger Ungewissheit über unser Schicksal kann ich begreifen und niemand kann besser als ich deine Gefühle empfinden. Dein Einziges endlich umarmen zu können! Dass es wirklich am Leben ist und gesund in deinen Armen.

Helga und ich, wir waren in den Monaten unserer Deportation nicht nur wie Vater und Tochter, sondern wie zwei unzertrennliche Kameraden, die Freud und Leid miteinander teilten, die über Vergangenes sprachen und ihren Blick hoffnungsvoll in die Zukunft richteten. Darum war meine Verzweiflung so groß, als sie mir am 23. Oktober 1944 mein Kind entrissen, da ich weiß, was ich dem Kind in seelischer und moralischer Hinsicht bedeutet habe und welch' materielle Stütze ich ihm war. Als ich Monate von Helga nichts hörte, was hätte ich dafür gegeben, wenn nur ein einziges Lebenszeichen, eine einzige Karte gekommen wäre, die nur drei Worte zu enthalten brauchten: Bin gesund, Helga. Als der Winter kam, machte ich mir Gedanken und Berechnungen, ob dem Kinde die Sachen, die es mitgenommen hat, bis zum Ende des Krieges reichen werden, konnte ich doch nicht ahnen, dass sie gleich bei der Ankunft selbst das Hemd vom Leibe und die Spange vom Haar genommen haben. Wenn der Frost Blumen auf die Scheiben malte, dann malte er auch Bilder eines Infernos in mein Hirn. Täglich hatte ich andere Vorstellungen, andere Visionen von Kälte, Entbehrung, Hunger und Flucht. Ich hielt mir die Sünden meines Lebens vor und sagte mir oft, wenn mich der Herrgott schon strafen will, so kann er doch kein unschuldiges Kind strafen, und wie viele unschuldige Kinder hat er gestraft.

Mir jedoch war der Himmel gnädig, indem er mir mein geliebtes Kind wiedergab. Als Helgas Freundin Ela Stein am 21. April atemlos mit der Botschaft gerannt kam, Helga sei gekommen, da umarmten mich unter Tränen die alten Frauen unseres Heimes und sagten: Gott lohnte mir die Güte, mit der ich wie ein Vater um sie alle sorgte. An einsamen Winterabenden las ich, um mich abzulenken, Herzls Tagebücher. Irgendetwas schlug fehl in seinem Beginnen. Da tröstete er sich mit dem hebräischen Spruch: Gam su le tauwo[1]. In meiner bösen Verzweiflung suchte ich seelische Zuflucht bei diesem Satz, und als Helga mir wiedergegeben wurde, da hat sich auch bei mir alles zum Guten gewendet. (...)

---

1 In etwa: Am Ende wird auch dies für etwas gut gewesen sein und sich zum Guten wenden.

29.8.1945

Liebe Frieda,
der tschechische Soldat Stiasny Franta, der in der US Armee dient, hat uns Deinen 4. Brief vom 9.8.1945 übermittelt. Wir waren glücklich, dass du, liebe Frieda, unseren ersten Brief bereits erhalten hast. Helga wird dir in wenigen Tagen auf deine lieben Zeilen antworten. Das Kind hat einen flüssigen Stil und gebraucht die Feder wie ein Maler seinen Pinsel. Eine gewisse schriftstellerische Begabung ist nicht zu leugnen. Das wirst du dereinst aus ihren tschechischen Tagebuchaufzeichnungen bemerken. Ich hoffe, dass du meinen 3. Brief vom 15.8., der in Prag bei Airmail aufgegeben wurde, erhalten hast.
Ein Doktor M. Romada teilte Helga in einem reizenden Brief mit, dass er von Herrn Robert Heller aus England das von dir avisierte Päckchen und das andere erhalten hat. Er freut sich, dem Kinde diesen kleinen Dienst erweisen zu können, da er von den Plagen hörte, die es durchmachen musste.
Die Kusine Hilde Glück forschte nach uns bei der Prager Gemeinde: Please give information about Otto Pollak, age 52, and daughter Helga found in camp Theresienstadt. Cable whether last residence was in Kyjov, Moravia. Hilda Glück-Gordy, 38, W 21 Street.
Ich bat obige Gemeinde ihr folgendes zu depeschieren: "Helga, I, Trude only living from all family. Your brother, sister Malvine and family Oppenheim are unfortunately not living."
Tante Sofie, Klärchens Mutter, kam im Sommer 1942 mit Onkel und Tante Deutsch aus Prossnitz in Theresienstadt an. Vor ihrer Abfahrt von P. schrieb sie mir einen schönen Abschieds- und Dankesbrief. Auch die arme Tante Käthe Deutsch sandte mir einen rührenden Brief. Es waren leider ihre letzten Zeilen. Wie ich gleich nach meiner Ankunft in Theresienstadt in den Archiven, die später auf Befehl der Lagerkommandantur verbrannt werden mussten, feststellte, sind beide Tanten und Onkel Max Deutsch am 22.10. 1942 nach dem Osten abgegangen, woher niemals ein Lebenszeichen von ihnen kam.
Auch Onkel Liebl, und Tante Toni aus Wien waren, wie ich ermitteln konnte, kurze Zeit in Theresienstadt, um am 19.9.1942 nach Polen deportiert zu werden. Auch von ihnen habe ich nie etwas gehört.

Onkel Löwinger, Idas Vater, starb einsam und verlassen am 11.11.1942 in Theresienstadt, da sein Sohn, mein Cousin Ingenieur Karl Löwinger mit seiner Frau einen Monat vorher, am 5.10.1942, von Theresienstadt nach dem Osten abgegangen sind, um dort das Ende zu finden. Von Onkel Löwinger besitze ich den Totenschein. Er hat das schöne Alter von 87 Jahren erreicht. Die arme Else ging im August 1942 von Wien direkt nach Polen, wo sie spurlos verschwand. 15 Monate vorher, im Frühjahr 1941, haben wir die Aschenurne ihres Bruders Sandor am Wiener Zentralfriedhof beigesetzt, die aus dem KZ Buchenwald, wo er 3 Jahre ausgehalten hat, kam. Bei dem traurigen Begräbnis war außer uns nur sein 7-jähriges reizendes Töchterchen, das aus dem Burgenland kam, anwesend. Richard Löwinger hat, fast am Ziel vor Haifa, wo er beerdigt liegt, bei einer Schiffsexplosion sein Ende gefunden.

Vom Tode des armen Otto habe ich am 10.11.1944 in Theresienstadt erfahren. Am Vormittag dieses Tages stand ich vor meinem Wohnhaus, da sprach mich eine Frau Fischer an, sie habe eine traurige Nachricht für mich. Ich erstarrte vor Angst, weil ich fürchtete, dass es Helga betrifft, die drei Wochen vorher verschleppt wurde. Ich wagte nicht den Mut zu einer Frage aufzutun, da zeigt mir die Frau eine Karte aus der Schweiz von ihrem Neffen Bernstein, wo über Otto die traurige Nachricht stand. So ist auch diese Familie fast zur Gänze verschwunden und die liebe Ida als einzige Überlebende zurückgeblieben.

Von meinen allernächsten Angehörigen schreibe ich dir das nächste Mal. Ich leide noch zu sehr darunter, dass wir allein zurückgekehrt sind, als dass ich dir in Ruhe ausführlich über das Schicksal meiner Lieben schreiben könnte. Nur allmählich kehrt meine Lebenskraft wieder und ich zweifle sehr, dass ich jemals zu meiner alten Vitalität zurückfinde. Ein alter Spruch sagt: Tempus sanat – die Zeit heilt Wunden. Doch ich glaube kaum, wiewohl ich das größte Glück und Wunder erlebte, dass mir mein einziges Kind wiedergegeben wurde, dass diese Wunden, die in unserer größten Tragödie unserer Seele zugefügt wurden, jemals vernarben werden.

Vor einigen Tagen schrieb eine Prager Zeitung, dass aus Böhmen und Mähren 15 000 jüdische Kinder deportiert wurden und nur 28 !! zurückgekehrt sind und unter diesen befindet sich unser Kind. Dieses

Wunder ist kaum zu fassen. – Indem wir dir für das Gesandte herzlichst danken, verbleibe ich mit vielen herzlichen Grüssen und Küssen von mir und dem Kinde. (...)

18.10. 1945

Liebe Frieda,
(...) Du fragst mich, ob meine alten Lebensgeister zurückgekehrt sind. Aufrichtig gesprochen muss ich leider diese Frage verneinen. Ich bin seelisch und körperlich zermürbt und was ich tue, verrichte ich wie im Trancezustand. Ich habe keine Freude am Leben und führe mein Leben als Pflicht dem Kinde gegenüber weiter, um ihm am Wege in eine bessere Zukunft behilflich zu sein.
Als Internierter habe ich alle meine Kräfte angespannt und wie meine überlebenden Kameraden über mich sagen, Beispielloses geleistet. Ich hatte für jeden in seiner Not, Bedrängnis und Verzweiflung ein Wort des Trostes und des Zuspruchs. Die jüdischen Frauen aus Mischehen, die aus meiner Heimatstadt nach Theresienstadt kamen, suchten mich täglich auf, um in ihrer Rat- und Hilflosigkeit aufgerichtet zu werden. Sie erblickten in mir den ruhenden Pol und ein Symbol der Zuversicht. Uns alle hielt nur die Hoffnung auf ein befreiendes Ende aufrecht. Dann kam das Ende dieser grauenvollen Zeit mit der furchtbaren Todesbilanz unserer Liebsten.
Dann kam endlich der langersehnte Tag der Freiheit, den ich in Gesprächen mit meinem geliebten Kinde als das kostbarste Gut der Menschen bezeichnete und wie sonderbar: Heute wo ich gehen und fahren kann wohin ich will – ich empfinde nicht diese Freiheit. Als ich anfangs Juni heimkehrte, hatte ich nicht das Gefühl der Rückkehr in die Heimat. Denn alles, was mich mit dieser Heimat verband, war nicht mehr. In meinem Geburtshaus wohnten fremde Menschen. Kein Vater und keine Mutter umarmten den rückkehrenden Sohn, keine Schwester und kein Bruder begrüßten den heimkehrenden Bruder und kein Freund drückte dem Heimkehrer die Hand. Nur Fremde, gleichgültige Menschen, die erstaunt waren, dass man noch am Leben ist. Es war mir, als hätte ich den Boden unter den Füssen neu verloren. Gebe Gott, dass ich zu mir zurückfinde ...

25.10.1945

Liebe Frieda,
Vor drei Tagen erhielt ich bereits deinen lieben Brief vom 16.10.1945
(...) Gestern traf das von Spielmann übermittelte Paket ein. Das Kind hatte eine große Freude mit den ihr gesandten Sachen und versprach, dir am Sonntag, den 28.10. ausführlich zu schreiben.
(...) Bezüglich Wien und die Wiener habe ich die gleichen Gefühle wie du. Da ich aber gezwungen sein werde, wieder unter ihnen zu leben, wird mir nichts anderes übrig bleiben, als diese Empfindungen zu unterdrücken. Als ich in Theresienstadt war, habe ich den Bewohnern dieser Stadt nichts anderes gewünscht als in den Straßen den dumpfen Tritt russischer Soldatenstiefel zu hören – und so ist es gekommen. Jetzt will niemand dieser Gesellen ein Nazi gewesen sein, weil ihm droht, die Wohnung zu verlieren.
Die Stadt hat in den Märztagen 1938 in beispielloser Ekstase den „Führer" begrüßt, hat zugesehen, wie wir aus unseren Stellungen, aus unseren Berufen, aus unseren Wohnungen vertrieben, wie wir gequält und gepeinigt wurden. Sie alle haben zugesehen, wie Familien zerrissen, Männer in die KZ's gesteckt und schließlich wie die ganze Stadt von Juden gesäubert wurde, um diese in den Lagern Polens bestialisch auszurotten. Die Geschichte kennt nicht ein einziges Beispiel solch staatlich organisierten Massenmordens, so vieler ausgeklügelter und summierter Grausamkeiten. Wenn man für all dies das Wort tierisch gebrauchen wollte, würde man diese Wesen nur beleidigen.
Weil es kein Wort, keinen Ausdruck, keine Vorstellung für alle diese Bestialität gibt, kann ich auch nicht schimpfen, wie es die anderen tun. Jedes Wort des Hasses, gemessen an dem großen Unglück, das uns betroffen, erscheint mir zu klein und zu profan. Ich habe mir nie in Ausbrüchen, wie die anderen, Luft machen können, da ich glaubte, das Andenken der Toten zu verletzen. Oder war ich zu resigniert, seelisch zu sehr verwundet nach all dem großen Leid?
In Wien musste ich das hastige Bestreben aller, die Vergangenheit vergessen zu machen, belächeln. Ich beobachte das Mimikry der Wiener, die sich einen neuen Anstrich geben wollen, um in der neuen Umwelt nicht aufzufallen. Die Korszil wollte in unserem Hause eine Wohnung,

*und als man daran gehen wollte, eine Naziwohnung zu räumen, will niemand bei der Partei gewesen sein. So erlaubte ich mir das bittere Scherzwort „Zum Schluss werde ich der SA Mann gewesen sein".[1]
(...) Frau Dr. Lena Svensen (Hajek) ist bereits nach Stockholm zurückgeflogen. Ich war zweimal mit Helga bei ihr, damit sie im Gespräch das Kind näher kennenlernt. Sie war von Helga begeistert, ebenso Helga von ihr, die sie für klug und charmant findet. Frau Lena wird erst zu Weihnachten in London sein, um ihren Sohn aus erster Ehe zu besuchen, der an der Oxforder Universität studiert. Sie versprach mir, dich bestimmt aufzusuchen. In Stockholm kam sie mit einer Frau zusammen, die mit Trude im Lager war. Diese erzählte ihr den dramatischen Abschied von Lea. Fürs letzte Essen kaufte Trude dem Kinde, das sie zurückgelassen hat, einen Apfel, den sie Lea beim Abschied gab. Dann ging sie fort – und als der arme, kleine, goldige Fratz nach der Mutter rief, hatte Trude nicht die Kraft sich noch einmal nach dem Kinde umzudrehen. Es muss ein furchtbarer Entschluss für Trude gewesen sein, das Kind in den Händen der Henker zurückzulassen.
Ich bin glücklich, dass meine gute Mutter diese furchtbare Zeit nicht erleben musste. Es war für sie schon ein großer Schlag, als am 22.6.1941, dem Tag des Überfalles auf Russland, der Tempel durch Nazi-Vandalen zerstört wurde, da schüttelte sie unfassbar den Kopf und sagte: „Das ist eine Welt." Wenige Tage hernach starb sie und mir war es nicht gegönnt meiner Mutter das letzte Geleit zu geben.
Für heute schließe ich, dich herzlichst grüßend und küssend
Otto*

---

1 Josefine Korszil war eine entfernte, halb-jüdische Verwandte von Otto Pollak, die nicht deportiert wurde. Sie schickte nach Theresienstadt Päckchen, obgleich sie selbst sehr arm war und half Otto Pollak nach seiner Rückkehr nach besten Kräften. Otto wollte ihr in seinem Haus in der Mariahilferstraße eine Wohnung besorgen, was, wie man sieht, schwierig war.

Die nicht mehr sind!

Karl /:Ende Januar 1943:/ Marta, Fritz /:Okt.1944:/
Joška/:März 1945:/ -
Hermann Stein, Trudes Mann /:Januar 1945:/
L e a /:1944:/   6

Aus Kyjov gingen mit uns folgende Verwandte
fort und kamen nicht wieder:
Onkel Berthold Freund,Tante Frieda und ihre Mutter 3
Cousine Olga Holz-Plaček, ihr Mann und Sohn Erich,
welch Letzterer knapp vor der Befreiung starb.   3

Die Cousins Richard und Igo Glück, seine Schwester Malvine Glück-Oppenheim, ihr Gatte und beide Söhne,der jüngere im Alter von Helga. Sie alle
lebten vor der Deportation in Kyjov.   6

Aus Střílek bei Kyjov:
Die Cousine Marie Plaček-Birnbaum, ihr Mann u.
alle drei Kinder und die Schwiegereltern.
Ihr Bruder, mein Cousin Oskar Plaček wurde nach
der Heydrich-Affäre in Mauthausen erschlagen.
Die Frau von Oskar war eine leitende administrative Kraft in Theresienstadt und lebt jetzt in
Brünn.
Die Cousine Elsa Jokl-Plaček a.Bisenz /1943/   9

Familie Löwinger:
Onkel Löwinger /:Nov.1942:/ Elsa /:Sommer 1942:/
Ing. Karl Löwinger u. Frau /:Herbst 1942:/
Sandor Löwinger /:Buchenwald 1941:/   5
Im Ausland: Otto und Richard   2

Prostějov-Prossnitz:

Tante Sophie Pollak - Onkel Max Deutsch - Tante
Käthe, Cousin Bruno Deutsch s. Frau und Gustav
Deutsch /:1942:/   6
Der Sohn Gustav's Walter hat aus Theresienstadt
einen Fluchtversuch unternommen, hätte hingerichtet werden sollen, wurde jedoch, da er Mischling
ist einem anderen K.Z. überstellt, von wo er
neuerdings flüchtete und so sein Leben rettete.
Vetter O t t o Deutsch kam erst heuer im Februar
nach Th., da er in Mischehe lebte. Von Adolf D.
der seinerzeit nach Aegypten ist, haben wir nie
etwas gehört. Wer weiss, ob er noch am Leben ist.

Mor.Ostrava - Mähr.Ostrau
Tante Paula Freund, meine Cosinen Ella u. Lolla
Freund und ihre Brüder Josef und Fritz samt Frau
und Kind   7
Cousine Frieda Plaček-Belda, ihr Gatte und Sohn
Dr.Ernst Belda. Ernst, ein Hüne an Gestalt war
mit uns bis zum Oktober 44 in Th., wo er als Schwer-
arbeiter in der Spedition drei Jahre lang arbeitete.
Dann ging auch er mit den Oktobertransporten, um
knapp vor der Befreiung zu sterben. Die Eltern sollen in Litzmannstadt-Lodz verhungert sein.   3

P r a g:
Vetter Eugen Pollak u.seine Schwester Elsa.   2
Eugen, ein fescher Kerl, war ebenfalls bis
Okt.44 in Th. Nahm rührend Abschied von mir
und beide ahnten wir nicht, dass wir uns niemehr
wiedersehen.
Ebenso war es mit meinem Cousin F e l i x Weiss,
der sich in Th. als Feuerwehrmann blendend gehalten hat, sich auch dort seine vornehmen Umgangs-
formen bewahrte und wie ein Aristokrat aus der
Menge fiel. Er endete im Jänner d.J. in einem
fürchterlichen K.Z. in Bayern. Seine junge entzückende Frau hat die Zeit überstanden und lebt
jetzt in Prag. Die Tante Jetty, Felix Mutter endete
im Sommer 1942 in Polen.   2

Vacenovice u Kyjova:
Ein Dir unbekannter Vetter P o l l a k s. Frau   2

W i e n :
Onkel und Tante Liebl   2
Willusch Pollak, seine Nichte Trude Pollak und
ihre Mutter   3

    Aus der nächsten und entferteren Verwandschaft
    sind insgesamt 61 während der Hitler-Aera
    um's Leben gekommen. Eine furchtbar trau-
    rige Bilanz.

Das Tagebuch der Helga Pollak-Kinsky – eine Erinnerung an die Menschlichkeit in einer unmenschlichen Zeit

Ein Nachwort von Peter Gstettner

Die Ermordung der Kinder war selbstverständlicher Bestandteil der „Endlösung". Darüber wurde in der Regel nicht extra gesprochen, ausgenommen der Reichsführer SS Heinrich Himmler, der vor seinen Offizieren im Oktober 1943 in Posen sagte:
„Es trat an uns die Frage heran: Wie ist es mit den Frauen und Kindern? Ich habe mich entschlossen, auch hier eine ganz klare Lösung zu finden. (...) Ich hielt mich nämlich nicht für berechtigt, die Männer auszurotten – sprich also, umzubringen oder umbringen zu lassen – und die Rächer in Gestalt der Kinder (...) groß werden zu lassen. Es musste der schwere Entschluss gefasst werden, dieses Volk von der Erde verschwinden zu lassen."[1]
Ausdrücke wie „verschwinden lassen, umbringen, ausrotten" sind ähnlich unpersönlich und anonym wie alle Statistiken des NS-Massenmordes mit ihren unvorstellbar großen Zahlen. Dahinter stecken Millionen Einzelschicksale, Lebensgeschichten von Kindern und Jugendlichen, die unter der Naziherrschaft in Ghettos, Gefängnissen, Arbeits- und Vernichtungslagern schmachteten, zu Tode gequält oder in Gaskammern erstickt wurden. Die wenigen Opfer, die das Martyrium überlebten, wie Helga und ihr Vater, erinnern auch die ständige Todesangst in der Ungewissheit über den Verbleib ihrer Familienangehörigen, ihrer Freundinnen und Freunde. Jede Hilfeleistung, jede Unterstützung war von der todbringenden Gefahr der Entdeckung überschattet.

---

1 Zit. nach Benz, W.: Geschichte des Dritten Reiches. München 2000, S. 217

Die Geschichte der jugendlichen Helga Pollak, die das Ghetto Theresienstadt, die Deportation nach Auschwitz und das Arbeitslager Oederan (Außenlager von Flossenbürg) überlebte, ist ein Modellfall der Erinnerung und des Gedenkens an das Schicksal der europäischen jüdischen Kinder. Ihre autobiografischen Aufzeichnungen sind vergleichbar mit dem Tagebuch der Anne Frank. Wie bei Anne Frank handelt es sich bei Helga um „eine Geschichte für heute", einmal, weil uns diese Geschichte an ein Gruppenschicksal aus einer noch nicht so lange vergangenen Zeit erinnert, und zum anderen, weil uns heute die Menschheitsverbrechen der Nazis immer noch so bewegen, dass wir uns über die Genese und eine mögliche Wiederkehr des Grauens noch keineswegs klar sind.

So wird diese Geschichte noch viele Generationen nach uns bewegen, denn sie behandelt das uralte Thema der Sorge und Fürsorge der Menschen füreinander angesichts einer globalen Bedrohung, einer tödlichen Gefahr, der gegenüber sich der einzelne Mensch machtlos fühlte. Helgas Aufzeichnungen und die Geschichte der „Mädchen vom Zimmer 28" zeigen, dass Freundschaft und Solidarität mehr sind als nur Duldung und Toleranz gegenüber anderen, die wir als „fremd" empfinden. Seit jeher sah man am liebsten die Minderheit dort, wo man ihr ein abgegrenztes und kontrolliertes Territorium schuf und wo man sie „unter ihresgleichen" wähnte: in einem Ghetto. Auch in Wien und später im tschechoslowakischen Kyjov – das sind die zwei Orte, denen Helga bis heute so etwas wie „Heimatgefühle" entgegen bringt – reichte die „Toleranz" gegenüber der jüdischen Bevölkerung nur bis zur Machtübernahme durch die Nazis. Und als die Juden dann in Ghettos eingewiesen oder fortgeschafft wurden, „duldete" dies die Mehrheit der Bevölkerung durch stillschweigendes Wegschauen. Man mag es zwar mehrheitlich nicht gebilligt haben, dass die Juden gewaltsam weg- und umgebracht wurden, man hat aber auch nicht dagegen protestiert, als es geschah. Einige mögen schon gewusst haben, dass der jüdische Besitz dann ihnen zufallen wird, sei es durch billigen Erwerb oder durch „Zuweisungen" von Parteigenossen.

Helga fühlte – selbst unter dem Schutz und in der Obhut ihres Vaters – die Bedrohung durch Ausgrenzung und Beraubung hautnah. Sie beschrieb in ihren Kindheitserinnerungen und in ihrem Tagebuch, wie sich mit jeder Ortsveränderung der Kreis ihrer Bezugspersonen einschränkte, wie sich ihr Urvertrauen in die Erwachsenenwelt letztlich nur mehr auf ihre engste Familie bezog, und wie schwierig es für ein Kind war, unter den Bedingungen des Ghettodaseins das Vertrauen und die damit verbundenen Gefühle der Geborgenheit in einer neuen Freundschaft mit Gleichaltrigen wieder zu gewinnen. Insofern kann uns das Tagebuch einen tiefen Einblick in die Seele eines Kindes gewähren, das etwas erleben und „bewältigen" musste, das die am Verbrechen beteiligten Erwachsenen, oft selbst Eltern von Kindern, ihnen angetan hatten, ungerührt, mit kaltem Herzen. Werden wir überhaupt jemals „verstehen" können, wie andere Erwachsene dabei zusehen konnten, wie Mütter mit ihren Kindern auf dem Arm oder an der Hand von der Gestapo aufgestöbert, verhaftet und zur Deportation zusammengetrieben wurden?

Ein Tagebuch wie das von Helga kann solche Fragen nicht beantworten, dafür aber vielleicht mehr zur Bewusstseinsbildung über die Wurzeln und Auswirkungen von Isolierung versus Solidarität, von gesellschaftlichen Vorurteilen versus gelebter Freundschaft beitragen als alle Lehrbücher über Jugendpsychologie und Sozialpädagogik. Es kann als eine mögliche Antwort auf die Frage gelesen werden, was denn das Gemeinsame der Menschen ist, was sie im Grunde verbinden soll, wenn nicht die gegenseitige Achtung der Würde des Einzelnen und der Respekt vor den Menschenrechten. Es sind die sensiblen Reflexionen und Detailschilderungen eines Mädchens, das in ihrem Tagebuch auch die Geschichte von anderen jungen Betreuerinnen und hoffnungsvollen Menschen aus dem „Zimmer 28" von Theresienstadt erzählt, deren Schicksal es war, in jüdische Familien hinein geboren zu werden, und deren Unglück es war, in die Vernichtungslager des Ostens deportiert zu werden, aus denen es keine Wiederkehr gab. So wird das Tagebuch zu einer ständig fortgeschriebenen Erinnerung an schmerzliche Trennungen, traumatische Abschiede und zerrissene Freundschaften – bis Helga selbst an der Reihe war.

Zurück in Theresienstadt blieb ihr Vater, dessen Aufzeichnungen „parallel" zu Helgas Tagebuch zu lesen sind. In ihrem trockenen und stenografischen Stil unterlegen sie Helgas subjektive Zeitzeugenschaft. Beides sind wichtige Dokumente, die beweisen, dass es auch unter schwierigsten Bedingungen Menschen gab, die sich verantwortlich fühlten für die Kinder, die ihnen anvertraut waren, die sie zu schützen versuchten, was im

Endeffekt nur allzu oft vergeblich war. Auch aus diesem Grund tangiert dieses Buch den brüchigsten Bereich der dunkelsten Geschichte unserer Zivilisation: das Verhältnis der Erwachsenen zu den Kindern angesichts des drohenden Endes jedweder Humanität.

Peter Gstettner ist Professor für Erziehungswissenschaft an der Universität Klagenfurt, Vorstandsmitglied im Mauthausen Komitee Österreich und Autor des Buches *Erinnern an das Vergessen*, Klagenfurt 2012.

Danksagung

Von österreichischer wie auch von deutscher Seite wurde die Drucklegung von „Helgas Tagebuch" gleichermaßen unterstützt vom Bundesministerium für europäische und internationale Angelegenheiten der Republik Österreich sowie vom Auswärtigen Amt der Bundesrepublik Deutschland. Beiden Institutionen möchte ich für die Förderung sehr herzlich Dank sagen!

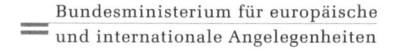

Bundesministerium für europäische und internationale Angelegenheiten

Auswärtiges Amt

Ein herzliches Dankeschön an die persönlichen Patinnen und Paten:

Monika Endriss, Weinheim · Maximilian Fuhrmann, Berlin
Peter Gstettner, Klagenfurt · Margit Hackl, Niederösterreich
Miri Amit und Benjamin Hesse, Frankfurt a.M. · Uta und Gernod Jungcurt, Ladenburg · Zuzana Justman, New York · Yvonne Kreuz, Berlin · Elisabeth Christa Markert, Kiel · Rainer Müller, Leutershausen
Dirk Neldner, Berlin · Edward und Helga Nossen, USA · Ulrike und Eberhard Ohm, Oederan · Christiane Peter, Berlin · Kurt Ramge, Edingen-Neckarshausen · Thomas Rietschel, Frankfurt · Ursula Schulz, Prag/Hamburg · Dieter Starke, Hohen Neuendorf · Ingrid und Ernst Svatos, Wien · Norbert Voshaar, Neuenhaus · Frank Harders-Wuthenow, Berlin · Eva Wuthenow, Berlin · Lisbeth Wutte, Überlingen

Für Übernahme der Patenschaft von „Mein Theresienstädter Tagebuch"
danke ich ebenso herzlich:

Anne-Frank-Schule Eschwege
Final Frame, München / Klaus Brecht
Evangelische Gesamtkirchengemeinde Reutlingen
Georg-Mendheim-Oberstufenzentrum, Oranienburg
Philosophie-Kreis Lions-Damen, Weinheim
Rudolf Steiner Schule, Hamburg-Bergstedt
Room 28 e.V., Berlin

Ich danke jenen Institutionen und Personen, die historische Bilddokumente für dieses Buch überlassen haben und dadurch auch zu Paten dieses Buches wurden:

Gedenkstätte Theresienstadt
Yad Vashem, Jerusalem
Jüdisches Museum Prag
Jüdisches Museum Berlin / Thomas Fritta-Haas

Mein Dank gilt Michael Beautemps und Edith Wiesenfeld, Berlin. Sie haben mir in der vorbereitenden Phase geholfen und wesentlich dazu beigetragen, dass ich den Entschluss fasste, dieses Buch in der Edition Room 28 herauszubringen.

Ich danke dem Frankfurter Designer Walter Hagenow, dessen Professionalität und Gestaltungskraft wir die gelungene Umsetzung des komplexen Manuskriptes verdanken. Ebenso danke ich seiner Frau, der Designerin Renate Schlicht, für die einfühlsame Gestaltung des schönen Schutzumschlages und weiterer grafischer Arbeiten.
Für das sorgfältige Korrekturlesen danke ich Heinz Winkler, Berlin, und für das vorzügliche Nachwort Herrn Professor Peter Gstettner, Klagenfurt.

Herzlich danken möchte ich auch Helgas Sohn Eric Kinsky, der immer bereit war, nötige Dokumente zu scannen und zu übermitteln. Ganz besonders möchte ich Sara Kinsky, der Enkeltochter Helgas, danken. Sie stellte sich, für mich ganz unerwartet, ein, um das Manuskript zu lesen und wurde dabei zu einer Lektorin, wie ich mir keine bessere hätte wünschen können. Danke, Sara!

Mein herzliches Dankeschön gilt der Autorin des Theresienstädter Tagebuchs, Helga Pollak-Kinsky. Ich danke dir, Helga, für die wunderbare, intensive und konstruktive Zusammenarbeit. Ich danke für dein Vertrauen! Ich weiß, welch' wertvolles Vermächtnis du mir anvertraut hast.

Und hoffe daher umso mehr, dass deine Geschichte, die Peter Gstettner in seinem Nachwort „ein Modellfall der Erinnerung und des Gedenkens an das Schicksal der europäischen Kinder" bezeichnet, die heutige Generation und noch viele Generationen nach uns bewegen wird.

Hannelore Brenner, Januar 2014

Bildnachweis

Die meisten Abbildungen in diesem Buch sind aus dem Familienarchiv von Helga Pollak-Kinsky. Sie sind urheberrechtlich geschützt. Eine weitere Verwendung ist nicht gestattet. Jegliche Nutzung bedarf der Autorisation durch Helga Kinsky vertreten durch die Herausgeberin.
© Edition Room 28, Hannelore Brenner · www.edition-room28.de · brenner@room28.de

Für weitere Abbildungen danken wir:

S. 19, Einmarsch deutscher Truppen in Wien © Bundesarchiv /Digitales Bildarchiv. Signatur 146-1985-083-10
S. 47, Von Bohušovice nach Theresienstadt © Jüdisches Museum Prag
S. 48, Theresienstadt, Mädchenheim L 410 © Jüdisches Museum Prag
S. 60, Luftaufnahme Terezin /Theresienstadt. FAPT PM 6764, © Gedenkstätte Theresienstadt
S. 65, Luftaufnahme Terezin /Theresienstadt © Jüdisches Museum Prag
S. 69, Ferdinand Bloch, Leichenwagen mit alten Leuten. PT 8183
   © Gedenkstätte Theresienstadt
S. 91, Friedl Dicker-Brandeis © Archiv Beit Theresienstadt Givat Chaim-Ichut, Israel
S. 102, Kinderzeichnung von Erika Stránská, © Monika Zolko, São Paulo /
   Jüdisches Museum Prag
S. 103, Kinderzeichnung von Anna Brichta © Jüdisches Museum Prag
S. 104, Kinderzeichnung von Erika Stránská © Monika Zolko, São Paulo /
   Jüdisches Museum Prag
S. 105, Kinderzeichnung von Ruth Schächter und Lenka Lindt © Jüdisches Museum Prag
S. 106, Kinderzeichnung von Alice Sittig © Jüdisches Museum Prag
S. 106, Kinderzeichnung von Erika Stránská © Monika Zolko, São Paulo /
   Jüdisches Museum Prag
S. 108 /109, Plan des Ghettos Theresienstadt, A-10544 © Gedenkstätte Theresienstadt
S. 110, Kinderzeichnung von Maria Mühlstein. Zimmer 28 © Jüdisches Museum Prag
S. 114, Bedrich Fritta, Herbst, Theresienstadt 1943–1944. L-2003/3/159. Tusche, Pinsel und Federzeichnung. Jüdisches Museum Berlin. Dauerleihgabe Thomas Fritta-Haas. Foto: Jens Ziehe
S. 124, Bedrich Fritta, Nachttransport ins Ghetto Theresienstadt.
   © Jüdisches Museum Berlin. Dauerleihgabe Thomas Fritta-Haas. Foto: Jens Ziehe
S. 134, Charlotta Burešová, Transport. PT 5530. Gedenkstätte Theresienstadt.
   © MUDr. Radim Bureš
S. 153, Peter Kien, PT 12465 © Gedenkstätte Theresienstadt
S. 209, Originalplakat der Theresienstädter Brundibár-Aufführung, PT 410, sog. Herrmann-Sammlung, Gedenkstätte Theresienstadt © Zuzana Dvořáková
S. 211, Plakat zur Aufführung von G. Verdis Requiem. PT 4296, sog. Herrmann-Sammlung. Gedenkstätte Theresienstadt © Zuzana Dvořáková
S. 222, Hauptplatz mit Pavillon und Mädchenheim L 410, Jüdisches Museum Prag
S. 237, Bedrich Fritta. Theresienstadt 1943–1944. Transport der Blinden.
   © Jüdisches Museum Berlin. Dauerleihgabe Thomas Fritta-Haas. Foto: Jens Ziehe
S. 246 Ankunft an der Rampe in Auschwitz. Yad Vashem, Jerusalem. Signatur 26826

VOICES of the CHILDREN
EMMY WINNER BEST HISTORICAL DOCUMENTARY

The film tells the story of three people who were imprisoned as children in Terezin. The filmmaker, who herself spent two years in Terezin, traces the survivors' war experiences, with the help of their personal journals and drawings. She follows their stories through the difficult postwar years into the present, filming the survivors with their families in the three different countries in which they settled, the United States, Austria and the Czech Republic.

In their efforts to use Terezin for propaganda purposes, the Nazis permitted inmates to stage a children's opera called *Brundibar*. The survivors attend a performance of Brundibar in Prague and recall the special significance it had fifty years ago. Today the opera symbolizes the lost world of the Terezin children.

Written and directed by Zuzana Justman, produced by Jiri Jezek and Robert Kanter. Director of Photography: Ervin Sanders and Austin de Besche, Editor: David Charap

* Certificate of Merit, Chicago International Film Festival
* 1998 Gold Plaque, Chicago International Television Competition
* 1998 Best Documentary and Audience Choice for Best Documentary, Film Fest New Haven
* 1997 Silver Apple, National Educational Media Network

Sales: THE CINEMA GUILD, INC · 115 West 30th Street, Suite 800 · New York, NY 10001
Tel: (212) 685-6242; Tel: (800) 723-5522 · www.cinemaguild.com

"The diary of Helga Pollak with its wealth of details is a completely authentic and a moving account of a girl's life in the Terezin ghetto. For my documentaries it became the most important inspiration."

Zuzana Justman

›Verfolgte Musik‹
im Verlag Boosey & Hawkes

Victor Babin	Paul Aron Sandfort
Leo Blech	Arnold Schönberg
Ernest Bloch	Franz Schreker
Adolf Busch	Zikmund Schul
Robert Dauber	Leopold Spinner
Hans Gál	Władysław Szpilman
Roberto Gerhard	Wladimir Vogel
Berthold Goldschmidt	Karl Weigl
Pavel Haas	Jaromír Weinberger
Leon Jessel	Ilse Weber
Erich Kleiber	Egon Wellesz
Gideon Klein	Alexander von Zemlinsky
Erich W. Korngold	
Max Kowalski	
Hans Krása	
Ernst Krenek	
Simon Laks	
Ursula Mamlok	
Igor Markevitch	
Bohuslav Martinů	
Günter Raphael	
Karol Rathaus	
Hans F. Redlich	
Franz Reizenstein	

Die Musik unter den faschistischen Regimes ermordeter, verfolgter oder exilierter Künstler bildet einen Schwerpunkt im Verlagsprogramm von Boosey & Hawkes / Bote & Bock.

Unser Katalog bietet Kaufausgaben und Leihmaterial für Aufführungen und Studium. Einen vollständigen Überblick finden Sie in unserem Online-Spezialkatalog unter www.boosey.de/Downloads/Exilmusik.pdf

Gern beantworten wir auch Ihre Anfragen – kontaktieren Sie uns unter composers.germany@boosey.com

BOOSEY & HAWKES
BOTE & BOCK

Lützowufer 26 • 10787 Berlin • Tel. (0 30) 25 00 13-0 • Fax -99
www.boosey.de

an IMAGEM company